JN242121

漬物風物誌

宮尾茂雄 著

農学博士　東京家政大学大学院客員教授

Nissyoku 日本食糧新聞社

漬物は、ごく身近な食品の一つである。丼物に付いてくる沢庵やおむすびに入っている梅干しなど、食事のなかで主役になることは少ないが、無いと物足りなさを感じるのも漬物である。

漬物は最も古い食品の一つで、少なくとも1300年以上の歴史を有している。昭和63（1988）年、平城京の東南にあたる場所を整地した時に、奈良時代前期の長屋王の邸宅跡が発見された。出土した多数の木簡のなかに「加須津毛瓜《かすづけうり》」や「加須津毛韓奈須比《かすづけなんなすび》」など4種類の漬物の名を墨書したものが見つかった。これは日本で漬物が記録された最初のものである。

宮中の年中行事を記録した平安時代の「延喜式」には、塩漬、醤漬、糟漬など、漬物に関する記述がある。その頃の糟漬には瓜、冬瓜、ナスなどを漬けたとの記録が残されている。ほかには、薤《にらぎ》という楡の木の皮の粉末で漬けた漬物や、荏裹《えつづみ》という荏胡麻《えごま》の葉に包んで味噌漬けにしたものなど、今日では見られなくなった漬物を含め多彩な形態の漬物が記録されている。

漬物が全盛を迎えるのは、江戸中期から後期である。天保7（1836）年に出版された『漬物塩嘉言』は今でいう料理本の一つで、64種類の漬物の漬け方が書かれている。平成25（2013）年、和食がユネスコ無形文化遺産に登録されたが、和食は、主食のご飯と汁の間に香の物（漬物）を置き、それにお菜が三品添えられる献立が一汁三菜の基本形とされている。このような食事形態が日本では脈々と続けられてきた。

近年に至っても冷蔵庫が普及していなかった頃は、漬物はまだ保存が主体であったが、低温流通が普及した現在では、包装や保存技術が開発されたこともあって、調味食品として発展してきた。その結果、漬物の多くは低塩化している。

平成26（2014）年以来、日本各地の漬物の産地を訪ね歩き、その時の想いを食品の専門雑誌である「食品と科学」誌（2014～2022年）と「ニューフードインダストリー」誌（1997～2024年）に掲載したエッセイの中から選んだものを1冊にまとめ直したものが本書である。製造現場での対話を通して、漬物づくりに対する作り手の熱意や想いを肌で感じ取ることができた。ときには陽が昇り始める早朝から製造の様子を見せていただき、ときには山間の畑まで足を一緒に運んでいただいた。漬物を巡る訪ね歩きにはいつも妻が同行してくれた。エッセイや本をまとめる際も随分と助けてもらった。本書の出版に当たり、心から感謝したい。また、出版に当たっては、日本食糧新聞社には大変お世話になった。心から深謝申し上げる。

2025年3月
宮尾茂雄

漬物風物誌 もくじ

日本橋漬

日本橋の漬物問屋と福神漬

各地の漬物を巡る散歩の始まりは、日本橋にちなんだ物語にしようと思う。「日本橋」は慶長8（1603）年、徳川幕府によって日本橋川に架けられた木製の橋で、五街道の起点とされている（図1）。今の日本橋はそれから数えると20代目にあたり、明治44（1911）年に二重アーチ構造の石橋として完成した（写真1、2）。かたわらには日本国道路元標がおかれている。

日本橋漬との出会い

「日本橋漬」に出会ったのは東京の日本橋ではなく、善光寺に近い長野市東町で代々酒類や食料品の問屋を営む花岡酒店を訪れたときだった。花岡酒店は一時期、善光寺味噌などの製造も行っていたそうだ。現在は店の奥の土蔵を利用して、酒商にちなむ品々を展示する「酒商ミニ博物館」（写真3）を開いている。店主のお話を聞きながら、道具類や古い商品案内（カタログ類）（写真4）などを見て廻っていると、大正15（1926）年日本橋の国分商店が酒屋向けに発行した「日本橋漬」の広告（商捷之魁）（写真5）があった。「日本橋」という名前を冠した漬物はどんなものだろう、現在もあるのだろうか。そんな興味から国分商店、現在の国分㈱のホームページを開いてみた[1]。

出典：魚河岸、江戸雀、製作延宝年間（1673 ～ 1680）（中央区立京橋図書館所蔵）
（図1）日本橋と魚河岸

明治44年（中央区立京橋図書館所蔵）
（写真1）完成間近い日本橋

（写真2）現在の日本橋

長野市花岡酒店
（写真3）酒商ミニ博物館

国分㈱は四代目の國分勘兵衛が土浦に醤油醸造所を設け、大國屋の屋号で創業したのが始まりとされている。『江戸之下町復元図』（国立歴史民族博物館中村静雄改訂）をみると、現在、国分㈱本社（中央区日本橋1―1―1）のある日本橋西河岸に「大國屋勘兵衛醤油」として広い敷地を占めていた[2]。明治13（1880）年には醤油醸造業を廃止して、国分商店の名前で食品販売の問屋を始め、現在は食料品関係の総合商社として知られている。その中で「日本橋漬」は今も販売されているロングセラー商品だった。日本橋河岸にある国分㈱の直売店には、びん詰の日本橋漬が置かれていたが、缶詰もある（**写真6**）。商品の説明書によると「1912年、日本橋本銀町で缶詰製造業青木平四郎が『改良福神漬』を製造して『日本橋漬』と名づけたと伝承される。翌年から国分商店が販売を開始。」とあった。現在の商品には「東京名産 日本橋漬」のロゴの隣に「福神漬」と表示され、中身はカレーライスなどでもおなじみの福神漬とわかる。しかし、花岡酒店にあった缶詰の絵には「福神漬」の文字は見られなかった。

日本橋区本銀町１丁目十一番地（明治 41 年１月１日発行「商業家 36 家撰雙六」より）
出典：電子展示「捃拾帖」（拡張版）、東京大学総合図書館

（図２）缶詰製造所青木平四郎

長野市花岡酒店

（写真４）土蔵の中の展示品

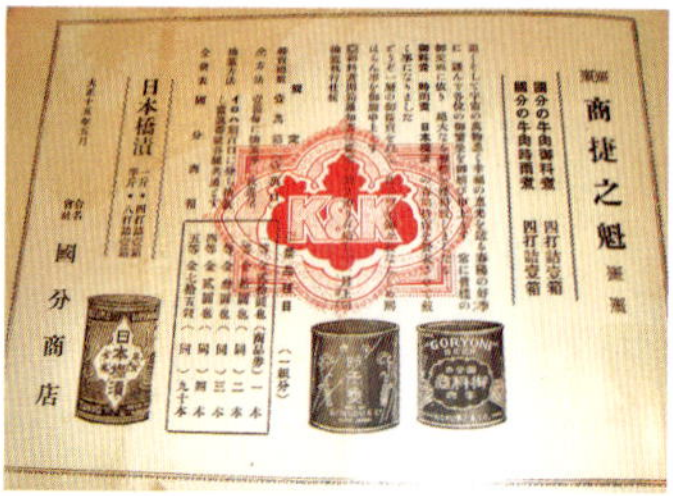

長野市花岡酒店「日本橋漬」（大正 15 年５月）

（写真５）国分商店の商品案内

国分㈱

（写真６）日本橋漬

「日本橋漬」の青木平四郎商店は明治31（1898）年の創業で、その後青木缶詰所（青木商店）として、昭和10年代までは日本橋漬、海苔佃煮などを製造していた記録が残っている（**図２**）[3]。明治45年は、1月に白瀬《しらせ》矗《のぶ》中尉（1861～1946）が南極圏に到達し、日本の南極観察が始まった年だ。7月には明治天皇が崩御され、年号も大正と改まる節目の年であった。

日本橋の漬物問屋・大木寅吉商店

日本橋では、もう一つの福神漬と出会った。昼食にオムライスを食べに立ち寄った日本橋室町の洋食屋「たいめいけん」には、画家・永井保（１９１５～２００４）が描いた、大正から昭和の日本橋界隈の暮らしをほうふつとさせる絵が展示されていた。絵に惹かれて周りを見渡すと、レジの脇に永井の『にほんばしのぞき眼鏡―にほんばし思い出帖』という小冊子が置かれていたので、早速購入した[4]。小冊子には永井の小学生時代の友達「武ちゃん」という男の子が登場する。その実家は日本橋にある漬物の大店「大木寅吉商店」であり、その繁盛ぶりがつづられていた。日本橋本小田原町で漬物や煮豆、缶詰販売などを大々的に行っていたという大木商店は、現在の日本橋には残っていない。

日本橋の漬物問屋、大木寅吉商店とはどのような店だったのだろう。いろいろと調べたが『にほんばしのぞき眼鏡』以外には、店の様子を知る手がかりは見当たらなかった。インターネットで検索すると、横浜市矢向にある良忠寺のご住職・森本有史氏が書かれた『良忠寺と福神漬と身代わり地蔵』という物語のなかに大木寅吉と福神漬の名前が見つかった。大木商店、初代寅吉の少年時代についての興味深い話なので以下に抜粋を載せる。

「昔あるところにまごべえさんという人がいた。まごべえさんには一人の男の子がいたが、母親は男の子が生まれるときに亡くなってしまった。男の子の名は寅吉といった。寅吉が少年になった頃、お父さんは二人目の奥さんと結婚した。しかしそのお母さんは先妻の子である寅吉が邪魔になり、まごべえさんの留守中に、煮えたぎる大きなお釜に寅吉を投げ落とし、殺してしまった。寅吉の死体を馬小屋のワラの中に隠し、知らん顔をしていた。夕方になると、まごべえさんが寅吉と楽しそうに話をしながら帰ってきた。それを見て驚いた継母が馬小屋に行きワラをどかして見ると、一体のお地蔵様が横たわっていた。それを見た継母は、自分のした事が大変に恐ろしい事だと気づき、罪を詫び心から謝った。寅吉は日本橋にあった漬物問屋大木商店に奉公に行くことになり、継母はまごべえさんと諸国巡礼の旅に出た。お地蔵様は良忠寺に奉納され、近隣の人は「身代わり地蔵」と呼び、篤く信仰した。寅吉は頭も良く大変な働き者で一生懸命商売に励み、大木家に婿として迎えられた。それ以来、大木寅吉商店と名乗るようになった。初代から数えて何代目かの寅吉の時に、漬物を作る時に出るカスを7種類集めて新しい漬物を考えついた。7種類だった事から、七福神にあやかり福神漬と名づけた。ちょうどその頃、日清戦争（１８９４～95）、日露戦争（１９０４～05）があり、福神漬の缶詰は軍隊の携帯にも便利で保存食としても適しており（名前も縁起が良い）、大いに売れ、店は繁盛した。」（浄土宗神奈川教区青年会ホームページ：良忠寺森本有史「良忠寺と福神漬と身代わり地蔵」より一部抜粋）。

鶴見の民話「身代わり地蔵」も同じような内容で、「福神漬を考案したところ、これがあたって店は大繁盛した」と結ばれている[5]。

大変尊いお話でもあり、大木家のお墓がある横浜市鶴見区矢向の良忠寺（写真7）を訪ねた。ご住職に伺うと、「身代わり地蔵尊」の話はお寺に代々伝わっているそうだ。本堂に上げて頂き、お参りさせて頂いた。長い年月を経て、お顔も衣の様子もわからなくなっていたが、煮え湯の中に突き落とされた子どもの身代わりになって、命を救ったという言い伝えのように、表面は黒く風化し、木目が浮き出ているようなお姿だった（写真8）。今は金箔の立派な厨子の中に安置され、お参りの人が絶えないという。昨今の、大人の心無い仕打ちを受けて失われる幼い命のことを思うと、「地蔵尊」のお慈悲で子どもたちを守ってほしいと心から願った。

横浜市鶴見区矢向
（写真7）良忠寺

良忠寺
（写真8）身代わり地蔵尊

八代目寅吉が建立した大木家の墓石の彰徳碑文には「大木寅吉商店が日本橋本小田原町で漬物及び缶詰販売を営んでいたこと、日清日露戦争で兵糧としての需要が増し、店も繁盛したのは先祖以来の頌徳のおかげ」と記されていた（明治42年2月27日八代大木寅吉誌）。商売繁盛のお礼に寄贈した観音堂（写真9）と大木家の墓石は残されているが、参拝者は絶えて久しいという。

良忠寺
（写真9）観音堂

江戸時代から関東大震災まで、日本橋から江戸橋までの日本橋川沿いには魚河岸があった（写真10）。「朝千両」といわれた取引が行われた市場は本船町、本小田原町、室町まで広がっていた。『日本橋魚河岸物語』[6]によると、大木商店は魚屋の住まいに挟まれ、飲食店、蒲鉾屋、海苔屋、かつおぶし屋、乾物屋、氷屋、つま物屋（刺身のつまやわさびなどを販売）、八百屋などが軒を連ねる魚河岸の一角にあった（写真11）。江戸時代から続く漬物屋として煮豆なども作り[7]、流しの煮豆売りが仕入れに集まるので早朝から店頭はごった返していたという[4]。

左側は三越
（写真12）現在の日本橋中央通り

日本橋橋詰
（写真10）「日本橋魚河岸発祥の地」記念碑

大正12（1923）年9月の関東大震災の後、防災上から道路や店舗などの区画整理、魚河岸の築地への移転などの大きな動きがあったが、大木寅吉商店はこの地に残り営業を続けていたようだ。昭和2（1927）年発行の『全国有名漬物食料品店籍調』[8]には、日本橋本小田原町の大木寅吉商店が掲載され、昭和15年の電話帳からも大木商店大木寅吉の住所（室町1の3、1の12）と電話番号が確認できた[9]。大木寅吉商店は、地図から推察すると[2][6]、今の中央通り（写真12）を挟んで日本橋三越本店の前の路地を入ったところに店舗があり、日本橋川を挟んで国分㈱ビルの反対側（裏河岸）には工場兼倉庫があった。大木寅吉商店があったと思われるところは、今は喫茶店になっていた（写真13）。良忠寺のご住職から伺ったお話や彰徳碑文から福神漬を作っていたことも確かなようだ。しかしその後、大木寅吉商店がどうなったのかはわからないままであった。

向かって右側（室町、小田原町）の木造建物群の一角に大木商店があった。中央は三越日本橋本店（京橋図書館所蔵）
（写真11）1928年頃の日本橋

かつて大木寅吉商店があったと思われる地
（写真13）日本橋区室町1-12界隈

元祖福神漬と福神漬缶詰

一般的に、「福神漬」の元祖は上野池之端にある延宝3（1675）年創業の食品商酒悦の第十五代野田清右衛門といわれている。残りものの野菜の切れ端を干して醤油漬に

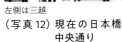

㈱酒悦
（写真 14） 福神漬

東京都西日暮里
（写真 15） 浄光寺

浄光寺
（写真 16） 福神漬表彰碑

し、約10年あまりの試行錯誤の後、明治10（1877）年頃「福神漬」を完成させたという（写真14）。

不忍池にまつられている七福神の一人・弁財天にあやかって7種類の材料を使う漬物を「福神漬」と命名したのは当時の流行作家、梅亭金鵞《ばいていきんが》（1821～93）といわれている[10]。「明治20年、酒悦の主人がなた豆、しそ、ダイコンなどを程好くしょう油で味付けした缶詰を梅亭宅へ持参して、その引札と名附けを頼んできた。（略）梅亭先生も酒悦の依頼に気を良くして、試食一番、『このつけ物で毎日茶漬けを食えば、自然金もたまるし、身体も丈夫になる。故にこのつけ物を賞味する家は、福の神に好かれるから、福神漬と名附けた。お家繁じょう万々歳』というわけで、梅亭は福神漬と命名し（略）」とある[10]。注目すべきことは、酒悦が梅亭先生に持参したのが缶詰だったことだ。明治20（1887）年にはすでに福神漬の缶詰が完成していたことになる。

缶詰・びん詰の製造史をたどってみた。びん詰はフランスの料理人・菓子職人のニコラ・アペール（1750～1841）により発明された。1803年、3カ月の保管期間を経てフランス海軍に送られたびん入りの牛肉入りスープは、好評を博したという。1810年にはイギリスの企業家ピーター・デュランドがブリキ缶詰などの特許を取得している[11]。

日本では明治4（1871）年に松田雅典が長崎にてフランス人の指導でイワシの缶詰を作ったのが最初である[10]。一方、漬物の缶詰に関しては、明治3年山田箕之助が雇用主のアメリカ人教師から缶詰製法を習い、明治7年にダイコン漬を改良し、他の野菜も加えて漬物缶詰を製造したとされている[12]。山田は明治33年に南行徳（千葉県）で山田福神漬工場を始めた[13]。明治10年には北海道開拓使石狩工場で鮭缶の生産が開始され、日本での缶詰製造が本格的に始まった[10]。その後、福神漬の他に、みりん漬、奈良漬、辛し漬などの漬物缶詰が登場する[14]。

福神漬の表彰碑（浄光寺）

ＪＲ山手線・京浜東北線の西日暮里駅の近くにある浄光寺（写真15）には、明治44（1911）年に建てられた福神漬発明者・野田清右衛門を称える表彰碑がある（写真16）。建立者の筆頭は日本和洋酒罐詰新聞社の風戸彌太郎社長であり、青木平四郎、村田与兵衛（缶詰漬物商）、山田箕之助、堀江良太郎（酒悦）などが名前を連ねている。

「福神漬」という名称が広がることを願った清右衛門は、商標登録をしなかったと伝えられている。そのおかげで福神漬は各方面に知れわたった。実際の製法も比較的単純な醤油漬であり、野菜の産地では至るところで製造されるようになった[10]。特に福神漬の缶詰は保存性に優れ、長距離輸送に適していたので、日清・日露戦争では軍用品として需要が増大した。当時の「福神漬」缶詰のラベルは、酒悦福神漬商店（図3）、東京大黒屋商店（図4）、東京国分商店（図5）など、どれも人目を引く、美しいラベルである。肝心な大木寅吉商店のものを探したが、東京大学総合図書館電子展示「捃拾帖」には収録されていなかった。

しかし、当時の缶詰は粗悪品も多く、中身が見えないということもあり、一般家庭にはなかなか普及しなかったようだ。そこで大正11（1922）年には缶詰の品質向上と啓発普及を図るために缶詰製造者や販売業者などが中心となって「市販缶詰開缶研究会」が発足した。研究会の会員自らリュックサックを背負って小売店の店頭の缶詰を買い集め、農務省、水産講習所（東京海洋大学の前身）、陸軍糧秣本廠などの専門家等も交えた試食・審査会が開かれた。福神漬の審査結果やその講評が残っている[14]。今で言う商品テストの先駆けが行われていたわけだ。

福神漬の基本はダイコン、ナス、ウリ、キュウリ、ショウガ、ナタマメ、レンコン、シソ（実・葉）、タケノコなどの塩蔵野菜を利用するが、シイタケ、ゴマな

酒悦福神漬商店
出典：電子展示「捃拾帖」（拡張版）、図２と同
（図３）福神漬ラベル

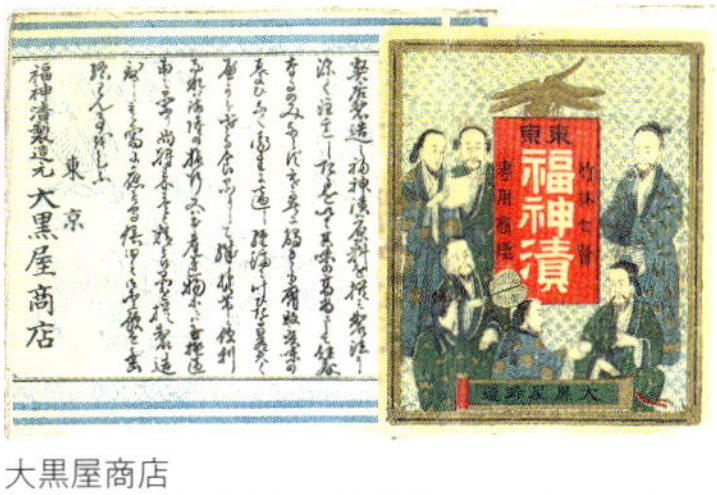

大黒屋商店
出典：電子展示「捃拾帖」（拡張版）、図２と同
（図４）福神漬ラベル

東京国分商店
出典：電子展示「捃拾帖」（拡張版）、図２と同
（図５）福神漬ラベル

ども使われている[15][16]。私が所属していた東京家政大学でも、伝統野菜の江戸東京野菜（志村みの早生大根、亀戸大根、馬込半白きゅうり、寺島なす、東京おおしろうり、谷中しょうが、雑司ヶ谷なす、東京長かぶ、内藤とうがらし〈協力：江戸川区木村農園、小金井市井上農園、小平市宮寺農園〉）などから7種類を用いた「江戸東京野菜七福神漬」を大学ブランドとして試作したことがあった（写真17）。江戸東京野菜の供給量が少ないため、市販するまでには至らなかったが、東京での伝統野菜の栽培が広がり、原料を確保できるようになったら、是非商品化したいと思っている。

東京家政大学

（写真 17）江戸東京野菜七福神漬

訪れた所

- 花岡酒店　長野市長野東町 147
- 良忠寺　神奈川県横浜市鶴見区矢向 4-21-36
- 中央区立京橋図書館地域資料室　東京都中央区新富 1-13-14
- 浄光寺　東京都荒川区西日暮里 3-4-3

参考資料

(1) 国分㈱ホームページ www.kokubu.co.jp
(2) 中央区沿革図集『日本橋篇』編集・発行東京都中央区立京橋図書館（1995）
(3) 松本比佐子『業界御家庭百華譜』酒缶詰新報社（1938）
(4) 永井 保（絵と文）『にほんばしのぞき眼鏡 にほんばし思い出帳』たいめいけん（2009）
(5) 鶴見の歴史と人々のくらし編集委員会 編『鶴見の歴史と人々のくらし』同刊行委員会出版（1988）
(6) 尾村幸三郎『日本橋魚河岸物語』青蛙房（2011）
(7) 喜田川守貞 著、宇佐美英樹 校訂『近世風俗志（守貞謾稿）』岩波書店（1996）
(8) 中村東洋『全国有名漬物食料品店籍調』和洋飲料漬物新報社（1927）
(9)『東京電話番号簿』中央区立京橋図書館地域資料室（大正 15 年、昭和 15 年、昭和 17 年）
(10) 山中四郎『日本缶詰史（第一巻）』日本缶詰協会（1962）
(11) スー・シェパード 著、赤根洋子 訳『保存食品開発物語』文春文庫（2001）
(12) 谷川栄一 他『缶詰製造学』恒星社厚生閣（1969）
(13) 千葉県東葛飾郡教育会 編『千葉県東葛飾郡誌』崙書房（1970）
(14) 山中四郎『日本缶詰史（第二巻）』日本缶詰協会（1977）
(15) 佐竹秀雄『食品加工シリーズ 3 漬物』農山漁村文化協会（1999）
(16) 農文協 編『図解漬け物お国めぐり（春夏編）』農山漁村文化協会（2002）

梅干し

北野天満宮の大福梅と梅干し

北野天満宮の大福梅

平成20（２００８）年、実りの秋が近いことを告げる処暑、8月下旬に京都を訪れた。日中は小雨混じりの曇り空であったが、夜には激しい雨となり、いきなりドラムの演奏が始まったような大音響とともに落雷があった。昼間訪れた北野天満宮宝物殿の『北野天神縁起絵巻』（複製、実物は国宝：伝藤原信実、鎌倉時代前期）の一場面を思い出した。御所清涼殿を襲う雷神のいかめしい顔とダンベルのような撥《ばち》を握る筋肉の盛り上がった両腕、閃光する稲光と逃げ惑い失神する殿上人。手には太刀をしっかり構え、衣冠束帯は乱れもなく、雷神を睨みつけるのは、菅原道真を大宰権帥に左遷した時の権力者、藤原時平（８７２～９０９）である。

京都市の西北にある北野天満宮は、延喜元（９０１）年、大宰府に流され、不遇のうちに生涯を閉じた道真（８４５～９０３）の怨霊を鎮めるために、天暦元（９４７）年に創建された。道真が都を去るとき、大切にしていた庭の梅の木を詠んだという歌が残っている。

「東風《こち》吹かば 匂ひおこせよ梅の花 主《あるじ》なしとて 春をわするな」（拾遺集）

道真の故事にちなみ、天満宮には現在50種類、約１５００本の梅の木が植えられ（写真1）、参道のわきには梅苑がある。6月半ばには梅の実がおよそ2・5トン収穫され、約1カ月間塩漬けにされたのち、7月半ばから約4週間かけて土用干しが行われる。訪れた日は小雨を避けて、本殿に連なる回廊の隅に、むしろの上に広げた干し梅が何段にも積み重ねられていた（写真2）。

帰京する日に再び天満宮を参詣した。この日は汗ばむような暑さで、境内では梅が天日干しされていた（写真3）。乾燥の度合いが進んだものは、種の形がくっきりわかるくらい果皮がカラカラに乾いていた（写真4、5）。乾燥梅はさら

2月

（写真１）北野天満宮の梅

8月、雨を避けて、軒下に積まれた

（写真２）大福梅の天日干し

（写真３）大福梅の天日干し（晴天）

（写真４）ゴザの上に広げられた梅の実

（写真５）干しあがった梅の実

に塩をまぶして貯蔵され、正月の縁起物の大福梅《おおふくうめ》として、毎年12月13日から参拝者に授与される。

梅干しの歴史

梅（*Prunus mume*）は中国原産のものが渡来したとする説と、もともと国内に原生分布していたという説があり、『古事記』『万葉集』などにも記録が残る古い歴史を持つ果樹である[(1)]（写真６）。舞い落ちる梅の花びらを雪の降る様になぞらえて詠んだ歌も知られている。

「わが園に梅の花散る ひさかたの天より雪の流れくるかも」（大伴旅人『万葉集』５―８２２）

万葉集には桜の42首に対して１２９首の梅の歌があり、万葉人は早春の梅の花見を楽しんだようだ[(2)]。漢方では、生の青梅をすりおろした梅肉エキスや未熟な梅の実を煤煙中でいぶす烏梅《うばい》などの加工法がある[(3)]。梅肉エキス、梅酢、梅酒、梅干しなどは食中毒などによる下痢に効果があり、また鎮咳《ちんがい》、鎮嘔、健胃剤としての効能も知られている[(3)]。通常は生よりも梅酒や梅干し、梅酢などに加工、利用されることが多い。

梅干しが日本の歴史に登場するのは、村上天皇の時代（在位９４６〜67）のことだ。都に流行していた疫病を退散させるため、六波羅蜜寺（京都）の空也上人が小梅干しと昆布（比呂女、広布《ひろめ》、平安時代にはめでたい儀式などで縁起物として使用されていた）を入れたお茶を病気で苦しむ人たちに飲ませたところ、疫病が治まったという。以来、村上天皇は正月元旦にこのお茶を服されるようになった。その後、皇服茶（王服茶）は「大福茶」となり、縁起のよいお茶として今日まで伝えられている[(4)(5)]。

鎌倉時代には禅宗が盛んになり、修行僧（雲水）の朝食は、粥に大根漬け一切れと梅干しだった[(6)]。また、梅干しはしばしば武士の携帯食とされ、元来は観賞用であった梅が梅干し用としても栽培されるようになった。室町時代には全国的に梅の栽培が拡がり、梅酢は重要な酸味調味料として利用されるようになった(6)。

紫蘇と梅との出会い

赤紫蘇の葉を使って夏野菜を鮮やかに漬けこんだ京都大原の紫葉《しば》漬は、寂光院に隠栖《いんせい》された建礼門院（1155～1213）をお慰めするために里人が献上したとされる伝統的な発酵漬物である（写真7）。大原は今も縮緬紫蘇の産地として知られている（写真8、9）。アントシアニン系色素である赤紫蘇の色素シソニンは、梅酢に合うと鮮やかな赤色を呈するようになる(7)。これを利用して梅干しを赤く染めるようになったのは、いつ頃のことか明確ではない(8)。『四季漬物塩嘉言』（1836）の梅干漬は、梅の実を塩漬するときに「紫蘇の葉多少見計ひに漬けるなり。」とある。さらに天日干しを繰り返すことで、10年たっても20年たっても味は変わらず、つやも良く、風味も格別と表現されている(9)。最初から紫蘇（赤紫蘇）を加えて漬け込んでいるが、基本的には今と同じ漬け方がこの頃すでに行われていたことがわかる。

梅干しに使われる塩の量は、半端ではない。塩が豊富に供給されるようになったのは、江戸中期、瀬戸内での製塩業の

2月
（写真6）早春の紅梅

漬込み用の樽が並ぶ（大原、6月）
（写真7）しば漬け工場

30cm程度に生育した（大原、6月）
（写真8）紫蘇畑

大原、6月
（写真9）紫蘇畑の雑草取り

明治時代
出典：幸埜棋嶺『工業図式第二編』（明治16年）
（図1）土用干し

発達と、全国的な流通網が整備されて以降のことである。江戸時代末期には、塩の安定供給も図られ（図1）、梅干しの生産量も増加した。当時から紀州（図2）、小田原は名産地として知られていた[6]。

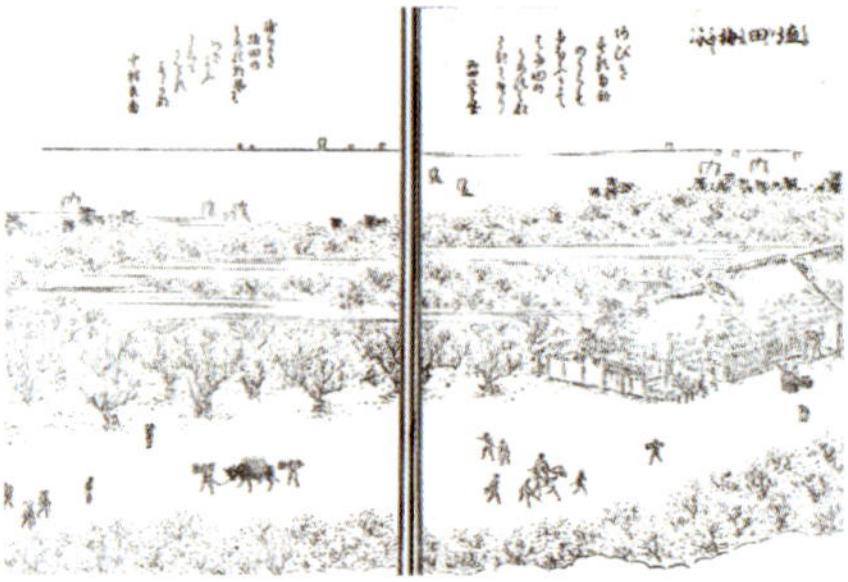

江戸時代埴田（はねた）村（現在のみなべ町）には梅林が一面に広がり、早春、山野に梅の香りが漂った

（図2）埴田梅林[14]

紀州の梅干し

平成24（2012）年の全国の梅収穫量は9万トンで、およそ6割の5万5千トンは和歌山県産である（第88次農林水産省統計表、平成24—25年）。なかでも、みなべ町と田辺市がその中心である。紀伊半島南部は降水量も多く、紀伊水道に流れ込む黒潮の影響で温暖な気候風土に恵まれている。しかし、海岸線からいきなり丘陵地が続き、平地が少ないため稲作には不向きな地形であった。江戸時代、田辺藩の重税に悩まされていた農民が竹や梅しか育たぬやせ地は免租地となることから、重税を免れる意味もあって、梅の栽培を始めたと伝えられている[10]。また、田辺藩主・安藤帯刀が、産業振興のために梅の栽培を奨励し、保護政策をとったため、農民はこぞって梅を植えたとも伝えられている[4]。江戸時代中期には、紀州の木材・木炭・みかんとともに梅干しが江戸へ送られていた。

そのころの梅は「やぶ梅」といわれ、品質が劣っていた。明治35（1092）年、桑畑を梅林にしようと考えた和歌山県上南部村の篤農家高田貞楠《さだくす》氏は実生苗木を購入し、その中から粒が大きく、美しい紅のかかる優良種を母樹として育成した。その後、和歌山県立南部《みなべ》高等学校教諭竹中勝太郎氏が最も優れたものを南高梅と名付け発表した。南高梅は樹勢強健・豊産で梅酒・梅ジュース用の青梅、梅干し用の漬け梅として適しており、現在この地域で栽培されている梅の7割ほどが南高梅である[10]。

「一目百万、香り十里」といわれる南部梅林や千里の浜を見下ろす千里梅林には、残念ながら訪れたことがない。

田辺市、6月

（写真10）山の上まで続く梅林

平成25（2013）年6月下旬、田辺市を訪れた。山の上まで広がっている梅林（写真10）の地表にブルーシートを敷いて、熟して落ちる梅を集めていた。選果場では農家から集まった黄色く色づき紅をさした完熟梅が自動選果機を通して粒の大小別に分けられる（写真11、12）。水洗い後、大型の容器に詰めて、塩をまぶして塩漬される。塩の量は梅に対しておよそ18%、重石をおくと梅酢があがる。およそ1カ月、7月半ば梅雨が明ける頃に三日三晩の土用干し（天日干し）を行う。加工用には梅生産農家で塩漬した梅を使うこともある。ポリ容器に詰められた塩漬けの梅（写真13）が運び込まれていた。

四角い大型のタンクを使って減塩梅干しやハチミツ漬け、調味梅干しなど数種類のアイテムに加工され（写真14）、最終的には外部と遮断した包装室の中でパックに詰めて製品化される（写真15）。

梅干しを漬ける

小金井市にある江戸東京たてもの園には、昭和17（1942）年に建てられた建築家・前川國男（1905～86）の自邸（1942）が残されている。台所には当時の一般家庭には見られない電気冷

田辺市、6月
（写真 11）梅の実自動選別機

（写真 12）大小に分けられた梅の実

梅生産農家で塩漬した梅が加工場に運び込まれる
（写真 13）塩漬した梅

タンク内で調味梅干しを作る（2月）
（写真 14）加工タンク

プラスチック容器で包装製品化される（2月）
（写真 15）梅干しの製品化

蔵庫、レンジや湯沸かし器などの最新設備が備えられている一方で、床には揚げ板（写真16）も設けられていた。これは戦前の家庭には必要な貯蔵庫であり、漬物樽などを収めていた。

現代の都会暮らしでは、年々家庭で漬物を作る機会も減り、狭い台所には漬物樽を置くスペースもなくなったが、梅漬けだけは例外のようだ。梅の実が出始める梅雨の半ば頃、駅前のスーパーマーケットでは梅干しや梅酒作りのコーナーが設けられ、漬物樽やガラス容器、焼酎、氷砂糖、塩、紙箱やビニール袋入りの梅の実（梅干し用の黄色いものから鮮やかな青梅、小梅など）が陳列販売される。

私の祖母は、梅干し、糠漬け、白菜漬け、簡単な浅漬けなど食卓にはかかさず漬物を並べていた。日々の食事のために漬物をいつも作っていた。祖母が亡くなってしばらくたった頃、祖母の使っていた糠みその甕《かめ》を開けた母は、すっかり色が変わってしまった糠床を見て、「こんなことは今までなかったのに」と悲しそうな顔をしていた。葬儀後の忙しさに紛れ、糠床の手入れまでできず、いつも手入れしていた祖母がいなくなったことを改めて実感したようで、そのときの母の落胆した様子が思い出される。当時使用していた大小の甕は、今も残っている。

その甕を使って私も数年前から梅干しを漬けている。初めてのときには黄色く熟した柔らかめの山形の梅を2kg使った。梅干し作りは食塩濃度や土用干しのやり方など少しずつ異なるところもあるが、「漬物博士」といわれた恩師・小川敏男先生のレシピ③で漬け込むことにした。

① 梅の実1升につき3合位の割合で、下等塩で漬け込む[11]

② 梅4kgに塩1kg、梅に食塩をまぶし漬け込む。押し蓋をして重石を載せると1～2日で水が上がる[12]。

③ 梅の目方の22%ほどの塩を梅の表面にまぶしつけて、もみつける[4]。

江戸東京たてもの園内、前川邸

（写真16）台所の床の揚げ板

完熟梅に塩をまぶして漬ける

（写真17）梅干し作り

6月

（写真18）梅酢があがる

完熟梅を一晩水につけてあく抜きをし、翌日塩をまぶしつけ（写真17）、押し蓋に重石を載せると3日程で水が上がる（写真18）。

7月になり、赤紫蘇が店頭に出始めたので、早速群馬産のものを購入した。葉を摘み取り塩を加えてよくもむと、暗紫色のあく汁が出てくる。これを捨て、塩梅の漬け汁を少し加えて、さらにもむと葉がしんなりして、鮮やかな赤色になってくる。梅を甕から取り出し、紫蘇の葉と交互に並べ（写真19）、ふたたび重石をして半月あまり置いた。

塩で揉んだ紫蘇を加えて再び甕に漬ける（7月）
（写真 19）梅干し作り

東京、7月
（写真 20）土用干し

7月20日過ぎに梅雨が明けて、いきなり真夏日がやってきた。ざるの上に梅を広げて天日に干し、夕方には甕の梅酢に戻すこと3日間、表面に白い粉が吹き、赤く干し上がった（写真20）。

早速、炊きたてのご飯と一緒にいただいた。自分で漬けた梅干しは、梅酢のさわやかな香りと鮮やかな赤紫色、程よい柔らかさであった。ふと祖母がとても身近に感じられ嬉しく思った。「かなりしょっぱいね」と家族からは辛口の評価であった。

漬物と塩

食塩を利用し、野菜を長期保存することが可能になったことから、乾物などと同様に漬物は最も古い保存食品の一つと考えられる[7]。塩で漬けると食物が腐敗しない理由の一つとして、食塩のもつ浸透圧がある。高い浸透圧のために腐敗菌が死滅または繁殖できなくなる。同時に野菜の細胞膜が変化し、糖、酸、アミノ酸等と混和して野菜特有の風味が生じる。梅干しでは梅の目方の20％ほどの食塩を梅の表面にまぶして漬け込みを行なうが、白菜やきゅうりなどの浅漬では、材料に対して約1～2％の食塩が使われる。漬物は塩があってこそできあがる。

鹿児島地方のつぼ漬け（山川漬け）や山口県宇部地方にある寒漬《かんづ》けなど、干した大根を海水で洗って塩を含ませ、さらに干し上げる漬物も作られていた[6]。

「百年梅干し」

「百年梅干し」という言葉を聞いたことがある。100年程前漬けられた梅干しが今に伝えられているのだという。子ども向けの本『つくってあそぼう 梅干しの絵本』の著者・小清水正美さんによると、長い年月の間に水分が蒸発して塩分が結晶化しているため、微生物の活動が抑えこまれて腐ることはないが、酸化も進むので味はだいぶ変わってしまうという[13]。みなべ町うめ振興館には百年前の梅干しの実物が展示されているそうだ。以前、30年程前に漬けられた梅干しを試食させて頂いたことがあった。色は黒ずみ、多少形状はくずれているが、辛過ぎず、酢っぱ過ぎず良い加減であった。時間を経過した梅干しは、ワインなどの熟成とは別の意味で風格のようなものを醸し出していた。

ところで、梅干しの「賞味期限」はどのように考えたらよいのだろうか。賞味期限は「科学的根拠にもとづき」設定するとされている。原材料や添加物、食塩濃度、保存温度や貯蔵法によりもちろん異なってくる。砂糖や塩のように賞味期限を表示する必要のない食品もある。ワインなどの発酵食品の中には時を重ねることにより熟成され、加工直後とはまた違った風味を作り出していく食品もある。高濃度の食塩の中で梅干しもゆっくりと熟成していくといわれている。一方、近年の低塩梅干しには、ときに酵母やカビなどが生育することもある。食塩濃度18%でかつ酸味の強い伝統的な梅干しとなれば、当然、長期間の貯蔵が可能である。微生物的に問題がなくても、化学的な変化や味、香り、食感など官能検査も重要な要素である。包装資材によっても違ってくるだろう。高濃度の食塩で漬けられた伝統的な梅干しの賞味期限を決めることは、現実的にはかなり至難のわざであろう。人の持つ時間の長さを考えれば、実証試験自体も容易ではない。

例えば当年漬けた梅干しを甕に入れ、表にその年から百年後の「2×××年開封のこと」と書いて物置の隅に置いておく。百年後は孫の孫世代くらいだろうか。もし無事に百年の時が過ぎたとして、甕を開け、シワシワ、カリカリの黒い塊と化した梅干しを目にしたら、彼らはどのように感じるだろうか。百年物の梅干しとして珍重され、米飯と一緒に味わってもらえるのか、騙された気持ちになって捨てられるのだろうか。百年後の食生活はどのようになっているのか、想像すると楽しくもある。

梅干し

訪れた所

・北野天満宮、同宝物館　京都市上京区馬喰町
・田辺市役所梅振興室　京都府田辺市新屋敷町 1
・みなべ町うめ課　和歌山県日高郡みなべ町芝 742
・みなべ町うめ振興館　和歌山県日高郡みなべ町谷口 538-1
・江戸東京たてもの園　東京都小金井市桜町 3-7-1

参考資料

(1) 高嶋四郎 他『標準原色図鑑全集 13 巻、有用植物』保育社（1971）
(2) 猪股静彌 監修、吉野正美 解説、川本武司 写真『万葉集の植物』偕成社（1988）
(3) 正山征洋『薬草の散歩道』九州大学出版会（2003）
(4) 小川敏男『カラーブックスつけもの』保育社（1978）
(5) 本山荻舟『飲食事典』平凡社ライブラリー（2012）
(6) 小川敏男『漬物と日本人』日本放送出版協会（1996）
(7) 宮尾茂雄『漬物入門』日本食糧新聞社（2000）
(8) 川上行蔵 著、小出昌洋 編『日本料理事物起源』岩波書店（2006）
(9) 小田原屋主人 著、江原絢子 解題『日本農書全集 漬物塩嘉言』農山漁村文化協会（1998）
(10) 田辺市梅振興室ホームページ
(11)『家庭漬物の漬方辭典』東光書院（1934）
(12) 茂野悠一『漬け物読本 味覚選書』柴田書店（1976）
(13) 小清水正美『つくってあそぼう 梅干しの絵本』農山漁村文化協会（2009）
(14) 加納諸平 他 著、小野琴泉 画『紀伊国名所図会後篇六之巻』平井五牸堂出版（江戸時代）、国立国会図書館デジタルコレクション

漬物と塩

塩田と漬物

漬物祖神「萱津《かやづ》神社」

平成19（2007）年1月下旬、名古屋で漬物関係の研究会があった。土曜日午後の開催だったので、前夜遅くに名古屋駅に着き、早朝、名鉄名古屋本線須ケ口駅で下車し、萱津神社にお参りした。

（写真１）萱津神社

駅前の広い通りをしばらく歩き、五条川に架かる橋を渡って川沿いに歩くと、まもなく阿波手《あわで》の森に囲まれた神社が見えてきた（写真1）。やぶ椿の鮮やかな紅色が印象的な静かなお社だった。

名古屋市近郊萱津の里にある神社は、漬物祖神として知られている。かつて、この地方は滋味豊かな野菜の名産地であり、沿岸部では塩がとれた（図１）。毎年収穫された野菜と塩は神前に奉納されていたが、そのまま放置しておくと腐敗してしまう。野菜と塩を一緒に神前の甕《かめ》に投げ入れておいたところ、神慮に感応して自然に中和し、程よい塩加減の漬物になった。人々はこれを神からの賜りもの、万病快癒のお守りとして大切に頂いたという言い伝えが残っている。

『尾張名所図会』（1844）「阿波手森」には、「むかし萱津の里に市ありし時、近里《きんり》の農夫、瓜・茄子・ダイコンの類の初なりを、熱田宮へ奉らんとせしかども、道遠ければ、阿波手の森の竹林の中に甕を置き、あらゆる菜蔬《さいそ》を諸人《しょにん》投げ入れ、塩をも思ひ思ひにつまみ入れなどせしが、自《おのずから》混和して、程よき塩漬となり

（図１）江戸時代初めの塩作り[20]

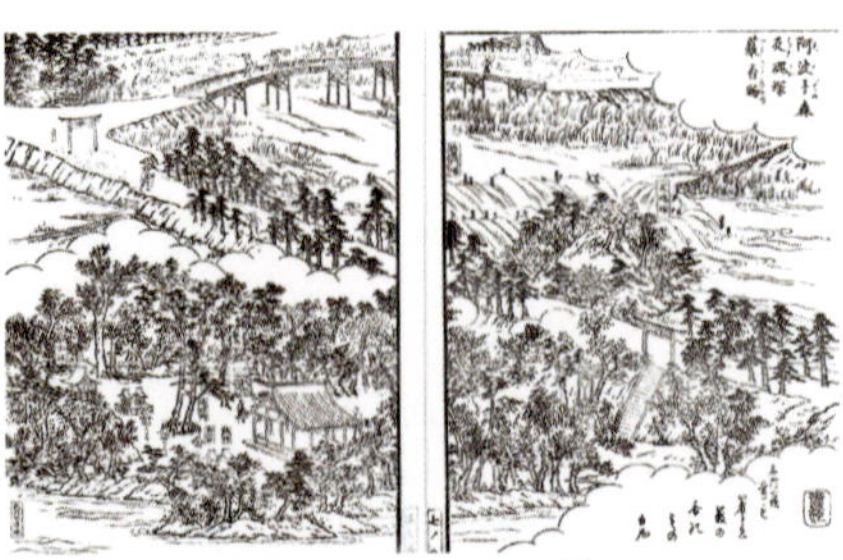

（図２）阿波手森、藪香物の図[21]

しを、二月・十一月・十二月、彼社《かのやしろ》へ奉献せしなり。是を藪の香の物と名《なづ》け、名産とす。（略）」とある[1]。挿絵には阿波手の杜とお社、屋根囲いの中には「藪香物」の甕が見える（図２）。『東海道名所図会』では、藪の中におかれた甕にたぶん初生《はつなり》のなすび（茄子）や瓜を漬ける女の人が描かれている（図３）。

萱津神社では神前で漬けた香の物を「香の物殿」（写真２）で熟成させ、この地方の農耕の神様、熱田神宮（写真３）に奉納する神事が室町時代以前から行われていたそうだ[2]。一時途絶えていたが、毎年８月21日に「香の物祭」として宮司、漬物業者に続いて一般市民も参加して塩を一握り持ち、神前の甕に野菜を漬込む「漬込み神事」が行われている（写真４）。

萱津神社によると、「香の物」は、日本武尊が東征の際この地を訪れ、村人が献上した漬物を喜ばれ「藪《やぶ》にも神《こう》の物」と仰せられたという故事にちなんでいるという。辞書には「『藪に剛《こう》のもの』とはつまらない者の中にも立派な人物がいる。また藪医者の中にも功者がいる。」とある[3]。

（図３）藪の中の甕に初生りの茄子やうりを漬ける[22]

萱津神社
（写真２）香の物殿

（写真３）熱田神宮本宮

萱津神社、㈱食料新聞社提供
（写真４）香の物祭

漬物と塩

塩は生の野菜を漬けるのに欠かせない。塩が有する高い浸透圧のために腐敗菌は抑制され、漬物の保存性が向上する。生野菜の細胞を脱水し、組織を柔軟にして食べやすくする。また、乳酸菌の増殖を助け、発酵風味をつけるなどの働きが知られている。一夜漬け（浅漬け）では材料に対して約２％、白菜漬け（早漬け）

では5%の食塩が使われる。梅干しなどの長期塩蔵品では、食塩濃度が15%以上のものもある(4)。

塩を作る

ヨーロッパでは塩を「白い金塊」と呼び、古代から貴重なものだった。製塩法にはおもに三種類の方法がある。①岩塩を採掘する。②岩塩が溶けた塩水(塩井戸)や海水を煮詰める。③海水を浅く平らな池(蒸発池)に入れ、天日乾燥させる(天日塩)(5)。日本では、岩塩はほとんど採れないが、会津地方では昔から、食塩泉の水分を蒸発させた「山塩」の製造が行われていたという(6)。

四方を海に囲まれた日本では古来、海水から塩を作っていた(海塩)。海水中にはおよそ3・5%の無機物が溶け込み8割が塩である。海塩の製造は、海水の水分を蒸発させて濃い塩水(かん水)を作る工程(採かん)と、これを煮詰めて塩を結晶化する煎《せん》ごうから成り立っている。

古代の製塩法を「藻塩焼く」と呼ぶように、海藻に海水をかけては乾燥させて、最後にこれを焼いて灰塩《はいじお》を作った。やがて灰塩に海水を加えて濃いかん水を作り、土器に入れて煮沸し、結晶塩をとるようになった(7)。縄文時代後期の製塩土器が茨城県霞ヶ浦周辺から出土し、弥生時代のものは瀬戸内海沿岸など広い範囲から出土している。時代が進むと製塩専業の集落も出現した。平城京の租税(調)の木簡(木製の荷札)から能登、若狭、尾張、参河(三河)、志摩、淡路、讃岐、周防などが塩の産地だったことがわかる(8)。

製塩には多くの労働力と大量の燃料が必要だった。周辺の木々を薪として使い果たすと、新たな燃料を求めて製塩場所を移動したといわれている。

塩田は燃料として必要な薪を減らし濃いかん水を作るための工夫だった。9〜10世紀頃には塩田の原型ともいえる自然の干潟や砂浜を利用した塩浜が作られ

海水を荒汐桶に汲む。打桶(おちょけ)に溜めて塩田にまき散らす
出典:北村与右衛門 著、清水隆久 翻刻・現代語訳・解題『民家検労図』石川県図書館協会(1995)

(図4)汐汲み、汐まき

塩田の砂をかき集めて、たれ舟(足のついた四角い箱に入れ、これに海水を皿に注ぎ、かん水を得る)、かん水を釜に入れ煮つめ塩にする
出典:図4と同

(図5)沼井、煎ごう

た。海水を汲み上げ、塩浜に散布して天日乾燥し、塩の結晶が付着した砂（かん砂）を集めてかん水を作るようになった（自然揚げ浜法）。鎌倉時代には地盤を固め、砂を敷きつめるなど塩浜も工夫され、塩釜（鉄釜、石釜）も大型化した[7]。

江戸時代になると加賀藩などでは石垣を積み、内側に礫や土を入れ、粘土で固めた上に細砂を敷いた塗り浜塩田が作られた。図4と図5は『民家検労図』[9]に収録された江戸時代の加賀国能美郡（現在の小松市）の揚げ浜式製塩法である。「汐汲み」と塩浜への汐まき（図4）、浜砂を集め（引浜）、かん水を釜で焚き塩を析出させる（図5）一連の塩づくりが描かれている。

揚げ浜式製塩法は現在、能登半島珠洲市の角花《かくはな》家1カ所で継承され、平成20（2008）年に「能登の揚げ浜式製塩の技術」として国の重要無形民俗文化財に指定された。

宮城県塩竈市
（写真7）御釜神社の平釜

平成19（2007）年9月末に初めて当地を訪れたのは、夕日が少し傾き始めた頃だった。タライ（シコケ）に溜めた海水を桶（オチョケ）で汲み、塩田一面に撒く汐まきが行われていた（写真5）。「汐汲み3年、汐まき10年」といわれるように熟練の技も体力も必要だ。夕暮れになってもたった一人で繰り返し汐まきを続けられる姿が印象的だった。かん砂を得るためにどれだけの海水を撒かなければならないのだろう。気が遠くなるような作業だ。傍の釜屋では平釜による煎ごうが行われていた（写

角花家揚げ浜式塩田
（写真5）汐まき

香川県宇多津復元塩田
（写真8）浜溝

角花家揚げ浜式塩田
（写真6）塩釜による煎ごう

香川県宇多津復元塩田
（写真9）沼井（沼台）

香川県宇多津復元塩田
(写真 10) 汐まき (汐かけ)

香川県宇多津復元塩田
(写真 11) 釜屋

香川県宇多津復元塩田
(写真 12) 煎ごう

香川県宇多津復元塩田
(写真 13) 塩床におかれた結晶塩

真6)。かん水を3〜4時間煮詰め、塩分濃度を高めた後いったん濾過し、さらに16時間煮詰める。角花家では約100坪の塩田で年間1・2トンの塩を生産している。近くには「道の駅すず塩田村」があり、400坪の塩田で約8トンの塩を作っている(10)。

宮城県塩竈《しおがま》市にある塩竈神社の末社御釜《おかま》神社には、揚げ浜式塩田で使われた4基の鉄釜が保存されている。その一つは直径1・5m程の能登の鋳鉄製塩釜である(写真7)。神社では毎年7月、古代の製塩法に則った「藻塩焼神事」が行われているそうだ。

入浜式塩田は潮の干満による水位の差を利用して、塩田に海水が自然に流入するように改良したものだ。最初は遠浅の自然の浜を利用していたが、やがて防潮堤や浜溝(海水導入排出路)(写真8)、沼《ぬ》井《い》(かん水溶出装置)(写真9)などが築かれ、塩田が整っていった。浜溝の海水は毛細管現象により塩田表面まで上昇し、風と天日によって蒸発し、かん砂ができる。これを盛んにするため柄杓(かけ杓)で汐かけを行う(写真10)。かん砂を沼井に入れ、海水を注ぐと、砂についた塩分が溶けて「かん水」(海水より塩分濃度が高い海水)となり、「藻垂壷《もだれつぼ》」に溜まる。かん水は釜屋(写真11)の中にある平釜で煮詰める(写真12)。できた塩の結晶(写真13)は苦汁を除くため居出場《いだしば》にしばらく置き、かますにつめて運搬した。

寛永年間に始まった瀬戸内海沿岸部の入浜式塩田は、幕末には瀬戸内十州塩田として4000町歩にも拡大、流通塩のおよそ90%を占めるようになった(11)。

明治になっても塩は盛んに生産された。明治14（1881）年には6811町歩の塩田で494万石、明治24年には7442町歩の塩田で542万石の塩を生産した[12]。産業の振興育成を図る内国勧業博覧会では食塩の品質評価が行われ、賞状が授与された（図6）。しかし、明治38年に塩の専売制度が実施されるようになった。国の政策である塩業整備事業により小規模経営の製塩業者の整理、製塩技術の改良、指導などが行われ、製塩法も変わっていった。昭和27（1952）年から34年には天日と風力をより有効に活用する採かん水法として、竹を組んだ枝《し》条《じょう》架《か》に海水を流す「流下式塩田」や立釜が導入され、労力は従来の10分の1程になった（写真14）。しかし、昭和47年にはイオン交換膜法と真空蒸発缶による工場生産に全面的に切り替わり、最後に残った2200ヘクタールの塩田はその歴史を閉じることになった（1町歩＝10反、約3000坪、0.9917ヘクタール。1石はおよそ150kg）。

明治38（1905）年から続いた塩専売制度は平成9（1997）年に廃止され、新たに塩事業法が施法された。平成14年からは塩の製造、輸入、流通が自由化され、市場にはさまざまな塩が流通するようになった。現在塩の国内需要量は年間およそ760万トンで、その7割以上が化学工業用である。家庭や飲食店で使われる生活用は11万トン、その他は食品工業などに使われている（財務省「令和5年度塩需要実績」令和6年6月28日発表）。需要量の8割以上が外国産であり、日本向けの輸出国はメキシコ、オーストラリア、インドなどである。

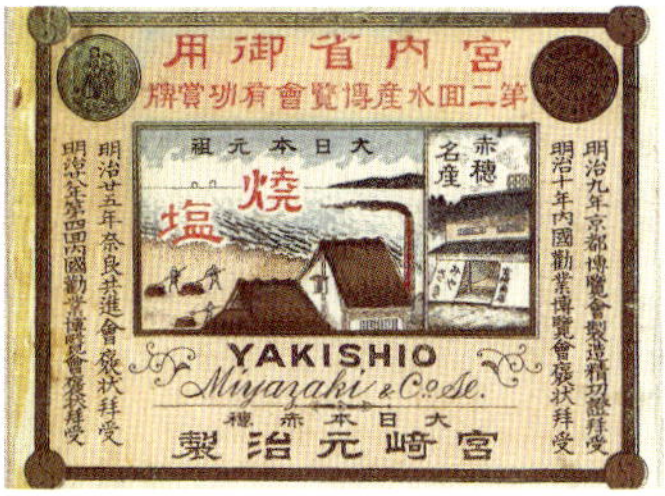

明治28年第4回内国勧業博覧会等、各種褒状拝受の文字が見える
出典：電子展示『捃拾帖』（拡張版）、東京大学総合図書館
（図6）大日本元祖焼塩（赤穂宮崎元治製）ラベル

珠洲市道の駅すず塩田村
（写真14）流下式塩田枝条架

塩を比べる

入浜式塩田では

（表1）塩の組成

産地	組　成（%）[13]					
	水分	NaCl	$MgCl_2$	Na_2SO_4	Ca_2SO_4	$MgSO_4$
赤穂	10.52	85.69	1.38	1.28	1.09	—
三田尻	8.70	84.78	2.01	2.61	1.75	
児島	7.90	84.49	1.68	—	0.96	1.93
行徳	7.90	84.24	1.60	1.75	0.85	1.75

注　：製法は入り浜式塩田。

どのような塩が作られていたのだろうか。昭和初期に出版された食品辞典による塩の成分と現在のものを比較した（表1）[13]。入浜式塩田ではNaCl濃度が85％ほどで、海水中に含まれる塩化マグネシウムや硫酸ナトリウムなど通常「苦汁《にがり》」といわれる成分が残り、産地により組成も若干相違する。イオン交換膜法ではNaCl濃度は食塩で99・1％、並塩で96・5％であり、純度は非常に高いことがわかる[14]。

塩田跡を訪ねて

私は富山県で生まれ育ったが、祖父の家が広島県尾道にあった。子どもの頃は尾道で従姉妹たちと夏休みを過ごした。祖父の家に向かう途中に見えた海岸線に沿ってどこまでも続く広く平らな塩田の風景は、幼い頃の想い出として心に残っている。しかし、幼かった私には、そこでどのような作業が行われ、どんな暮らしが営まれていたのかを知らなかった。塩業の歴史や暮らしを知りたいと思い、ここ十年あまり、瀬戸内海を訪れる折には塩田の跡やその地域の郷土資料館などを訪ねるようになった。その中で印象に残った場所を少し紹介したい。

岡山駅でマリンライナーに乗り換えて、四国に向かう。瀬戸大橋の手前、岡山寄りの最終駅が児島である。児島にある「旧野﨑家住宅」は文政12（1829）～天保元（1830）年に塩田開発を行い、塩田王といわれた野﨑武左衛門（1789～1864）が天保年間に建てたものだ（写真15）。元野﨑浜塩田は

岡山県児島
（写真15）旧野﨑家住宅

旧野﨑家住宅
（写真16）味噌小屋

旧野﨑家住宅
（写真17）浜人の一汁一菜の食事

旧野﨑家住宅
（写真18）漬物小屋

昭和44（1969）年、東野崎浜にイオン交換膜式製塩工場ができるまでのおよそ140年間塩を作り続けた。現在は「野崎家塩業資料館・旧野崎家住宅」として製塩業の歴史を物語る多くの用具が展示されている。

浜子（あるいは浜人《はまど》、塩田で作業をする労働者）に現物支給された味噌、醤油、漬物などの製造所（小屋）が残されていた（**写真16**）。箱膳をみると、食事は一汁一菜、ご飯・漬物という質素なものだ（**写真17**）が、「浜人の一升飯」といわれたように米飯だけは腹いっぱい食べられた。それくらい食べないと体がもたない程の重労働だったという(15)。漬物小屋（**写真18**）にはいくつもの二斗樽が残っており、塩分濃度が異なる（貯蔵期間が違う）漬物もたくさん漬け込まれていたようだ（**写真19**）。漬物の支給は1年で1人当たり四斗樽（72リットル）1個とある（野崎家文書、明治37年）。浜子たちは塩づくりのない冬場には大根を干し、漬込みを行った。塩づくりや浜子のくらしを生き生きと記録した『元野崎浜風土記』によると、塩田は「砂と人の壮絶な戦いの場であった」(15)。

岡山駅から高松で特急うずしおに乗り換え、徳島駅に到着した。小鳴門海峡に面する徳島市撫養《むや》町は「斎田塩《さいだじお》」といわれた塩の名産地で、慶長4（1599）年頃に播磨の製塩法が伝わった。現在国内に7カ所ある大型製塩工場の一つ、鳴門塩業㈱の工場がある（**写真20**）。近くの塩田跡は塩田公園となり、その一画に「入浜塩田と製塩作業場（釜屋、塩倉、炭納屋、かん水溜、浜子小屋など）・住居が一体

旧野崎家住宅
（写真 19）漬物小屋に並ぶ漬物樽

鳴門市
（写真 20）鳴門塩業㈱

鳴門市
（写真 21）福永家住宅

福永家住宅、修繕前
（写真 22）かん水溜

となって残る全国唯一の製塩施設」福永家住宅（重要文化財）がある（写真21）。

塩田の経営単位を一軒前《いっけん》といい、明治初期の瀬戸内では、約1町5反から1町9反（およそ2ヘクタール弱）の塩田と釜屋などの製塩作業場では12〜13人程の浜子が働いていた[11]。福永家はこの「一軒前の経営者（塩戸）」と思われる。高い石垣で造成された堤防の上に建つ家屋には平成20（2008）年当時、説明板もなかった。特に傷みの激しい茅葺屋根の建物があった（写真22）。それが「かん水溜」であり、茅葺屋根の張替え工事などが行われ、一般公開されたことを後で知った。かん水溜の地下貯水槽は13・2m×5m×深さ2・4m、650石（およそ11万7000リットル）のかん水を貯蔵できた。文政11（1828）年から天保4（1833）年頃に建てられ、昭和45（1970）年頃まで実際に製塩作業が行われていたという。塩づくりの歴史を伝えるために子どもたちに残してほしい貴重な産業遺産だと思った。しかし、肝心な入浜式塩田（跡）はない。維持管理も大変とは思うが残念だった。

草醤《くさびしお》から漬物へ

奈良時代初期に権勢を誇った長屋王（684頃〜729）の邸宅跡（奈良市二条大路南）が近鉄奈良線新大宮の近くにある。出土した多数の木簡からは、宮廷貴族の華麗な食生活を垣間見ることができる。その中から「加須津毛《かすづけ》（糟漬け）」、「醤津毛《ひしおづけ》（醤漬け）」と記された木簡が見つかっている。当時は「津毛」、「漬」の両方が使われていた[2]。醤《ひしお》は中国から伝来した発酵塩蔵食品である。米、麦、豆などを発酵させた穀びしお、魚介類や肉類を利用した肉びしお、植物や果実、海藻を塩で漬けた草びしおの三種類があり、その後、味噌・醤油、魚醤、漬物へと発展した[16]。

四季漬物塩嘉言《しおかげん》

和漢三才図会には「そもそも未醤や醤油を造り庖厨（だいどころ）の日用にするには、赤穂塩のような軽白のものが佳い。魚鳥をしお漬にするには灘塩のような重濁のものがよい。」とある[17]。漬物作りには塩は欠かせないが、どのような塩が適しているのだろうか。

一般的には粒が小さいほど溶けやすい。塩の溶けやすさは、料理の中でも素材とのなじみやすさ、振り塩の効き加減などに影響する。塩粒を小さく砕くと塩角を強く感じるのは、溶ける速さが早くなるためである[4]。

漬物の塩加減は、江戸時代中期の漬物本『漬物塩嘉言』に詳しい[18][19]。大根漬けでも春先に食べる沢庵漬と三年沢庵、五年漬、七年漬では塩の分量が変わってくる。『四季漬物塩嘉言』には、四斗樽での漬け方が以下のように紹介されている（図7）。

「一樽の分量は、糠塩合わせて1斗に、大根の大小により違ってくるが、およそ大根50〜60本で（略）、小糠7升、塩3升をよくもみ合せ、（略）漬ける。（略）これは冬に漬けて、正月から2、3月までに食べきる漬け方である。（略）長期に貯蔵するには、糠は前述の分量に準じて、三年ならば糠を減して塩を2升余り増し、五から七年ならば4升ばかり増やす。（略）多年貯蔵する桶には、塩の量、製造した年月を一々樽に書付けて置くこと。年月が過ぎると、見わけがつき難くなるものである。」（注：1斗は10升、1升は約18リットル）

同じ大根漬でも保存期間の長短により食塩濃度を加減する、製造日などの記録を桶に書き込む大切さは今も変わらない。

漬物は長い間、自家生産自家消費され、商品化することはなかった。しかし、江戸時代になり、江戸をはじめ都市での生活者が増えると、漬物の需要が生まれた。大量の漬物製造を可能にしたのは塩生産量の増大であった。この頃、尾張では塩つくりが再び盛んになり、前浜塩、生路《いくじ》塩（図8）などを産するようになった。江戸時代初めには塩問屋（塩屋）が各地に誕生し、塩の流通経済を担うようになった（図9）。

尾張で生産された塩は、地元で消費されるとともに、信州まで運ばれ（塩の道）、味噌や漬物作りに利用された。

萱津神社の香の物祭はその年の豊作に感謝するとともに、美味しい漬物を安心して食べてほしいと願う全国の漬物業者の参加も多く、年々盛大に執り行われている。

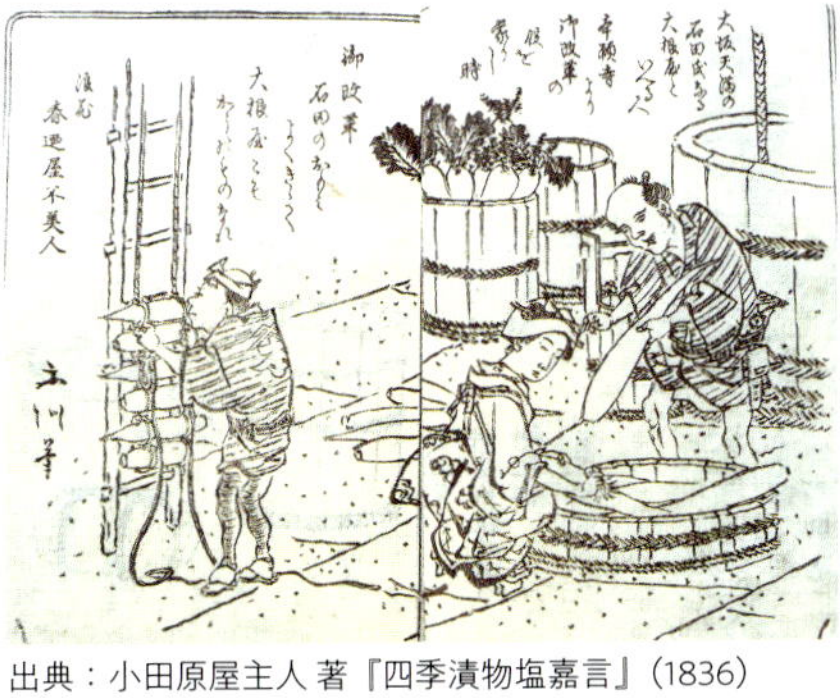

出典：小田原屋主人 著『四季漬物塩嘉言』(1836)
（図7）大根漬の図

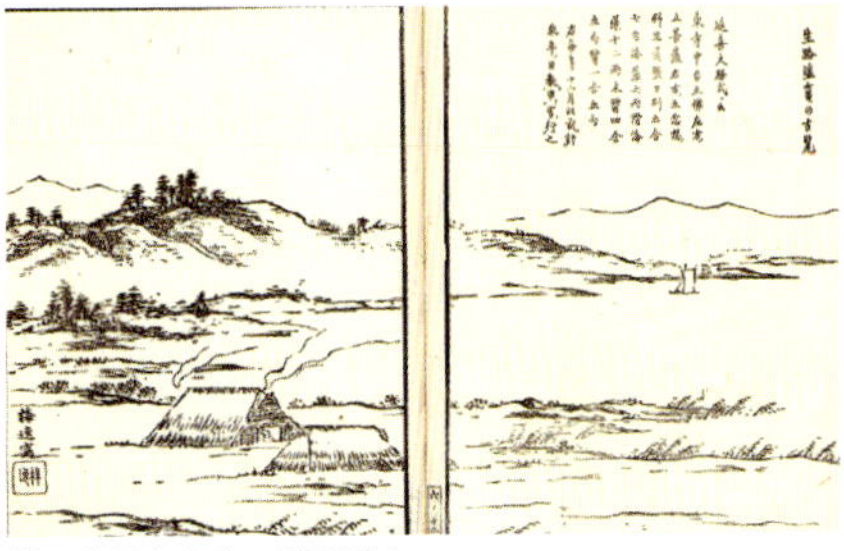

浜の釜屋から白い煙が昇る
（図8）生路塩竈（古蹟）

店の前には名水二井（ふたついど）という井戸あり。稲わら製の塩俵は産地で異なるが、5斗俵で塩12貫詰
（図9）難波の塩屋（塩問屋）

訪れた所

・萱津神社　愛知県あま市上萱津字車屋 19
・道の駅すず塩田村　石川県珠洲市清水町 1-58-1
・角花家《かくはな》　石川県珠洲市清水町 1-58-27
・野﨑家塩業歴史館・旧野﨑家住宅　岡山県倉敷市児島味野 1-11-19
・宇多津町産業資料館（現在は「うたづ海ホタル」）（復元塩田と茅葺屋根の釜屋）　香川県綾歌郡宇多津町浜一番丁 4 うたづ臨海公園内
・鳴門塩業㈱　徳島県鳴門市撫養町黒崎字松島 53
・福永家住宅　徳島県鳴門市高島字浜中 150 鳴門塩田公園内

参考資料

⑴ 大日本名所図会刊行会 編『大日本名所図会 第 1 輯第 9 編尾張名所図会』大日本名所図会刊行会（1919）
⑵ 小川敏男『漬物と日本人』（NHK ブックス 781）日本放送出版会（1996）
⑶ 新村　出 編『広辞苑第六版』岩波書店（2008）
⑷ 宮尾茂雄『漬物入門』日本食糧新聞社（2000）
⑸ メアリ・ドノヴァン 監修『世界食文化図鑑』東洋書林（2003）
⑹ 会津山塩企業組合ホームページ https://aizu-yamajio.com/
⑺ 赤穂市立歴史博物館編集・発行『特別展図録 描かれた塩づくり』(1996)
⑻ 鬼頭清明『木簡の社会史』講談社（2004）
⑼ 北村与右衛門良忠『民家検労図 人巻（江戸時代）』（石川県立図書館所蔵本の複製）石川県図書館協会出版（1995）
⑽ 世界農業遺産「能登の里山里海」ホームページ https:///noto-satoyama.com
⑾ 廣山堯道『近世塩生産の地域区分 全集 日本の食文化（第五巻 油脂・調味料・香辛料）』雄山閣（1998）
⑿ 日本専売公社 編集・発行『日本塩業大系 近代（稿）』（1982）
⒀ 澤村　眞『食品辞典』隆文館（1928）
⒁ 文部科学省『五訂増補 日本食品標準成分表』（2005）
⒂ 角田直一 著『元野﨑浜風土記』（財）竜王会館（1998）
⒃ 樋口清之『日本食物史―食生活の歴史―』柴田書店（1960）
⒄ 寺島良安 著、島田勇雄 他 訳注『和漢三才図会 18』（東洋文庫 532）平凡社（1991）
⒅ 江原絢子 訳・解題『漬物塩嘉言』（日本農書全集 52　農産加工 3）農山漁村文化協会（1998）
⒆ 奥村彪生 編『日本料理秘伝集成 第 14 巻』（四季漬物塩嘉言）同朋舎出版（1985）
岡田　啓、野口道直 撰、小田切春江 図画、尾張書肆菱屋久兵衛、菱屋久八郎『尾張名所図会 前編』（天保 15 年）（1844）国立国会図書館デジタルコレクション
小田原屋主人 著『漬物塩嘉言』（四季漬物早指南初編）（天保 7 年）（1836）
⒇ 蒔絵師源三郎 画『人倫訓蒙図彙※』書林平楽寺 他 出版（1690）国立国会図書館デジタルコレクション
※じんりんきんもうずい
(21)『尾張名所図会 前編』巻 7（1844）国立国会図書館デジタルコレクション
(22) 秋里籬嶌 著、竹原春朝斎 他 画『東海道名所図会前編巻 2』小林新兵衛 他 出版（1797）国立国会図書館デジタルコレクション
(23) 岡田啓 他 著、小田切春 江画『尾張名所図会前編巻 6』（1844）国立国会図書館デジタルコレクション
(24) 秋里籬嶌 著『攝津名所圖會巻 4 下』(1796 ～ 1798) 国立国会図書館デジタルコレクション.

漬物指南書

『漬物鹽嘉言』と小田原屋主人

『漬物鹽嘉言《しおかげん》』との出会い

『漬物鹽嘉言』は天保7（1836）年に出版された漬物の料理本である。瓜、茄子、唐辛子、大根、紫蘇の実、生姜などを醤《ひしお》に漬けた「家多良漬《やたらづけ》」や、甘く塩押したナスに白砂糖を加え辛子醤油で漬けこんだ「初夢漬」など、64種類の漬物が載っている(1)(2)。

「（漬物の問丸小田原屋の茶室において、）秋雨の夜ばなしを傍《かたわら》に人ありて記したれバ。猶あやまりたるも多かるべし。其罪ハゆるし給へといふ」とあるように、漬物問屋小田原屋主人の語りを「好食外史」なる料理人が文章に起こした。その場には序を添えた花笠文京（1785～1860：江戸時代後期の狂言作者、戯作者）も同席していた。

現在、私の手元には三冊の『漬物鹽嘉言』がある。一冊は京都寺町の古書店尚学堂で出会ったものだ（写真1左）。古書店、茶舗、古道具屋などが集まる京都寺町界隈の散策は、京都を訪れる楽しみの一つとなっている。尚学堂の所狭しと積まれた古書を前に、店のご主人に「何か面白いものはありますか？」と尋ねたところ、「こんなものがあります」と奥から取り出してくれたのがこれで、私が初めて手にした和本（古書）だった。表紙には書名の記載がなく、いきなり「序」から始まる。奥付を見ると天保7（1836）年の初版本だった(1)。

もう一冊は、愛知県蟹江町で㈱若菜として漬物業を営んでおられる故山田清三さんから頂いた。表紙に「漬物早指南 全」と和紙に書かれた張り紙があり（写真1右）、赤い地紙の中表紙に「小田原屋主人著（神田漬物問屋の印）漬物鹽嘉言一名漬物早指南」と記された復刻本で、明治36（1903）年発行の博文館版である（写真2）(2)。㈱若菜は東京に店舗が

（左）天保版、（右）博文館版（漬物早指南全；明治38年刊）

（写真1）漬物鹽嘉言

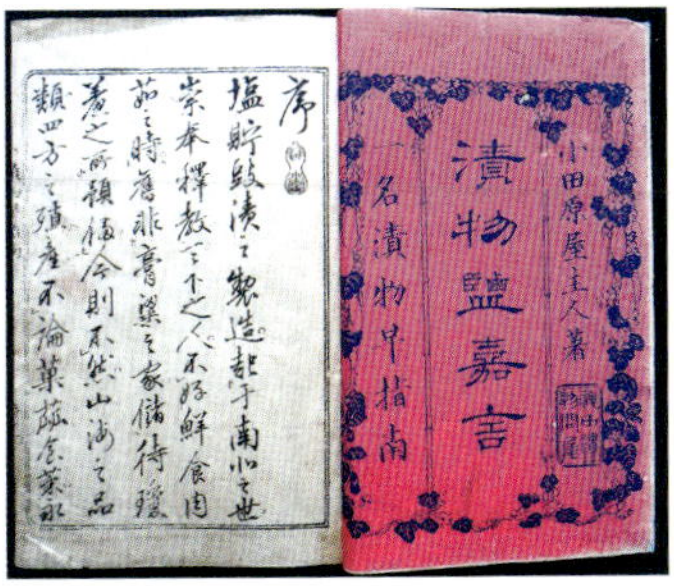

中表紙（赤い紙）に「神田漬物問屋」の印がある

（写真2）漬物鹽嘉言（博文館版）

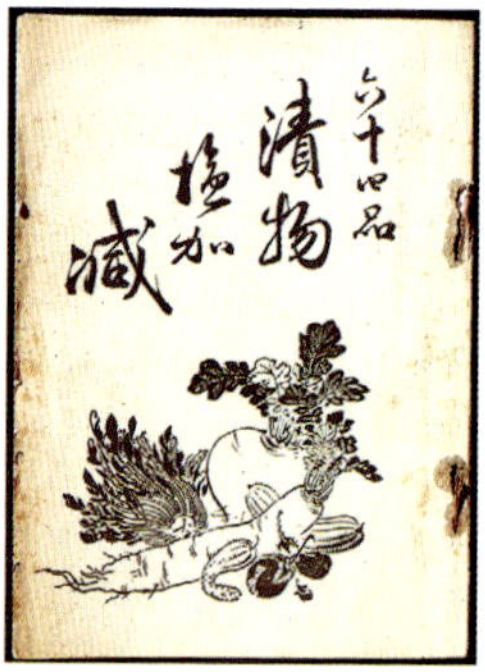

嵩山堂版（大正５年）
（写真３）六十四品漬物塩加減

あり、山田さんは上京される折に神田神保町の古書店を見て廻るのが楽しみだったそうだ。リュックサックいっぱいに本を詰め込んで帰る姿が忘れられないとご家族から伺ったことがある。私が大学を卒業して漬物関係の仕事を始めたばかりの頃で、ひと昔も前のことだ。三冊目は大正５（１９１６）年に発行された嵩山堂版で挿絵はなく、文庫本サイズの簡易な装丁で、『漬物鹽嘉言』ではなく、『漬物塩加減』になっている(3)（写真３）。

『漬物鹽嘉言』は、他に明治19（１８８６）年発行の半月堂版などもあり、天保７（１８３６）年の初版以来、たびたび翻刻版が出ている。さらに、明治から大正期に出版された料理本（例えば大橋又太郎著『実用料理法』）にも引用されている。

「……以上の漬け方は、江戸の漬物問屋にて、小田原屋の主人の著したる『漬物鹽嘉言』といふ書に拠りぬ、（略）何もたしかなる漬け方なり」(4)とあり、信頼できる書物であったことがわかる。最近では奥村彪《あやお》生先生が編集されたもの(5)や、江原絢子先生の現代語訳(6)などもあり、手軽に見ることができる。私も以前、簡略な現代語訳を作成した(7)。同本は初版以来、今日まで続くロングセラーの漬物本ということになりそうだ。

今回は、漬物の指南書でもある『漬物鹽嘉言』と、それを著した江戸の漬物問屋小田原屋主人を訪ねる散歩に出かけた。

小田原屋主人と『漬物鹽嘉言』

江戸時代後半になると、江戸の町では人口の急増と庶民の生活向上に伴い、食品を商う店や飲食店、料理屋が増加し繁盛していた。文化・文政期の江戸で評判の高級料理屋「八百善主人」が著した『江戸流行料理通』（１８２２〜34）が出版され（図１）、ベストセラーになるなど、料理本の出版ブームだった。『江戸流行料理通』は献立が中心で、四季折々の香の物は登場するが、漬け方などのレシピは載っていない(8)。「同じ香の物でも専門家の作り方にはどこか違いがあるのだろう」「料理通にでている漬け物を自分でも作りたい」。同本はそんな要望に応えて出版されたのだろうか。

読者からの要望に応えるように「凡《およそ》漬方に秘事口伝もなけれど売物に為《する》と素人の手に蓄ふるとハ各々差別ありて同じ品とても漬塩梅《つけあんばい》の時節に遅速あり度々手がけざれば加減の段ハ計《はかり》がたし」(1)(2)と、プロのノウハウを教えようという姿勢が感じられる。

目次に並べられた漬物64品の名前が魅力的だ。当時「沢庵漬」は誰もが知る漬物であるが、「三年沢庵」「沢庵百一漬」と3種類も出てくる。塩と糠の加減を塩梅して長期保存を可能にする技、春先に沢庵漬の間に塩押しナスを挟んで漬け直し、春の香の物とする（沢庵百一漬）などのひと工夫がある。また「捨小舟」と「雷干瓜」のところには、老女と若い女性と子供が漬物をつくる様子と唄が描かれた挿絵が入っている（図2）。初夢漬（ナスの辛子漬）、阿茶蘭漬（干し大根、昆布、生姜、ミョウガ、ナスなどを酒、醤油、梅酢で漬ける）、鼈甲漬《べっこう》（糠味噌漬ナスをみりん酒で漬け直す）等々興味を引くネーミングの漬物が載っている。どんなものか思わず漬けたく（食べたく）なる。しかも、それらの漬物の多くが（当時とは異なる点もあるが）、今日でも漬けられている。

江原絢子先生も指摘しているように、書肆（版元）の江戸芝明神前の岡田嘉七と和泉屋市兵衛は『漬物鹽嘉言』と『江戸流行料理通』に共通する人物であり、二つの料理本の出版には関連性がある(6)。天保版の『漬物鹽嘉言』には、『江戸流行料理通四編』、好食外史著の『萬家日用惣菜《ばんかにちようそうざい》俎板《まないた》』（天保7年刊、書肆は岡田嘉七と和泉屋市兵衛他）などの料理本の広告が載っていて、漬物に興味をもたれた方は是非こちらの本もお買い求めくださいといった体裁である。ただし『料理通全』には『漬物鹽嘉言』の広告は載っていない。さらに『料理通全』は酒井抱一など一流画家の挿絵入りで、しかも、多くが美しい多色摺りである（図3）。版元の気合の入れ方が、若干異なるのかもしれない。

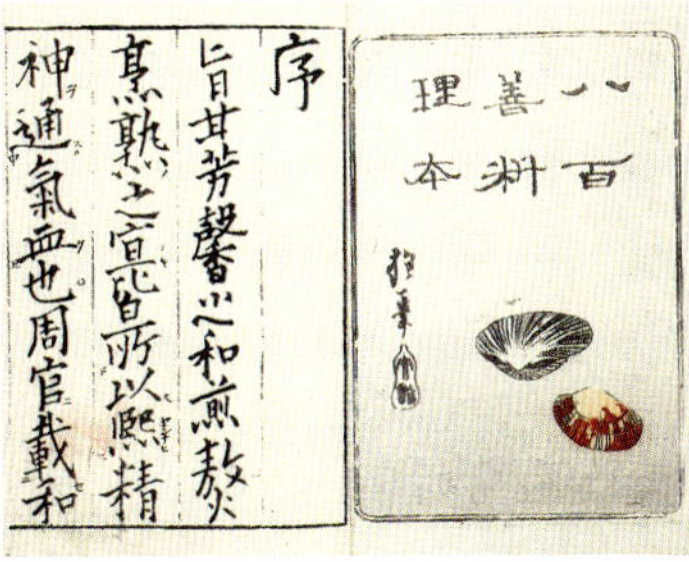

見返し題「八百善料理本」酒井抱一筆

（図1）「料理通」[18]

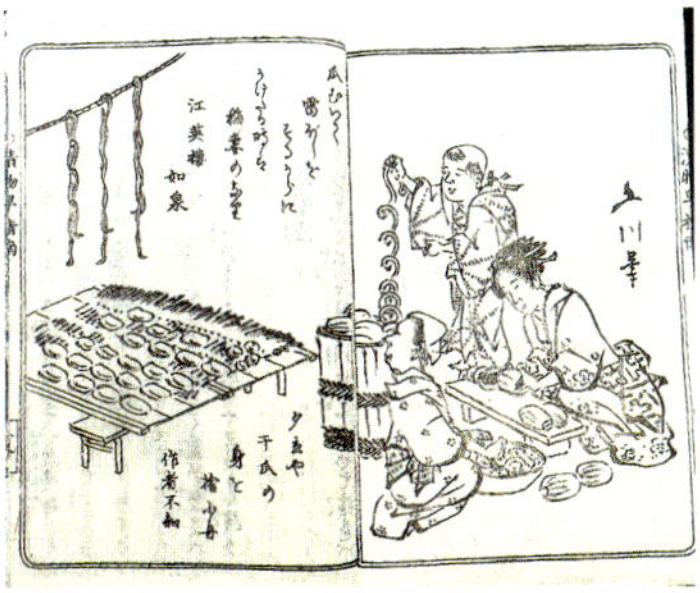

詞書『瓜むいて雷ぼしをするからに かけたる時は稲妻のなり（江英楼如泉）、夕立や干瓜の身を捨て小舟（作者不知）』

出典：小田原屋主人『漬物鹽嘉言』初版本（1836）

（図2）「雷干し、捨て小舟」挿絵

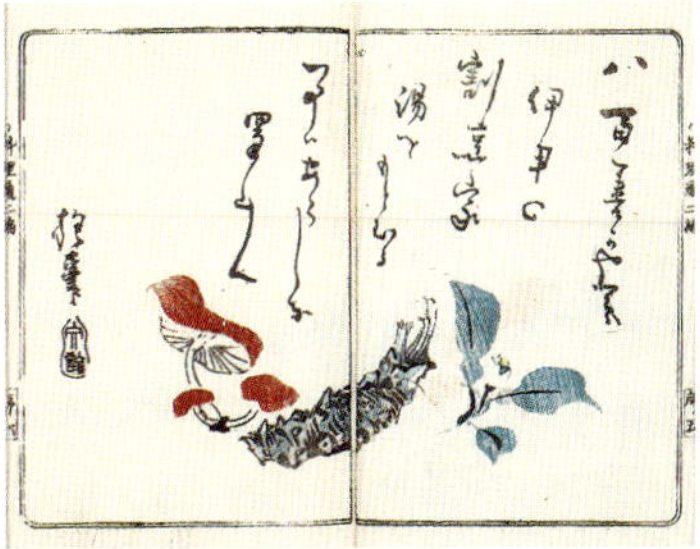

「料理通」より

（図3）山葵や椎茸などが描かれた挿絵、酒井抱一筆[19]

しかし、『漬物鹽嘉言』の登場は、それまで保存漬、箸休めと思われていた漬物が味覚や形、季節感という魅力をもつ存在となったターニングポイントだと私は思っている。全編漬物だけという画期的な料理本の著者である小田原屋主人とは、どのような人物だったのだろうか。漬物問屋「小田原屋主人」とあるだけで、誰もがわかる有名人だったのだろうか。博文館版に「神田漬物問屋」と印刷されていることから（写真２）、江戸時代から続く神田青物市場と密接な関連がある人物かと思われた。

ショッピングガイドブックから「小田原屋」を探す

江戸時代中期になると経済活動が活発になり、富士講などの社寺や霊場に参詣する目的で「講」が組織されて参拝目的の団体旅行もふえ、人々の往来も盛んになった。旅には道中の情報が欠かせない。

元禄時代以降、三都（江戸・京都・大坂）の商店、職人、飲食店の他、医師などの住所、氏名や諸国名産品等を載せた庶民向けのガイドブックが多数出版され、本屋のドル箱商品になったという。これらを手掛かりに、「小田原屋」を探すことにした。

最初は携帯に便利な小型本『万買物調方記』（1692年刊）を手にした。三都を網羅し店舗数も多いが、NTTのタウンページのように、店名、住所が主な情報である（当然電話番号はない）。したがって商品情報があまりわからない。食品関係では菓子処、饅頭屋、八百屋などがあり、香の物屋は京都3店舗、大坂に2店舗。江戸には漬物商の掲載がなかった（図４）[9]。

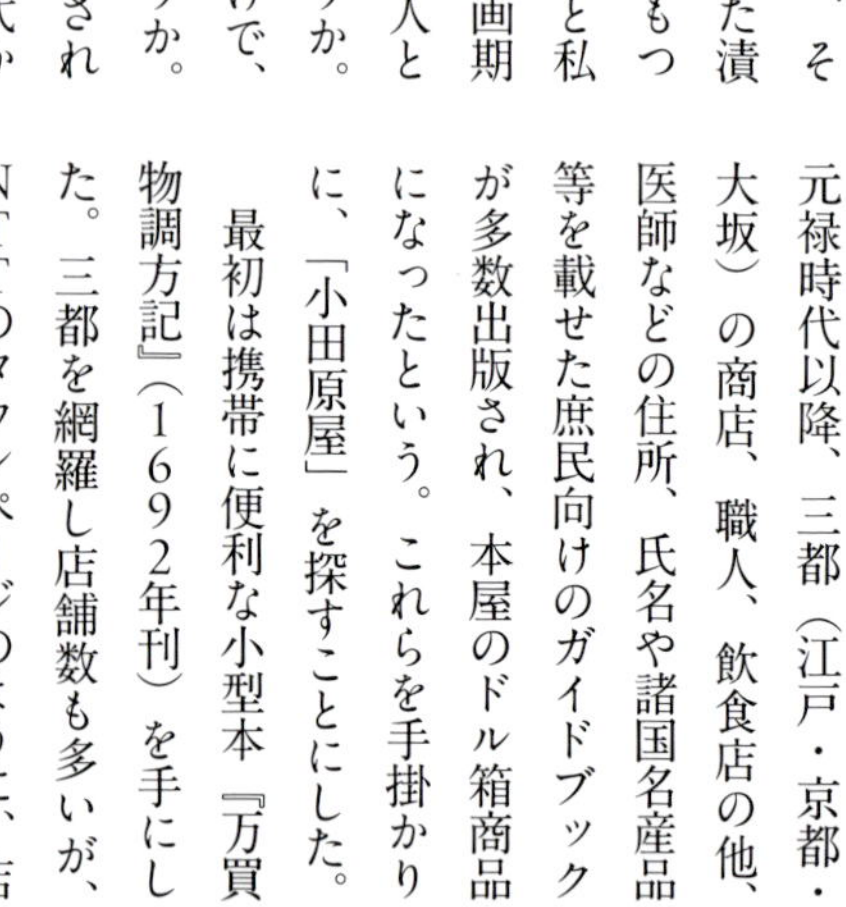

（図４）京、大坂の香の物屋[20]

次に、単身赴任や旅人向きの江戸の食べ歩きグルメガイド『江戸町中喰物重法記』（1787年刊）を当たった[10]。当時の人はこれを懐に入れて、江戸の町の味覚を楽しんでいたのだろう。香の物屋の項には、以下10軒が並んでいた。

・瀬戸物町南側 富士田屋佐七
・麴町六丁目 紀伊国屋長兵衛
・さめがはし千日谷 日のや久兵衛
・漬物品々 かうじ町四丁目 小田原屋吉兵衛（図５）
・糀五丁目伊勢屋治右衛門
・麻布出店糀町二丁目 青柳堂
・本店麻布雑式町出店新橋南鍋町 御ら

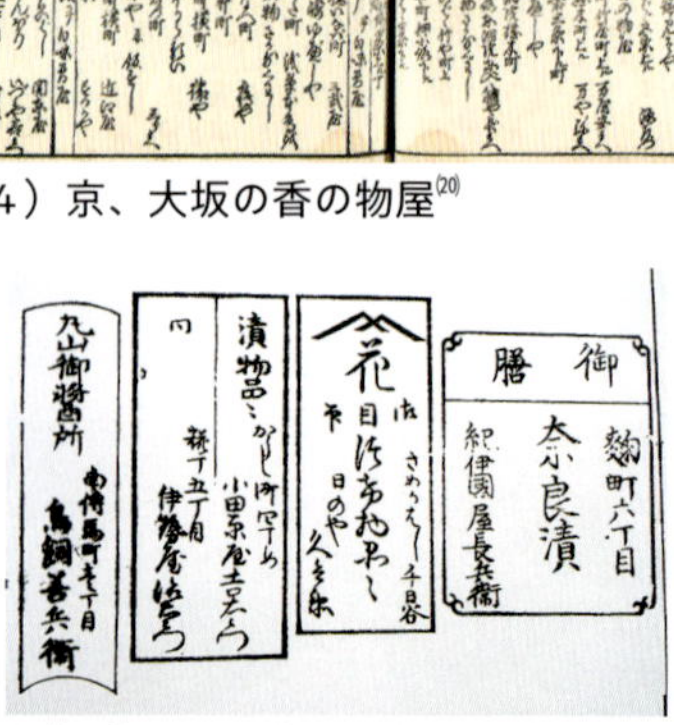

出典：『七十五日（江戸喰物重宝記）』(1787)
国立国会図書館所蔵

（図５）かうじ町 漬物品々 小田原屋吉兵衛

さ梅所・漬物類品々三河屋正種製
・糀町一丁目きいの国や平六
・芝三崎町 文字屋三島町 文字屋
・神田連雀町 小田原屋吉右衛門 御香物色々・御ひしほ・御膳味噌色々・御たまり品々・御泉口酢品々（図6）

ここで初めて、「神田連雀町 小田原屋吉右衛門」が登場する。恩師の小川敏男先生はこれを読まれて「かうじ町の漬物問屋 小田原屋吉兵衛」が『漬物鹽嘉言』の著者、小田原屋主人と考えられたようだが[11]、「神田連雀町 小田原屋吉右衛門」ではなく、「かうじ町 小田原屋吉兵衛」と推測されたのは、どのような理由だったのか、今となってはわからない。

『江戸買物獨案内（いろは仮名引）』（1824年刊）は、江戸市内の約2600店を網羅するガイドブックである[12]。携帯に便利な小型本で上・下巻・飲食之部の3冊に分かれている。屋号「小田原屋」を乾物、漬物、味噌などで検索した。当ガイドブックには香の物屋（商）「漬物屋」という見出し（項）はなかった（表1）。

暖簾印（商標）「〇ニ小」の小田原屋は神田に3軒、永代橋に1軒あった。神田連雀町の「小田屋」の記載を「小田原屋」の印刷ミスとすると、小田原屋の屋号をもつ漬物商は「神田連雀町 小田（原）屋吉右衛門 味噌問屋・漬物類」と思われた（図7）。他にも漬物を扱ってい

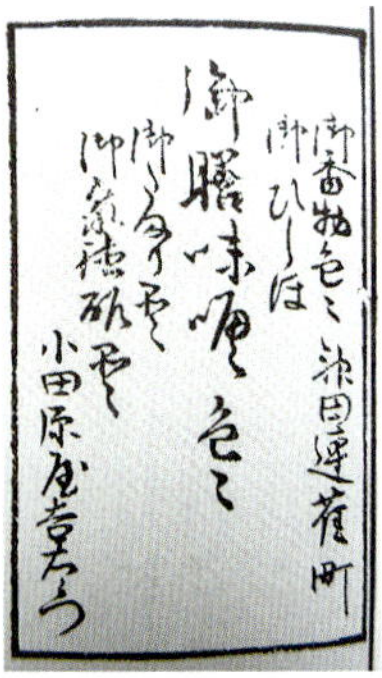

出典：『七十五日（江戸喰物重宝記）』（1787） 国立国会図書館所蔵

（図6）連雀町 香物色々 小田原屋吉右衛門

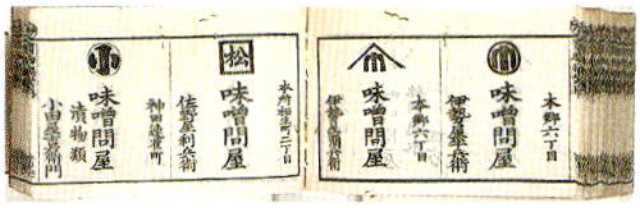

（図7）神田連雀町 味噌問屋 漬物類 小田屋吉右衛門[21]

（表1）小田原屋

屋号主人	取扱品目	住所	記載箇所
小田原屋長兵衛	乾物問屋	神田連雀町	上巻
小田原屋伊八	乾物問屋	神田多町二丁目	上巻
小田原屋源治郎	乾物類卸	永代橋北新堀町	上巻
小田屋吉右衛門	味噌問屋・漬物類	神田連雀町	下巻
伊勢屋善助	乾物問屋・漬物品々	鎌倉横町	上巻
伊丹屋彌兵衛	乾物卸類・漬物類・青物類	牛込通幸町	上巻
伊丹屋久兵衛	乾物卸類・青物類・漬物類	小石川表町	上巻
酒袋嘉兵衛	御香泉・御煮山椒・東都漬物類	下谷池之端仲町	上巻
酒好忠兵衛	御香泉・御煮山椒・東都漬物類	下谷池之端仲町	上巻
柏屋清助	味噌問屋・御煮山椒、漬物品々	小石川傳通院前	下巻
三河屋正種	御膳蓬莱豆所・龍田漬・達摩漬・初夢漬（以下略）	山下御門通南鍋町壹丁目	下巻

出典：『江戸買物獨案内』（1824）より

る商店が7軒あったが、いずれも暖簾印が異なっていた（表1）。

　江戸中～後期の「漬物問屋（問丸）」・漬物商は、漬物だけではなく、乾物、味噌、青物類、煮物、香泉（香煎、麦・米などを炒って挽いた粉、砂糖を混ぜたりして食べる）など、各種食料品も取り扱っていたことがわかる。

　同じ頃に出版された『宝船桂帆柱《たからふねかつらのほばしら》』（1827年刊）には、「漬物屋」と題し、「小田原や」の暖簾のさがった店内で金山寺ひしほを手にする商人が描かれ、小田原屋の店舗を彷彿とさせる（図8）。庶民は、日用の食料品を振売り（店をもたず、わずかの元手で仕入れた商品を籠や桶などに入れて天秤棒で担ぎ売り歩く）から求めることが多かった(13)（図9）。振売りは漬物、乾物、煮豆、金山寺味噌などを市場や問屋から仕入れていたようだ。

　なお、三河屋正種は『万買物調方記』(9)にも載っているので、江戸で100年以上続く漬物や煮豆類の老舗である。『漬物鹽嘉言』にも登場する「達摩漬、初夢漬」なども商っている。これらの名称の漬物は当時一般的なことがわかり、興味深い。ただし、三河屋正種のその後の消息は、残念ながら不明であった。

　問屋再興のため幕府により作成された江戸問屋の一覧表『諸問屋名前帳 57巻』（1851年3月～54年4月の記録）には、味噌問屋一番組に「味噌問屋小田原屋、連雀町、家持（地主）」とあり（図10）、両替商も営んでいたことがわかった。これは、旧幕府引継書(14)として明治政府の所管となった公文書である。以上から、江戸時代を通じて神田連雀町の「小田原屋」は裕福な商人（味噌あるいは漬物を扱う問屋）であったことがわかる。

　明治23（1890）年発行の『東京買物獨案内：商人名家』(15)には、6軒の漬物商が載っている。「小田原屋」の屋号の店は、「日本橋室町 漬物問屋小田原屋早川佐七」「神田連雀町漬物・酒類・味

詞書に『つけもの〻 塩梅（あんばい）もよき 身上（しんじやう）と人によばる〻 香かうのものやは』
（図8）金山寺ひしほを扱う漬物屋「小田原や」(22)

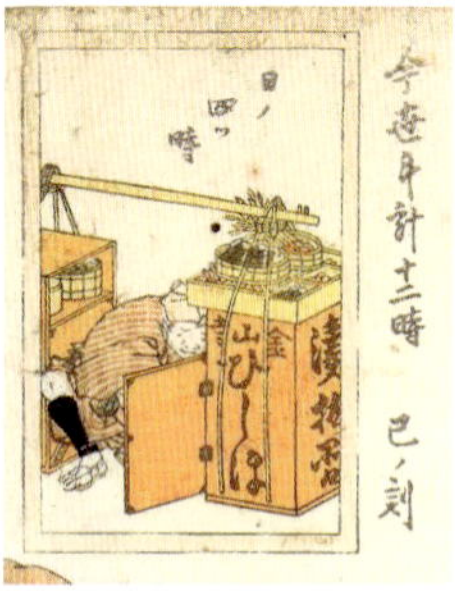

巳刻は現在の午前10時前後、遊女たちが起き風呂に入り、遅い朝食をとる時刻、食事は白米、味噌汁、漬物など
（図9）天秤棒に担ぎ箱を下げた振売りの漬物屋(23)

連雀町、家持
出典：『諸問屋名前帳』国立国会図書館デジタルコレクション
（図10）味噌問屋小田原屋吉右衛門

噌問屋小田原屋吉右衛門」（図11）、「ビンヅメ製造本舗 漬物問屋 浅草新福井町小田原屋岩堀小太郎」の3軒である(15)。

　連雀町と室町の小田原屋は、大正2（1913）年の『東京附一府六県職業明鑑再版』（1913年刊）にも掲載があり、江戸～大正と漬物商を構えていたことがわかった。

　大正12（1923）年9月1日に起きた関東大震災により、多町一帯の青物市場は壊滅的な被害を受けた。震災後の昭和3（1928）年、秋葉原西北に中央卸売市場神田分場ができた。小田原屋は、連雀町の店舗とは別に新市場内に附属商として食料品などを扱う出店（支店）を構えていたことがわかった。店の名義は、小栗義《よし》となっていた(16)。

　平成2（1990）年に、中央卸売市場神田市場は大田市場に移転した。この先のことはわからなかったが、『漬物鹽嘉言』の著者「神田漬物問屋」小田原屋主人は、神田連雀町にある江戸時代から続く漬物商「小田原屋」と推測された。

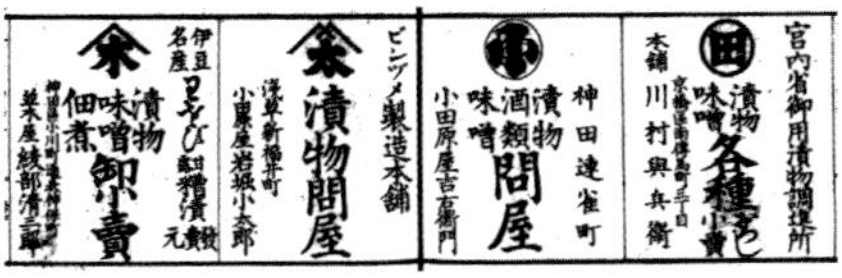

出典 上原東一郎 編『東京買物獨案内：商人名家』（1890）
国会図書館デジタルコレクション
（図 11）神田連雀町　漬物酒類味噌問屋
小田原屋吉右衛門

くらおばあちゃんの昔ばなし

「小田原屋」に関する情報を探していたとき、インターネット上で「おばあちゃんの昔ばなし（神田市場の話）～松尾神社と神田多町市場～」というタイトルで、「代々神田市場で仲卸しを生業とされていた『くら』おばあちゃんに多町二丁目の昔話を語っていただきました。」という記事を見つけた。

　くらおばあちゃんは大正6（1917）年生まれで、「三幸」という屋号で蓮根やクワイなどを扱う蓮問屋を営んでいた。くらおばあちゃんは昔話の中で、「味噌、酒、醤油、漬物などを扱う『連雀町の小田原屋』は江戸で一番古い商人じゃないかって言い伝えがある」と話していた。「連雀町の小田原屋」は、今もあるのだろうか？そこで、聞き手のお一人である滝口さん（千代田区四番町歴史民俗資料館職員、現在千代田区日比谷図書文化館）に、小田原屋のことを伺ったところ、多町2丁目の立山さんを紹介してくださった。立山さんからは、現在、須田町にある㈱小田原屋小栗商店のマルコビルに直接連絡をとったらどうかと教えて頂いた。

神田青果市場（五か町市場）

　徳川家康が江戸城に移った頃の江戸は、荒れた田舎城を取り巻く遠浅の海辺と田畑という景観であったという[16]。城下町の建設は道路や水路など交通網の整備に重点が置かれ、日本橋を中心とした五街道と市中の幹線道路網が造られた。

　神田周辺は江戸でも古い町の一つで、日本橋が商人の町であるのに対して、職人町といわれていた。雉子町（木地師）、新銀町（脇両替商）、連雀町（連尺、物を背負うときに用いる荷縄や背負子を作る職人）などの町名がその生業を表した。

　神田市場は、慶長年間（1596〜1612）、名主河津五郎太夫が、今の多町《たちょう》1丁目辺りで菜市《ないち》を開いたのが起源とされている。一面の水田を埋め立て、町家を建てたので「田町」としたのが、後に改めて「多町」になったという[17]。

　貞享《じょうきょう》年間（1684〜88）、散在していた青物商を多町、連雀町、永富町に集めて市場の形になった[16]。正徳3（1713）年に幕府の青物御用市場となり、享保年間に青物役所が設けられた。須田町、連雀町、多町、佐柄木町、雉子町の5町1万5000坪（約4万9500㎡）におよぶ青物市場（五か町市場とも呼ばれた）へと発展して

鎌倉町は連雀町に近接し、魚や青物を担い籠にいれた振売りも多い

（図12）鎌倉町豊島屋酒店、白酒を商ふ図[24]

店先の道路まで青物を広げて取引した。建物は木造2階建ての瓦葺が多かった
出典：『東京風景』より「青物市場」小川壹一真出版部 刊（1911）

（図13）明治時代の神田青物市場（神田五か所市場）

菜漬、梅干、らっきょう、茄子の辛子漬、福神漬等の他に煮豆、煮物などを商う
出典：図14と同

（図15）荷車を使った漬物類の引き売り

出典：清水晴風 編並画「世渡風俗圖會巻7」（明治時代）国立国会図書館デジタルコレクション

（図14）行商の煮豆売、漬物なども扱う

いった（図12）[16]。

青物問屋は（朝から昼までの時間帯）土間から店先の道路までを使用して商いをしていた（図13）。建物の多くが木造瓦葺で土蔵造りもあった。小田原屋は漬物・味噌・醤油・酒類などを扱う豪商で、幕末には幕府に御用金を何百両納める老舗であり、連雀町の青物問屋が軒を並べている中に、ひときわ目立つ存在だったと記録されている[16]。

『神田市場史』によれば、市場内の漬物商のルーツは2つあり、一つは自分で製造してそれを持ち込み、市場内に場所を借りて販売した。もう一つは店を構えた漬物商で自家生産と同時に各地から漬物を取り寄せ、煮豆などの惣菜類、青物類、味噌、寺納豆なども商い、小売や行商（ぼてぶり）などに販売していた[16]。明治になっても東京では店舗を持たない行商人が多く見られた（図14、15）。

神田連雀町・多町界隈を歩く

現在の㈱小田原屋小栗商店は、江戸時代から続く「神田連雀町漬物・酒類・味噌問屋小田原屋吉右衛門」と関係があるのだろうか。『漬物鹽嘉言』の著者、小田原屋主人と神田連雀町の「小田原屋」はつながりがあるのだろうか。立山さんのご紹介で、㈱小田原屋小栗商店の小栗さんを訪ねることにした。

神田川万世橋から青物市場跡、マルコビルの周辺を散策した。JR秋葉原駅を出るとすぐに、昭和5（1930）年にできた石造りの万世橋がある（写真4）。橋の下を流れる神田川の位置は江

昭和5年完成
（写真4）万世橋

「連雀町・佐柄木町」界隈（平成15年・2003）

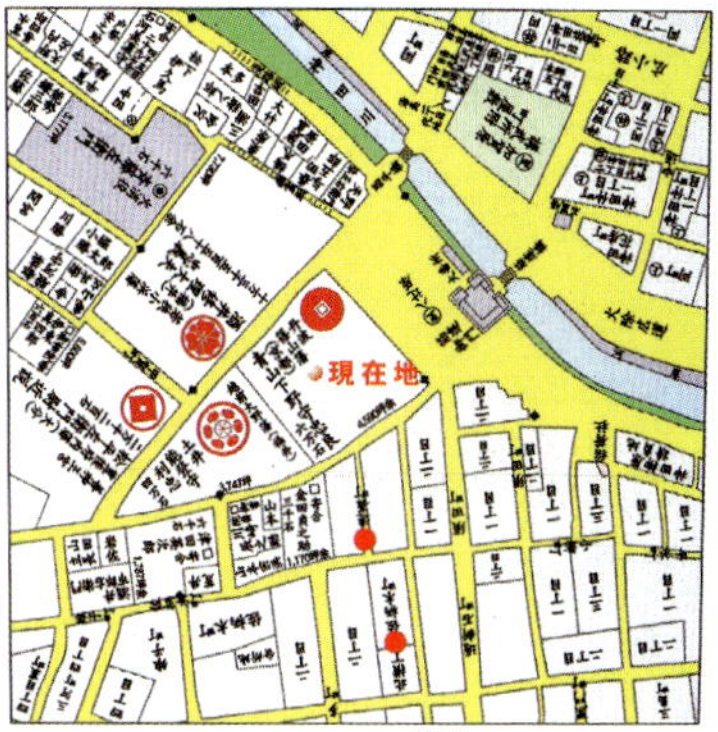

「連雀町・佐柄木町」界隈（安政《あんせい》三年・1856）

多町界隈、神田川には筋違橋が架かっていた（千代田区設置板の江戸切絵図複写）
（写真5）安政3（1856）年頃の連雀町

中山道、御成街道などが集まる広大な火除け地。左奥～右側縁は神田川の土手、御門の位置は旧万世橋駅周辺
（図16）筋違御門と八ツ小路[25]

戸時代と大きく相違していないが、江戸時代には万世橋はなく、昌平橋との間に筋違《すじかい》橋や筋違御門があり、その前は広い火除御用地、八ツ小路になっていた（写真5、図16）。日本橋を起点とした中山道が通り、神田川や日本橋川（鎌倉河岸）などの水運を利用して大量の青物が運び込まれたというが、今は市場発祥の地の碑が残るだけである（写真6）。

　神田連雀町（現在は東京都千代田区神田須田町1丁目）の㈱小田原屋小栗商店のビルは、表通りを1本入った白い建物だった。2階正面に、ガラスカバーで保護された「小田原屋本店」の木製看板が掲げられていた（写真7）。ガラスドア（写真8）とビルの屋上には「小田原屋」の屋号（暖簾印）「〇ニ小」が付いていた。この時点で、江戸時代の「神田連雀町小田原屋吉右衛門」と現在の㈱小田原屋小栗商店には強いつながりがあると確信した。お電話してあったので、現在の店主である小栗 忠さんから貴重なお話を伺うことができた。

小田原屋の歴史

小栗さんのお話では、小田原屋の創業は天正年間（1573〜91）で、終戦まで漬物問屋をしていたという。その後、平成12（2000）年まで酒類を中心に食料品店を営んでいたが、現在は貸しビル業を行っている。

　1階の事務所には「天正年間創業萬漬物小田原屋本店」の看板（写真9）が残されていた。店を新築した昭和3（1928）年に、表の看板（写真7）

慶長年間に菜市が開かれ、昭和３年に秋葉原に移るまで多町、連雀町など五ケ町市場があった（千代田区須田町 1-8）

（写真 6）青物市場発祥乃碑

２階正面に掲げられた木製看板「小田原屋本店」

（写真 7）マルコビル

マルコビル玄関のガラス戸にある

（写真 8）小田原屋の商標「〇ニ小」

マルコビル、事務室
（写真 9）「天正年間創業萬漬物 小田原屋本店」の看板

と同時に作ったそうだ。

天正年間といえば、戦国時代も終盤になり、天正18（1590）年に豊臣秀吉が小田原城を攻略し、戦に敗れた北条氏直（1562～91年）は徳川家康を頼って江戸に逃げたとされている。秀吉の小田原城攻めのとき、小栗氏の先祖が北条氏直の娘を連れて江戸に逃れ、「小田原屋」という名で商売を始めたという話を、小栗さんは祖父（15代小田原屋吉右衛門・小栗寅雄氏）から聞いたそうだ。「小田原屋は初代から10代までは漬物を主に扱い、11代目からは酒も扱うようになったとは聞いているが、ご先祖が本を書いていたかはわからない。」というお答えだった。

また、麹町の「小田原屋」は知らないが、日本橋室町に「小田原屋」という漬物商があったことは聞いたことがある。神田市場の附属商に「小田原屋、小栗義」（漬物缶詰商小栗義〈営業場所ヘノ七〉）[16]とあるとお話したところ、「おぐりよし」さんは小栗寅雄さんの奥様、忠さんの祖母にあたるそうで、実際に市場の出店を切り盛りしていたのは番頭さんだった。

昭和３年再建された。写真は昭和62年取り壊し以前のもの（小栗氏所蔵）
（写真 10）小田原屋本店

建物を取り壊す前、昭和63（1988）年頃の小田原屋の写真を見せて頂いた（写真10）。「東京漬物業組合」の木製の会員証が写っていたので、漬物に関連した思い出を伺った。小栗さんの幼少の頃は、「酒屋が主で、漬物組合の木札は残っていたが、製造などはしていなかった」という。ただ、「戦前までは漬物を製造していた」とも聞いているとのお話だった。現在の小栗忠さんは17代目になるそうだ。酒屋さんらしい朱塗りの角樽が

酒店を営んでいた当時は角樽が並んでいた（小栗氏所蔵）
（写真 11）マルコビル事務室

残っていた（写真11）。

神田明神に一対の大きな狛犬がある（写真12）。この狛犬は当時の神田市場の有力者8人から寄贈された（1933年5月）。狛犬の台座には寄贈者の名前が刻まれており、この中に「神田区連雀町小栗兆兵衛」「神田区連雀町 小栗寅雄」の名が並んでいた。小栗兆兵衛は祖父の親戚筋にあたり、連雀町1丁目で食料品商を営んでいたそうだ[16]。

小栗さんからの帰り道、旧神田市場の鎮守松尾神社にお参りした（写真13）。近所の方のお話では、太平洋戦争時はニコライ堂が近くにあったおかげか、米軍による爆撃を免れ、多町、佐柄木町、連雀町など旧神田市場周辺は戦災にあわなかったという。多町大通りには関東大震災の教訓を生かして建てられた戦災復興町屋（写真14）や、銅板仕上げの装飾看板建築が残り、近くには昭和初期に建てられ東京都選定歴史的建物に指定された甘味処や料理屋などが残っている。マルコビルに小田原屋の木製看板と暖簾印（商標）がなければ、私には江戸時代から連綿と続く老舗だとは気が付かなかった。小栗さんが代々の小田原屋を大切にされているおかげだと思った。

正面を向く狛犬は珍しい（神田明神）。昭和8年5月に氏子有志により奉献（小栗寅雄と小栗兆兵衛の名がある）
（写真12）一対の狛犬

神田市場、多町市場の鎮守
（写真13）松尾神社

元多町市場青果問屋の店舗兼住宅（昭和6年築）、震災復興町家で木造3階建、切妻造、北妻面は窓の少ない防火に配慮した造りで現在「国登録有形文化財」
（写真14）多町大通りに面した松本家

再び小田原屋主人について

小田原屋主人は『漬物鹽嘉言』で、江戸だけではなく京の水菜、守口大根、紀州産すいか（未熟果）、山葵（伊豆産か？）など各地の材料を使い、精舎（てら）納豆漬（大徳寺、浜納豆など味噌系の寺納豆に漬け込む）、奈良漬など手の込んだ漬物、梅の花や松茸などの漬け置き法など64品を紹介している。取り扱い品目が多彩で商品知識が豊富、目新しい情報の収集にも熱心な漬物問屋だった。しかも「小田原屋」というだけで知名度のある大店、茶室で漬物の秘伝を語る文化人。いったいどんな人物だったのだろうか。

以上の原稿をまとめ上げた後、国立国会図書館に『漬物鹽嘉言』（天保7年刊）初版本のあることがわかった。デジタルコレクションで公開されているものを見ると、私が所蔵する初版本には無かった青色の地紙の中表紙があり、そこには明治36（1903）年に発行された博文館版の赤い中表紙に書かれていた「小田原屋主人著（神田漬物問屋の印）漬物鹽嘉言　名漬物早指南」（写真2）と全く同じ内容が記されていた（図17）。これには驚いた。私が入手した初版本は、何かの事情で中表紙が欠けていたのである。その結果、小栗忠さんに結びつくまでに多くの時間を費やした。しかし、初版本にも「神田漬物問屋の印」があったお陰で、『漬物鹽嘉言』の著者である小田原屋主人は、神田連雀町にある小田原屋の何代目かの当主であること、小田原屋は天正年間から終戦まで商いを続けた漬物商であったことを確信するに至った。歴史学者からは実証的な史料に乏しいとお叱りがあるかもしれないが……。

後日、小栗忠さんに教えて頂いた東京都小石川にある源覚寺（こんにゃくえんまとして有名、1624年創建）にある小田原屋の墓所にお参りした（写真15）。歴代の小田原屋主人と奥様が眠っておられると思うと感慨深い。『漬物鹽嘉言』を著した「小田原屋主人」小田原屋吉右衛門は何代目に当たるのだろうか、天保7年に本が出版されたことから、11〜13代目ではないかと思うが定かではない。

古書との出会い、人との出会いとは不思議なものである。このような機会に恵まれたことに感謝している。『漬物鹽嘉言』の文中に「漬物早指南　魚類之部　近刻嗣出」とあるが、その後、出版されたのかどうかわからない。小田原屋主人を尋ねる旅はこれからも続きそうだ。

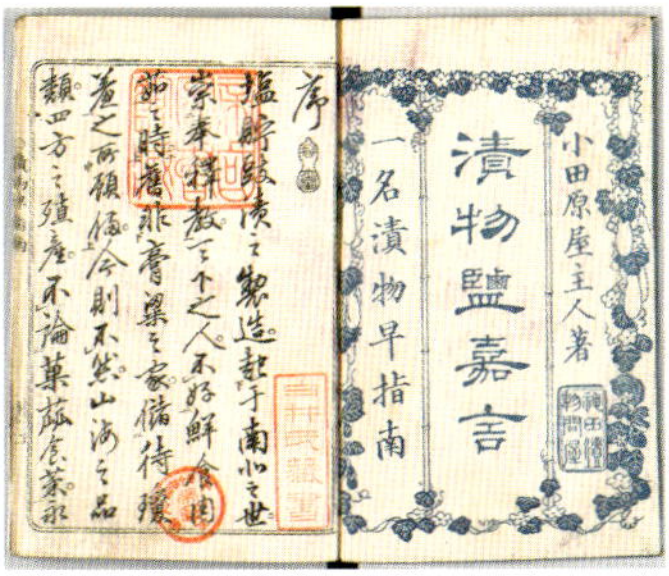

出典：小田原屋主人 著、和泉屋市兵衛他4名(1836)、国立国会図書館デジタルコレクション

（図17）『四季漬物鹽嘉言』中表紙

（写真15）源覚寺の閻魔堂

謝辞

『漬物鹽嘉言』の小田原屋主人とのつながりが知りたい思いから、同じような質問を繰り返す中で、丁寧に対応して下さった小栗忠様に心から感謝申し上げます。写真 7 ～ 11 は小栗忠様のご許可を頂き、掲載させて頂きました。また、古書の中の「小田原屋吉右衛門」のくずし字の判読などについて、ご教示頂いた国文学研究資料館　西村慎太郎先生に感謝申し上げます。

訪れた所

・マルコビル　東京都千代田区神田須田町 1-12-6
・源覚寺　東京都文京区小石川 2-23-14

参考資料

(1) 小田原屋主人『四季漬物早指南初編終』奥付「書肆 江戸日本橋通二丁目 小林新兵衛 同芝神明前 岡田嘉七 同馬喰町二丁目 西村與八 同横山町二丁目 大坂屋秀八 同芝明神前三島町 和泉屋市兵衛」（天保 7 年丙申春）（1836）

(2) 小田原屋主人（神田漬物問屋の印）『漬物早指南 全』奥付「明治三十六年八月求版発行 定価金十二銭、発行兼印刷者東京日本橋区本町三丁目八番地 大橋新太郎 発行元東京日本橋区本町三丁目八番地博文館」（明治 36 年）（1903）

(3) 小田原屋主人『六十四品漬物塩加減』嵩山堂（大正 5 年）（1916）

(4) 大橋又太郎『実用料理法（日用百科全書；第 3 編）』博文館（明治 28 年）（1895）

(5) 奥村彪生 編『日本料理秘伝集成第 14 巻』同朋舎出版（1985）

(6) 江原絢子 訳・解題『漬物塩嘉言』（日本農書全集 52　農産加工 3）農山漁村文化協会（1998）

(7) 宮尾茂雄　*New Food Industry*,Vol.45（1）（2003）

(8) 八百善 著『料理通全（初～四編）』（初編）（文政 8 年刊）〈尾州〉永樂屋／東四郎〈江戸〉岡田屋／嘉七〈江戸〉西宮／弥兵衛〈江戸〉和泉屋／市兵衛；（二編）（天保 6 年刊）〈尾州〉永樂屋／東四郎〈江戸〉西宮／弥兵衛〈江戸〉岡田屋／嘉七〈江戸〉和泉屋／市兵衛

(9)『万買物調方記』（よろずかいものちょうほうき、重宝記、重法記）大坂心斎橋筋大野木市兵衛校、江戸日本橋南壹（いち）丁目　同出見世（1692）、『未刊文芸資料』第 2 期 5 、万買物調方記、古典文庫（1952）

(10) 長友千代治 編『江戸町中喰物重法記』（天明 7 年）（1787）重宝記資料集成第 33 巻「料理・食物 1692、臨川書店、原本国立国会図書館蔵（2005）

(11) 小川敏男『漬物と日本人』（NHK ブックス）日本放送協会（1996）

(12) 中川芳山堂 編『江戸買物独案内　上・下巻・飲食之部』出版元河南四郎兵衛 他（1824）

(13) 喜田川守貞 著、宇佐美英樹 校訂『近世風俗志』（守貞謾稿）岩波書店（1996）

(14) 旧幕府引継書『諸問屋名前帳 57 巻』写・印記：東京府図書記

(15) 上原東一郎 編『東京買物独案内：商人名家』上原東一郎 出版（1890）

(16)（社）神田市場協会神田市場史刊行会 編纂兼発行『神田市場史 上巻』（1968）

(17) 清水晴風『神田の伝説』神田公論社（1925）

(18) 八百善『江戸流行料理通』書林和泉屋市兵衛 他（文政 5 年）、国書データベース

(19) 八百善『江戸流行料理通（二編見返し）』甘泉堂蔵（文政 5 年）、書林和泉屋市兵衛 他、国書データベース

(20)『万買物調方記』大坂心斎橋筋大野木市兵衛校、江戸日本橋南壹（いち）丁目　同出見世（1692）、国立国会図書館デジタルコレクション

(21) 中川五郎左衛門 編：『江戸買物独案内 下巻』書林山城屋佐兵衛 他（1824）、国立国会図書館デジタルコレクション

(22) 十遍舎一九 他『宝船桂帆柱 2 編 4 巻』（職人尽・商人尽）岩戸屋喜三郎 刊（1827）、国立国会図書館デジタルコレクション

(23)『今世斗計十二時 巳ノ刻』十二枚組の揃物の一枚『巳ノ刻』コマ絵、五渡亭国貞 画、国立国会図書館デジタルコレクション

(24) 松濤軒斎藤長秋ほか 著『江戸名所図会 7 巻』須原屋伊八 他 刊（天保 5-7（1834-1836））、国立国会図書館デジタルコレクション

(25) 広重 画『名所江戸百景 筋違内八ツ小路』（1857）、国立国会図書館デジタルコレクション

練馬大根

練馬大根繁盛記

私が東京都農業試験場に勤務していた頃、秋になると一年の豊作に感謝する農業祭（収穫祭、新嘗祭《にいなめさい》）が、都内各処で盛大に開催されていた。そこでは野菜・果実や農産加工品の品評会が催され、審査員として招かれることもあった。練馬区の品評会では、カブやニンジン、ハクサイなどが並ぶなか、一際目立っていたのが練馬大根だった。1m以上もある立派な白首大根で中程が太く、先端はすっと細くなり、葉に勢いがあった（写真1）。現在、市場に出回っている青首大根はやや小振りで、運びやすいように葉を落として売られているものが多い。

　練馬大根の歴史を辿ると徳川幕府の三代将軍家光、五代将軍綱吉そして八代将軍吉宗が関わっていたことがわかる。練馬大根の畑は自宅からそれほど遠くないところにあるが、今までゆっくりと見てまわる機会がなかった。そこで今回は、練馬区が出版している「練馬区農産物直売所マップ」を手に、練馬大根の故郷を巡ることにした。

練馬大根繁盛記

　大根（*Raphanus sativus*）は、縄文時代晩期に日本に渡来した帰化植物で、原産地は地中海沿岸とされている[1]。奈良時代には、「於朋禰《おおね》」、「蘿蔔《らふく》」などと呼ばれていたが、いずれも大根のことだ。中国では、大根を蘿蔔《ルオボ》と呼ぶことからも大陸の影響が読み取れる。栽培の歴史は長く、土質、気候風土、育て方などの違いによって日本各地にたくさんの在来品種が生まれた。なかでも尾張の宮重《みやしげ》大根などは長大なことで有名だ[2]。

　練馬大根は、徳川綱吉（1646〜1709）がまだ館林藩主だった頃の延宝年間（1673〜80）に、みずから宮重大根の種を尾張から取り寄せたと伝えられている（練馬大根碑、写真2）。なお、尾張の方領大根だったともいわれて

練馬区春日町愛染院
（写真2）練馬大根碑

2014年11月「JAあおば農業祭」都立光が丘公園
（写真1）練馬大根

練馬区北町

（写真３）綱吉御殿跡の碑

江戸時代から城下町名古屋を支えた「小田井の市」（青物市）の賑わい、大きな大根は尾張名産の方領大根

（図１）小田井の市[22]

いる。下練馬村（現在の練馬区東部）に植えさせたところ、良い大根ができたので毎年15本ほど献上させたとある[1]。実際の文献などは残っていないようだが、練馬区北町には綱吉屋敷跡之碑があり（写真3）、鷹狩りの折りなどにしばしばこの地を訪れたとされている。愛知県は昔から大根をはじめ農産物の特産地だった（図1）。『「練馬でゃあこん（大根）」ちゅう有名なでゃあこんがあるけんど、あれだとて、もとをただせば「宮重でゃあこん」の種から栽培したこってすなも』という話が、東海農政局が作成した子供向け食育副読本に載っている[3]。

江戸周辺の大根栽培の歴史は古く、江戸幕府が開かれた頃には、すでに地大根（在来種）があったと思われる[4]。綱吉が権勢をふるった元禄時代になると、江戸の人口は増大し、大量消費される野菜を賄う必要が生じた。江戸から15㎞程の距離（例えばメトロ東西線日本橋駅から西武池袋線練馬駅まで14・9㎞）の練馬では、大根をはじめいろいろな野菜が栽培され、江戸市中へと送られた。帰りの荷車には、野菜と交換した下肥《しもごえ》（糞尿、専用桶〈肥樽〉を使う）や塩、糠、古着、薬などをどっさり積んで戻ってきたのだろう[5]。なお、元禄8（1695）年の江戸の町人数は約38万、武士約40万、寺社方5万ほどで合計約80万人に達していたと推定されている[6]。

しかし、当時の「練馬の大根」は、今の「練馬大根」の直系の先祖ではないようだ。今のものは享保年間（1716～36）に改良されたといわれている[7]。

徳川吉宗（1684～1751）は、サトウキビや朝鮮人参などの薬用植物の栽培を奨励し、小石川御薬園で青木昆陽（1698～1769）に甘藷（サツマイモ）を作らせるなど農業振興に熱心だった。全国の産物（農作物を含む天産物、大根もその一つ）を調査した諸国産物帳を作成させたのも、この時代のことだ[8]。各地から取り寄せた種子の中に練馬大根の片親とされる北支那系の品種があり、古い練馬の大根と自然交配してできたのが、今の「練馬大根」とされている(4)。

練馬大根は、生大根・干し大根・たくあん漬・大根の干し葉、いずれにも適し、幕府御用（上納）として高い評価を受けていた(9)。

明治から昭和初期まで、練馬大根の需要はさらに増大した。たくあん漬に加工され、軍隊や遠洋漁業の漁船団等へ大量に納められ、海外へも輸出された。この頃大根を生産する農家の中には、新規にたくあん漬を始める者もあった(10)。

しかし、練馬大根の生産は、昭和30（1955）年頃から急激に減少した。都市化により農地が減少した影響もあった。さらに昭和40年代になると食生活の洋風化、健康志向などから塩分の多い漬物は敬遠され(10)、一時ほとんど栽培されなくなった(7)。

「練馬大根」復活事業が始まったのは、平成元（1989）年のことだ。「ふるさと創生事業」として練馬区が主体となり、JA東京あおばが協力して「練馬大根を見直す会」が発足した。農家での委託栽培、漬物業者による「練馬本干し沢庵」の物産展の開催、練馬大根引っこ抜き大会(11)、さらに、小中学校では漬物の体験学習（漬物教室）がある。

糠の利用

縄文時代中期から日本では稲作が始まり、米を食べるようになった。しかし、江戸時代になるまで米は上流階級の食べるもので、庶民は米にアワ・ヒエ・ムギなどの雑穀を混ぜたもの、あるいは雑穀食が長い間、常食とされてきた。室町時代までの米の調理法は蒸した強飯《こわいい》が多く、武士は玄米食、朝夕各2合半、1日5合を常とした(12)。江戸時代になり都市で暮らす日本人の食習慣は、玄米食から精米された白米食へ、蒸飯から炊飯へ、二度

田原市民俗資料館
（写真4）千歯こき

殻臼からうす（田原市民俗資料館）
（写真5）籾すり器

農家の庭先で、搗き臼と杵をつかって玄米を精米
（図2）米を搗く(23)

脇にある千(万)石通で、搗いた米から糠を分離する
（図3）搗き米屋による精米(24)

食から三度食へと現代人に近いかたちに変わっていった(12)。年貢米といわれるように米の生産高・流通は幕府や藩の財政基盤であった。江戸時代中期になり、江戸や大坂などで町民も白米を食べるようになった背景には、幕府や藩による稲作奨励、新田開発が行われ、米の生産量が増大したこと、また、都市における消費活動の向上などがある(13)。しかし、人口の大多数を占める農民は相変わらず雑穀食が普通だった。

刈り取った稲は天日で乾燥してから、千歯こき（写真4）などを使って脱穀し、穀（籾《もみ》、毛美）として穀倉に蓄えた。殻（籾）は籾すり器（殻臼）を使い（写真5）、籾がらを取り除き、玄米とした。玄米は杵と臼を使って精米していた（図2）。江戸では力自慢の男（搗《つ》き米屋）が臼と杵を担いで各戸をまわり精米していたが（図3）、上方では、江戸時代初期には足踏み式搗き臼（唐臼）（写真6、図4）が使われ、効率化が図られた。さらに、明和期（18世紀後半）には水車の動力により搗き臼で精米が行われるようになった（写真7）。

図5は、『江戸名所図会』に描かれた廣《ひろ》尾《お》水車《みずぐるま》である(14)。これは渋谷川に掛けられた大型の水車で、小屋（覆屋さや）の中には水車の回転で上下運動する杵と、下に搗き臼が見える。水車に設けられた挽き臼で米粉も作られ、橋のたもとでは赤ん坊を背負った女性が丸くふっくらした饅頭を売っている。川の脇の茶店でお茶を飲み寛ぐ江戸の庶民の様子は今と変わらない（図5）。

田原市民俗資料館
（写真6）足踏み式搗き臼

日野市向島用水
（写真7）水車

唐臼（ふみ臼）を踏んで精米する足踏み式精米機
（図4）足踏み式米搗き(25)

（図5）渋谷川にかかる広尾水車(26)

玄米を搗き（搗精《とうせい》）、万石通しにかけて糠や胚芽と白米を分ける。糠は人の食料、犬や馬の飼料であり、煮豆に糠や塩をまぜて収蔵したものを糠未醤《ぬかみそ》といって日用食であった。糠は田の培こえ（肥料）としてはイワシよりも優れ、重宝されていた[15]。

たくあん漬の誕生

たくあん漬は、干した大根を米糠と塩で漬けた発酵漬物である。次はたくあん漬の誕生を物語る有名な話だ。徳川家光（1604〜51）が品川宿にある東海寺を訪ねたときのこと。沢庵和尚（禅師）（1573〜1646）は『「禅刹何も珍物これなく、貯《たくわ》え漬の香の物あり」といって、将軍に香の物を献じたところ「貯え漬にてはなし、沢庵漬なり」とことのほか御賞美ありし』という話が江戸の庶民に広がり、「沢庵漬」が普及したという[16]。

東海寺の創建は慶長19（1614）年で江戸時代の初め、糠漬が一般に普及するよりも以前のことである。道元禅師の『赴粥飯法《ふしゅくはんぼう》』は、禅寺での修行僧の食事の作法と心得を述べたもので、「ご飯の中に、もし脱穀されていない粒が混じっていたら、手でその籾殻を取り除いて食べなさい」（粥は朝食、飯は昼食）[17]とある。このことから、禅寺では精米が行われていたことがわかる。禅僧の食事では漬物の比重は大きく、たくわえ漬として各種漬物類が漬けられていた。鎌倉時代にはすでに、精米でできる米糠を利用した漬物（糠漬）が作られていたと思われる。江戸時代中頃になって米糠が市中に大量に出回り安価に利用できるようになると、糠漬は一気に庶民の間に広まった[18]。その代表格が大根の糠漬（沢庵漬）だった。

江戸の庶民は毎年消費するたくあん漬の量を決めて、練馬村の農家に委託して漬けてもらい、まとめて代金を払っていた[19]。農家も、あらかじめ1年分のたくあん漬を作り、必要に応じてお得意先に届けていた[13]。一方『南総里見八犬伝』の著者、滝沢馬琴（1767〜1848）の家では、下肥の汲み取り代金と引き換えに「干し大根」を購入し、毎年たくあんを漬けていた。天保2（1831）年11月11日の日記には、前日下そうぢ伊左衛門が持参した干し大根300本を、おみち（息子の嫁）とお百（妻）の両名が糠と塩で漬け込んだと記されている[20]。滝沢家

（表１）滝沢家と当時の標準的なたくあん漬の塩加減

滝沢家				漬物塩嘉言（４斗樽）			
食べ頃	干し大根（本）	糠	塩	食べ頃	干し大根（本）	糠	塩
一番座食	60	3升	1升	1〜3月		7升	3升
二番座食	100	5升	4升	土用越える	50〜100本	6升	4升
三番座食	100	3升	6升5合			5升	5升
糠味噌	40	記載なし	記載なし	糠味噌	記載なし	1斗	5升

千代田区
（写真8）馬琴硯洗いの井戸跡

の漬け込み量と塩加減を当時の漬物指南書『漬物塩嘉言』（1836年刊）[21]に記載されたたくあん漬と比較した（表1）。

　滝沢家では一番座食から三番座食まで、食べる時期に合わせて糠と塩加減を調整している。一番、二番座食は、やや塩加減が甘いが、三番になると、塩の割合が多くなる。夏を越え翌年正月、新漬ができあがるまでの1年近い保存を考えたのだろう。三番座食用には20日以上干し上げて「のの字」のようにしなる乾燥のすすんだ干し大根を選んで使っていたのだろう。塩と糠の割合は、かなり塩加減が強いように思うが、滝沢家のたくあんはどんな味がしたのだろうか。江戸時代の台所事情を垣間見るようで面白い。

　当時馬琴一家が住んでいたのは、江戸城田安門に近い元飯田町（現在の九段下）で、今も滝沢家旧宅の井戸の跡が残っている（写真8）。この井戸の周りで漬け込み作業が行われたのだろうか。手伝いの下男下女はいたと思うが、1日で300本漬けるとは、当時の女性は働きもので、パワフルだと感心した。

大根を育てる（秋）

　11月の初め、練馬区観光協会のホームページ「ねりま大好き！」をたよりに渡戸章さんの畑をお訪ねした。東京メトロ有楽町線平和台駅のすぐ近く、マンションと住宅に囲まれた一角に、盛り上がるように繁茂した緑の葉が行列する大根畑があった（写真9）。ちょうど小雨が降っている中、赤い傘をさして畑の様子を見ている男の方がいたので、声をかけたところ、渡戸さんだった。ホームページを見て訪ねたことを告げるとすぐに、お話をして下さった。

　練馬大根の種を蒔いたのは8月29日で（写真10）、この年は大根の発育が良く、先日明治神宮の農業祭のために練馬大根を持っていったそうだ。「現在、大根が地面から15㎝くらい首を出しているが（写真11）、もっと生長すると30㎝くらいは飛び出す。根もこれからまだまだ伸びて、最終的には1ｍ以上の長さになる。この辺りは土が柔らかくしっとりした黒土で、大根の生長に良い。以前、渥美大根を見に行ったことがあるが、あの辺りは海も近く、土がぼろぼろしてやや固い。大根の生育もこちらのものと比べて良くないのではないか」と思ったという。私も平成25（2013）年に渥美半島を訪れたが、その際に見た赤い粒々した土を思い出した。

江戸時代から昭和頃まで、愛知県はたくあん漬の名産地だった。江戸時代に出版された『尾張名所図会』には御器所《ごきそ》村（現在は名古屋市）で毎年旧暦10月から正月頃まで行われた、大樽への大根の仕込みの様子が描かれている（図６）。渥美大根（品種的には阿波晩生といわれている）は、今ではほとんど栽培されておらず、たくあん漬を作っている農家も見かけなかった。代わりに一面のキャベツ畑が広がっていたのが印象的であった。

渡戸さんは81歳、農家の6代目だ。一時は漬物屋をしていたこともあり、大根を栽培し、天日干しをしてたくあん漬けを作っていた。その後漬物はやめて、目下農業一筋とのことだ。

渡戸さんからたくあん漬のお話を伺った。もともとは農家の自家用あるいは非常食という意味もあり、どの農家でも納屋の隅には、何時頃漬けたかわからないような古漬の樽が置いてあった。塩が強いので、塩抜きすると結構食べられた。関東大震災では、練馬の農家にあったたくあん漬の「古漬」を被災した人に大量に供出した。米の炊き出しとたくあん漬が非常食として役立ったと聞いている。

渡戸さんは、毎年11月末には大根を収穫し、天日干しをする。12月５～10日には干し大根およそ１６００本を練馬区に納め、それを区内の漬物業者がたくあん漬に加工する。たくあん漬は２月頃に開催される「ねりま漬物物産展」で販売する。以前渡戸さんがたくあん漬を作っ

渡戸 章さんの農場（2014年11月）

（写真９）練馬大根の畑

写真９と同

（写真10）８月29日種を蒔いたもの

写真９と同

（写真11）大根を育てる

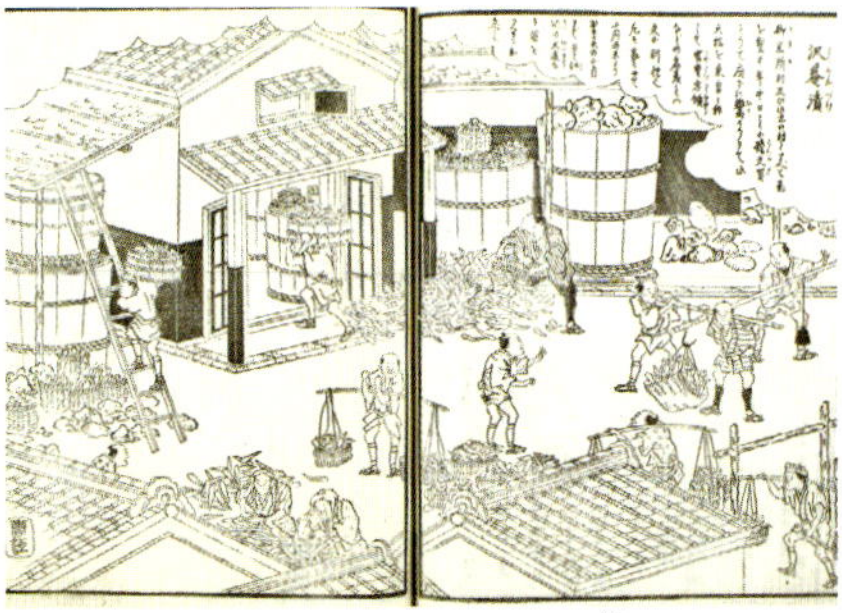

（図６）御器所村でのたくあん漬[27]

ていた頃、塩は並塩を使った。漬物には新しい糠が必要なので、近くにある農協の直売所に、精米時にでる糠をもらいに行っていた。うるち米の糠は良いが、もち米の糠は使えない。4斗樽（72リットル）で400個位漬けていた時期もあり、その後コンクリートの漬け込み槽を作り3000本程漬けていたという。

大根を干す（12月）

天日干しが始まる12月初旬に、渡戸さんの畑に再び伺った。立ち編みと呼ばれる大根の干し方で、大根のカーテンに囲まれているようだった（写真12）。大根は、首の少し下で葉を切り落として乾燥する。地方によっては葉を付けたまま干しあげる方法（写真13）もある。練馬では干し場が広くはないので、葉は切り落とす。たくあん漬は天日干しをして、空っ風にあてて大根の水分をしっかり抜くことが大切だ。昔は20日間ほど、大根が「のの字」にしなるまで干していた。ただ、干し過ぎるとできあがりが硬くなる。今はお年寄りも食べやすいように10日ほどで干しあげる（写真14）。落とした葉は、畑の周りの柵に縄を張って並べて掛けておく。風除けにもなるので、そのまま翌年春まで置く（写真15）。カラカラに乾いたものを干し葉（「しば」ともいう）といい、糠やワラを加えて肥料にする。発酵熱がでるので、温室の中に敷いて苗床としても使う。水に戻すと柔らかくなるので、昔は食べていたようだ[20]。生の葉がほしい人には、持って行ってもらっている。

収穫した大根は水で泥を洗い落とす。

渡戸 章さんの農場（2014 年 12 月）

（写真 12）大根を干す

愛知県田原市（2012 年 11 月）

（写真 13）葉付き大根を干す

写真 12 と同

（写真 14）立ち編み

渡戸 章さんの農場（2015 年 4 月）

（写真 15）大根干葉

以前は乾燥しやすいようにサメ皮でこすり洗いをしていたが、今は小さな洗車機のような道具を使っている。水を流しながら2本のゴワゴワした回転ブラシの間を何度か往復させると（写真16）、きれいに泥が落ちる（写真17）。毛先でこするので適当に大根の表面に傷がつき、乾きやすくなる。昔、大根を洗うときに使っていた1・5×2×0・5m（H）位の小判型の木桶（「天保銭」と呼んでいたという）が残っていた（写真18）。桶を3つ並べて、下洗い→洗い→仕上げ用と丁寧に洗っていた。渡戸さんのご自宅にある井戸は水が枯れたことがない。冬でも水が温かく、今も使っている。石神井《しゃくじい》川に近い農家では川で洗っていたそうだ。洗った後は、縄で編んで吊るす。

　太い大根はたくあん漬に使う。細く小ぶりのものは、乾燥も短めにして、半月状に切って醤油に一晩漬けると美味しいそうだ。

「練馬大根」は練馬地域でつくられ始めた大根の総称である[7]。代表的な品種が練馬尻細大根だ。青首大根が地上に伸びるのに対し、白首系の練馬大根は根が地中深く張る。肉質がしまって水分が少なく、皮も薄く色白で乾きやすいため、干し大根として最適で漬物用に向いている。中央部分がややふくらんでいるため、引き抜くときには他の大根の3〜5倍の力がいるそうだ。練馬の土は関東ローム層（赤土層）の上に堆積した枯れ葉などが腐植してできた黒ボク土で、根が深く伸びやすいといわれている。

伝来種練馬大根の種子を採る（4月）

　4月になると、畑では夏野菜の植え付け準備が始まる。その一角にあるハウスでは、練馬大根の白い花が咲いていた（写真19）。練馬大根の年間生産量はおよそ1万4000本（2019年）になるが、

（写真16）大根を洗う
写真12と同

（写真17）渡戸章さんと練馬大根
写真12と同
学校給食用に出荷

（写真18）大根の洗い桶
写真12と同
天保銭と呼ばれた

渡戸章さんの農場（2015年4月）
（写真19）練馬大根の白い花

昭和60年代には練馬大根はほとんど栽培されなくなった。練馬大根を復活させようとしたとき、種子の確保が最大の難問だった。幸いにも最盛期当時の種子を保存している農家があった。その種子をもとに、伝来種（代々受け継いできた種）としての「練馬尻細大根」を栽培し、継承する「伝来種保存事業」が始まった。

渡戸さんは、2人の農家の方と一緒に大根の種子を採っている。畑の大根を100本程掘り出し、外観を観察する。首が細く中央部が太く、下部がやや細く、しりがとがっているものをまず「伝来種」として選抜する。葉が繁茂しすぎたものは、葉に栄養がとられるので良くない。何本かは半分に切って断面を観察する。芯に孔が空いている（水管）ものも良くない。原種に近い大根を選び（母本選定）[7]、ハウスに植え直して育て、翌春に種を採る。種採り用の大根は、青首大根と混ざらないよう（交配しないよう）気をつける。近くで青首大根が栽培されていると蜂や蝶などの媒介により、青首になり、紫の花が咲くそうだ。

6月頃に結実した茎を抜き、軒先で乾燥し、7~8月に種子を集める。大根1本からおよそ1400~2000粒の種子が採れ、希望する練馬区民に配布している[7]。8月末~9月になると、いよいよ練馬大根の種蒔きだ。

練馬大根「伝来種」の種子を採ることは、伝来種（伝統野菜）を育て、次世代へバトンタッチするための大切な仕事だ。

渡戸さんは各地の小学校で野菜や農家の話をする機会が多い。子供たちが熱心に聞いてくれるので、学校の先生の方がびっくりされるそうだ。豊富な実体験、練馬の農家としての誇りと未来への希望に満ちたパワフルな渡戸さんのお話は、とても興味深く、何度お会いしても聞きほれてしまう。種子だけではなく、農業への思いもきっと子供たちの心に根付いていくことだろう。

大根を漬ける

12月に渡戸さんの畑に行った帰り、練馬区で長く漬物業をされている高山食品㈱の高山喜一郎さんをお訪ねした（写真20）。漬物業は昭和初期、農業をしながら市場に大根を出荷していたお父様（高山平太郎さん）が、余った大根でたくあん漬を作ったのが始まりだという。

ちょうど翌日たくあん漬の仕込みを行う予定とのことで、工場の軒下には干し大根の箱が山積みになっていた。漬ける前の干し大根をみせていただいた（写真21）。干し大根は「の」の字になるくらい乾燥が進んだものだ。昔はおよそ1万本の大根を一度に漬けることができる30石の大樽（とうご）に漬け込んでいた。今は強化プラスチックの長方形（およそ1・5×2m）の漬け込み槽の内側にビニールシートを敷いて、その中に漬ける。大根を一面に並べ、上に塩を混ぜた糠を一面にふりかけ、その上にまた大根を並べる作業を繰り返す。この漬け込み槽は1トンの大根を一度に漬けることができる。糠をまぶした大根の上に、500kgの重石を3本載せる。このときはクレーンを使う。漬け水が上がってくると重石を1本はずして軽くする。さらに水が上がると、重石を1本だけにして翌年2月まで漬け込む。

　高山さんは使わなくなった漬物樽や重石を群馬県の業者に引き取ってもらったそうだ。最後に残った大樽を道具類と一緒に、当時開設準備委員をしていた練馬区立石神井公園ふるさと文化館に寄贈された。後日「石神井公園ふるさと文化館」を訪ねた。高山さんの大樽は、私の身長と比べても大きい（写真22）。昭和30年代の最盛期には40樽およそ40万本も漬けていたというから、いかに生産量が多かったのか想像がつく。

　高山さんは近くの高松小学校はじめ区内の小学校7校で、毎年たくあん漬の体験学習を続けている（写真23）。ある小学校では大根の種を蒔き、育て、収穫して屋上で天日干しをする。高山さんに教えて頂きながら、自分たちで育てた大根をみんなで漬け込む。1カ月ほど後には（写真24）、お楽しみの試食会が開かれる。

　明日は小学校で漬け込み作業を行う予定があるとのことで、塩や甘味料などを加えた小学生向きの糠の準備が整っていた。工場での作業、学校の体験学習など

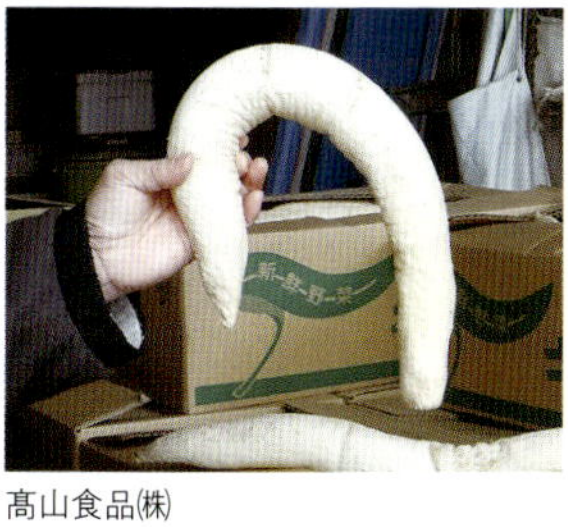

高山食品㈱
（写真 21）干し大根

練馬区立石神井公園ふるさと文化館
（写真22）髙山さん寄贈の漬物用大樽

（右側）
（写真 20）髙山喜一郎さん

高山喜一郎さん提供
（写真 23）たくあん漬の体験授業

写真 23 と同
（写真25）小学生の作文集

も是非見せて頂きたいと思ったが、残念ながら伺うことができなかった。後日、高山さんにお願いして、写真と子供たちからのお礼の手紙を拝見させて頂いた（写真25）。

小学生の感想文には「美味しかった」

写真 23 と同
（写真 24）学校で漬けたたくあん漬

「ありがとうございます」という感謝の言葉などがあふれていた。

「大根のたねを見たときはこんなに小さいたねがおいしいたくあんになるのかなぁと思いました。」「とうとうたくあんを作れるくらいの大きな大根になったときはたっせい感がありとてもうれしく感じました。そしてその土だらけの大根をあらうときは手がつめたくて、つめたくてしもやけができるほど一生けん命がんばりました。たくあんを作るのはとても大へんなんだなぁと思いました。」「ねり馬大根のときは、ありがとうございました。そのおかげで、ぬかという米のかわと練馬大根は、あいしょうピッタリということ（略）など、しらなかったことをしりました。それに練馬大根のように、畑で生まれたやさいは、やさしくしなくては、いけないということもしりました。」という自分の体験、驚きを素直に表す生き生きした言葉がたくさん詰まっていた。79歳の高山さんのご苦労も子供たちからの喜びの感想文や手紙できっと吹き飛んでしまうだろう。これらを高山さんは大切に保管されている。

本漬たくあん（一丁漬）を買う

2月6〜8日、練馬区立区民・産業プラザで「ねりま漬物物産展」が開催された。平成元（1989）年から始まったイベントで、来場者のお目当ての一つが本漬たくあんだ。初日の昼過ぎに行ってみると、もう完売していた（写真26）。毎年買いに来ているのに残念だという声がまわりから聞こえた。2日目は780本販売されるというので、午前中に出かけて念願の1本を手にすることができた（写真27）。糠の香りとしっかりした噛みごたえ、炊き立てのご飯との相性も良く、美味しく頂いた。

平成26（2014）年には20軒の農家が約1万4000本の練馬大根を生産した。生大根およそ4500本が区立の小中学校の給食食材に使われ、人気のメニューだという。およそ5300本がたくあん漬用の干し大根に加工され、残りは農業祭やJAの販売店で販売された。

2024（令和6）年で18回目を迎える「練馬大根引っこ抜き競技大会」（練馬区及びJA東京あおば主催、毎年12月開催）は、参加者を募るとすぐに定員に達してしまうほどの人気だという。農業は手間がかかり、それなりのコストも時間も必要だ。といっても昔も今も庶民の味方「練馬大根」は手軽に買える値段である。その大切さを理解し、支援する人の輪が育っている。「練馬大根と沢庵漬」はそんな人の手に支えられた都市農業の方向を示しているように思う。伝来種練馬大根の保護育成事業は大きな成果を生み、継続している。

ねりま漬物物産展
（写真26）本漬たくあん本日完売

写真26と同
（写真27）練馬本漬たくあん

謝辞

練馬大根の畑を見せて頂き、また大根にまつわる興味深いお話を聞かせて頂いた渡戸 章様、たくあん漬のお話を聞かせて頂き、貴重な写真を提供して頂いた髙山喜一郎様に感謝申し上げます。

訪れた所

- 渡戸 章様 農場　東京都練馬区平和台 4-8-8
- 髙山喜一郎様 食品工場（髙山食品㈱〈現在は㈱タカヤマ〉）東京都練馬区高松 4-21-7
- JA 東京あおば総合園芸センター「ふれあいの里」　東京都練馬区桜台 3-35-18
  第 17 回 JA 東京あおば農業祭（2014.11.15～16）　都立光が丘公園けやき広場　東京都練馬区光が丘 4-1-1
- 練馬大根碑　東京都練馬区春日町 4-16　愛染院参道
- 練馬区立石神井公園ふるさと文化館　東京都練馬区石神井 5-12-16
- 徳川綱吉御殿（鷹狩御殿）跡之碑　東京都練馬区北町　北町小学校の北西
- 第 27 回ねりま漬物物産展（2015.2.6~8）練馬区立区民・産業プラザ　東京都練馬区練馬 1- 17-1
- 向島用水の水車　東京都日野市
- 田原市博物館、田原市民俗資料館　愛知県田原市田原町巴江 11-1

参考資料

⑴菅　洋『ものと人間の文化史 119 有用植物』法政大学出版局（2004）
⑵寺島良安 著、島田勇雄 他 訳注『和漢三才図会 17』平凡社（1991）
⑶東海農政局 企画・編集『きらっと輝く東海の食と農』農山漁村文化協会（2002）
⑷橋谷田千代美 他 執筆、生涯学習課文化財係練馬区郷土資料室編集『新版練馬大根』練馬区教育委員会（1998）
⑸練馬区立石神井公園ふるさと文化館常設展示「行ったもの、来たもの」参照
⑹『東京百年史』東京都（1973）
⑺練馬区区民生活事業本部産業地域振興部 編集『練馬の伝統野菜 練馬大根 練馬大根の「知りたい」がここに』練馬区発行（2012）
⑻安田 健『江戸諸国産物帳』昌文社（1987）
⑼生涯学習部生涯学習課文化財係練馬区郷土資料室編集『練馬の商品作物と漬物』練馬区教育委員会（2003）
⑽『天地人 髙山平太郎翁を偲んで』髙山食品㈱（2000）
⑾練馬区プレスリリース（2024）
⑿樋口清之『日本食物史―食生活の歴史―』柴田書店（1960）
⒀原田信男『江戸の食文化 和食の発展とその背景』小学館（2014）
⒁斎藤幸雄 著、長谷川雪旦 画図『江戸名所図会巻之三　廣尾水車（みずぐるま）』須原屋茂兵衛出版（天保５～７年）、国立国会図書館デジタルコレクション
⒂寺島良安 著、島田勇雄 他 訳注『和漢三才図会 18』平凡社（1991）
⒃記念誌編纂委員会 編集『東京農業と試験研究 100 年のあゆみ、都市との共生を！』21 世紀東京農業記念事業実行委員会（2000）
⒄道元 著、中村璋八 他 全訳『座教訓・赴粥飯法』講談社（1991）
⒅旅の文化研究会 編『落語でみる江戸の食文化』河出書房新社（2000）
⒆喜田川守貞 著、宇佐美英機 校訂『近世風俗志（守貞謾稿）五』岩波書店（2002）
⒇滝沢馬琴 著、柴田光彦 新訂増補『曲亭馬琴日記』（第二巻、三巻』中央公論新社（2009）
(21)小田原屋主人 著、江原絢子 他 校注・執筆『漬物塩嘉言』（日本農書全集 52）農山漁村文化協会（1998）
※　練馬区農産物直売所マップ　練馬区産業経済部都市農業課（2014）
(22)岡田 啓 他 著、小田切春江 画『尾張名所図会巻 2』菱屋久兵衛他出版（1844）国立国会図書館デジタルコレクション
(23)菱川吉右兵衛門尉 画『大和侍農絵づくし』鱗形屋三左衛門出版（1680）国立国会図書館デジタルコレクション
(24)山東京伝讃、北尾重政 画『四時交加（しじのゆきかい）「四月」』鶴屋喜右衛門出版（1798）国立国会図書館デジタルコレクション
(25)鍬形恵斎 原画、和田音五郎 模写『職人盡絵詞第２軸』出版時期不明（明治期か）国立国会図書館デジタルコレクション
(26)松濤軒斎藤長秋 著、長谷川雪旦 画『江戸名所図会巻の二、廣尾水車』須原屋伊八ほか（1834-1836）国立国会図書館デジタルコレクション
(27)岡田 啓 他 著、小田切春 江画『尾張名所図会巻７』（1844）国立国会図書館デジタルコレクション

たくあん漬

沢庵和尚とたくあん漬

新型コロナウイルス感染症（COVID-19）が、国内で初めて確認された令和2（2020）年1月以来、感染者数の増加と共に身近にコロナ禍を感じるようになった。外出制限が報道されるなか、3月から早朝の散歩を始めた。自宅から北に向かって歩くとまもなく、杉並区の区境を越えて中野区白鷺になる。太いケヤキが道沿いに並ぶ細い道は、西武新宿線の鷺ノ宮駅とJR阿佐ヶ谷駅をむすぶ中杉通りができる前、練馬方面から南の青梅街道に抜ける幹道だった。

道に面して深い緑の屋敷林に囲まれた「細田家住宅」がある（写真1）。9月半ばを過ぎてもセミの力強い大合唱が響いていた。細田家は「たくあん問屋」といわれ、この地域の農家から干し大根を仕入れ、たくあん漬を作っていた。今回もたくあん漬を巡る散歩に出かけたいと思う。

屋敷林が残る
（写真1）細田家住宅

たくあん問屋

6月、近所の梅林へ梅の実を拾いに行ったときのこと、裏庭に丸く平たい石でできた石垣があった（写真2）。ご主人のお話では、むかし使っていた漬物石で、この辺りの農家ではよく見かける、捨てるわけにもいかないのでそのままにしてあるという。子供の頃には庭先に大根の洗い場が残っていた。干しあげた大根は、「たくあん問屋」をしていた「細田家」に運んだそうだ。

（写真2）漬物石の石垣

たくあん漬というと「練馬大根」の誕生と共に、練馬区の特産品のように思うが[1]、中野区、杉並区でも大根を作る農家は多く、重要な現金収入源としてたくあん漬を作っていた[2]。中野区内には当時の名残である庇《ひさし》の長い沢庵小屋が残っている（写真3、4）。

東京のたくあん漬の最盛期は、大正から昭和10～15年頃である。たくあん漬の生産高は大正7（1918）年には、1

位が野方村7万9000樽で、下練馬村3万6000樽、志村1万7000樽、杉並1万5400樽を記録している[3][4]。4斗樽（写真5）1つに干し大根を70~100本漬けた。はじめは農家の副業だったものが（写真6）、需要が増え、やがて漬物工場で「とうご」と呼ばれた大樽で漬けられるようになった（写真7）。「とうご」は40石樽で、およそ4000~7000本の大根を漬けることができた。大根の品種は「大長丸尻練馬大根」（図1）や「練馬尻細大根」などである。

昭和30年頃までは中野近辺の農家では、夏はウリ、秋になると大根、大根を採り終わると冬作の麦を栽培した。しかし、中野、杉並、練馬などは宅地化が進み、また野菜の病気の蔓延などもあり、昭和45~46年には漬物用大根やウリは栽培されなくなった[3]。また、食生活の洋風化などにより、たくあん漬そのものの需要も減少した。

鈴木家住宅
（写真3）沢庵小屋

沢庵小屋としては使われていないが、建物はよく手入れされている
（写真4）沢庵小屋

とうごと呼ばれた
山﨑記念中野区立歴史民俗資料館
（写真7）漬物用大樽

たくあん漬に使われた
（写真5）4斗樽

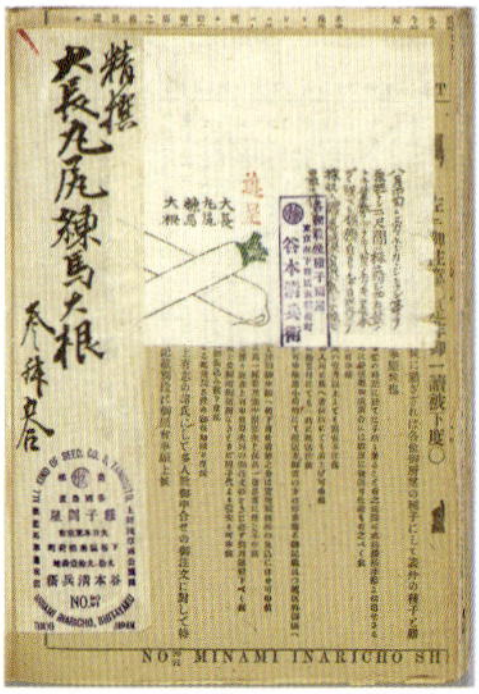

出典：『捃拾帖』東京市下谷区種子問屋谷本清兵衛（東京大学総合図書館所蔵 電子展示サイト）
（図1）練馬系大根種袋

中野区鷺宮（昭和９年）
出典：なかの写真資料館『写真で巡る中野の歴史』中野区公式ホームページ
（写真6）大根を洗う農家の人々

漬床の歴史

『延喜式』（905年に左大臣藤原時平らが編纂を開始し927年藤原忠平らにより完成した古代の法典）には、平安時代に使われた漬床《ぬかどこ》の記載がある。楡《にれ》の木の皮を粉にして食塩を混ぜた床に野菜を漬ける韮《にらぎ》や米、大豆、粟などを粉に挽いたものに食塩を混ぜた床に漬ける須々《すず》保利《ほり》(5)、糟漬、醤漬、味醤漬などである(6)。しかし、韮や須々保利などの漬け方は残念ながら今ではわからず、それに類した漬床も伝承されていない。その後、麹漬、糠漬などが作られるようになった。

漬床に糠が利用されたのは、米糠が市中に出回るようになった戦国時代の後期から江戸時代の初め頃と考えられている(7)。米糠の流通は、酒造技術の発展と関連している。古代の酒は玄米で造られていた(8)。その後米麹は玄米で造り、醪《もろみ》に使う掛米は白米とする片白《かたはく》が行われ、さらに、米麹も掛米も白米で造る諸白《もろはく》酒が登場した(9)。当時、精米度合いは1割搗き程度だったが、2代将軍秀忠の頃に中国から唐臼（碓からうす）が輸入され（図2、3）、精米効率も向上し、米糠が身近に入手できるようになって、糠漬が誕生した。

現在、糠漬には、低塩で水分の多い糠床を使い比較的短時間、くり返し野菜を漬ける「ぬかみそ漬」と、高濃度の塩と糠で押しを強くして2～3カ月以上長く漬け込み、長期保存が可能な「たくあん漬」がある。江戸時代後期には、塩糠に生の大根、ナスやウリを漬けたものを京坂では「浅漬」、江戸では「糠味噌《ぬかみそ》漬」といい、干した大根を塩と糠に漬けたものは京坂では「香の物」あるいは「香々」、江戸では「たくあん漬」と呼んで区別していた(10)。ぬかみそ漬とたくあん漬、浅漬タイプと保存漬、どちらが先に誕生したのか興味深い。

活字で記録された漬物の歴史は、長屋王木簡など奈良時代前期までさかのぼることができるが、糠が庶民にも利用できるようになって誕生した糠漬の歴史は、

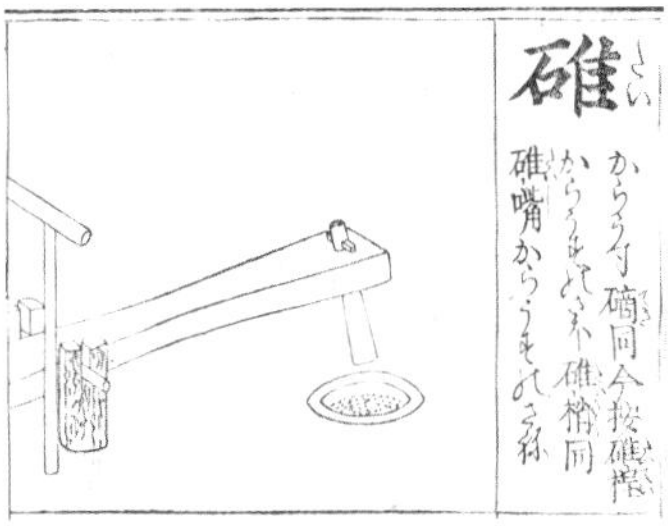

出典：中村惕齋 編『訓蒙図彙（きんもうずい）8』（1666）国立国会図書館デジタルコレクション

（図2）碓（からうす、唐臼）

出典：『少年必携教育幻灯会』弘文堂（1890）国立国会図書館デジタルコレクション

（図3）唐臼による精米

比較的新しい。

たくあん漬の命名に関する逸話

たくあん漬は「沢庵和尚」が始めたとされている[5][6][7]。「たくあん漬」という名前の由来には諸説ある。その一つは、江戸中期、佐渡奉行や勘定奉行などを勤めた旗本根岸鎮衛《やすもり》（1735〜1815）がおよそ30年にわたり見聞きし書きとめた随筆、雑話集『耳袋《みみぶくろ》（耳嚢）』[11]に「沢庵漬の事」として載っている。

根岸鎮衛が公儀で東海寺を訪れた折に、案内の老僧が語ったこととして、

「世に沢庵漬と申すことは、東海寺にては貯《たくわ》え漬け」と呼んでいる。

将軍徳川家光が、東海寺にて御膳を召し上がられたとき、「何ぞ珍しき物献じ候よう御好みの折から、『禅刹何も珍物これなく、たくわえ漬の香物あり』とて香物を沢庵より献じければ、『貯え漬にてはなし。沢庵漬なり』との上意にて、殊のほか御賞味ありしゆえ、（略）日々御城御台所へ香の物を、（略）重箱に入れて持参相納めけるよし[11]」

徳川家光（1604〜51）から「何か珍味を」と所望されて、寺にあった「たくわえ漬」を差し上げた沢庵和尚（1573〜1646）とは、どのような人物だったのだろう。

沢庵和尚の来歴

沢庵和尚（澤庵宗彭《たくあんそうほう》）は戦国時代の末期、天正元（1573）年に今の兵庫県出石《いずし》で生まれた。出石は京都と宮津、福知山を結ぶ交通の要衝として栄えていた。幼名はわかっていない。14才で地元の臨済宗、宗鏡寺《すきょうじ》に入り、僧としての修業を始めた。雲水時代は貧しく、衣は身に着けている1枚だけ、筆耕（写字・清書などを行い報酬を得る）により賃銭をえて、油を買い連夜修学をした[12]。

沢庵の號《ごう》（法號、仏門に入った者に授けられる法名）は慶長9（1602）年、32才のときに、堺にある南宗寺《なんしゅうじ》の古鏡禅師から授かった。京都にある大徳寺の塔頭の一つ、大仙院を一時住まいとしていたこともあった（写真8）。慶長14年、34才のときに大徳寺首座《しゅそ》（修行僧の最上位）となるが、名利を求めない沢庵は3日で南宗寺に戻る。

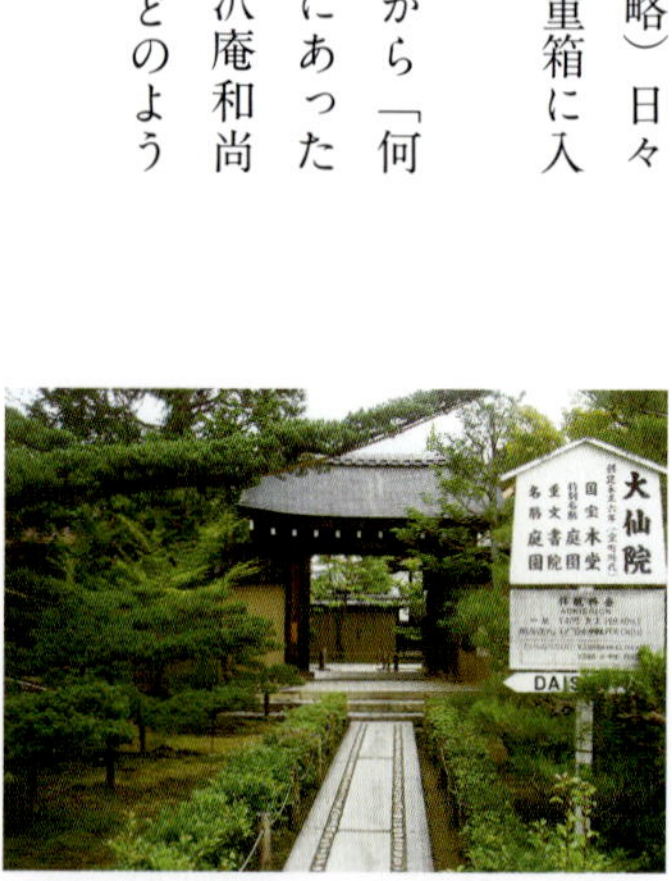

慶長11（1611）年頃に一時住まいとした（京都）
（写真8）大徳寺大仙院

慶長20〜元和元（1613〜15）年、大阪夏の陣の戦火により南宗寺は焼失するが、沢庵は事前に寺宝をもち大徳寺に避難していた。元和5年に堺の東南端、

紀州街道に通じる南旅篭《はたご》町に南宗寺を再興（図4）。江戸〜明治期の南宗寺は、境内およそ1万坪、絵図によると惣門、山門（楼門）を通り南宋寺方丈へと続く境内が左端に描かれ、西側の公儀堀（幅16間）に架かる橋を渡ると臨江庵（塔頭の一つ、現在は臨江寺）、周囲には塀に囲まれたいくつもの塔頭のある大寺院だった。

元和6（1620）年、出石にもどり、宗鏡寺近くに小さな庵「投淵軒《とうえんけん》」を建て、野菜を育てて米粟などで粥を炊く自炊生活を8年間おくり、所持品は麻の衣と小鍋一つだったと伝えられている(12)。「たくあん漬」はこの自炊時代に考案されたものとの説もある(13)。

この頃、徳川幕府は寺院・僧侶への統制を強め、天皇による主要寺院の住持任命権などへの介入を図り、僧侶として最高の地位である紫の法衣の着衣権を取り上げようとした。これに抗議して沢庵が中心となり、弁明書を提出した。しかし、「公儀を憚《はばか》らぬ不屈の儀」として、沢庵は出羽上ノ山に流刑になった（1629、紫衣《しえ》事件）。

流刑先の上ノ山では、藩主土岐頼行が沢庵と心を通わせ、衣食にも不自由しないよう手厚く遇した。沢庵は「春雨庵」と名付けた草庵で3年を過ごした。

その間、地元の民に慕われた沢庵のもとにはたくさんの野菜が持ち寄られ、食べきれない大根を干し、糠と塩で漬けて「たくわえ漬け」を作った。それが「たくあん漬」の始まりともいわれている(14)。

現在も、毎年11月に上山では沢庵の遺徳を偲ぶ香の物祭「沢庵禅師供養祭」漬け込み式が行われている（写真9）。

寛永9（1632）年、将軍秀忠の死去により沢庵は流罪を解かれて江戸にもどった。その後、三代将軍徳川家光（1604〜51）に重用された。家光は沢

出典：『南宗寺園池全図』（写）国立国会図書館デジタルコレクション

（図4）南宗寺庭園

沢庵禅師供養祭（山形県上山市）
食料新聞社提供

（写真9）たくあんの漬け込み作業

沢庵和尚の墓所には大きな自然石がおかれている

（写真10）大山墓地

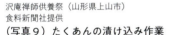

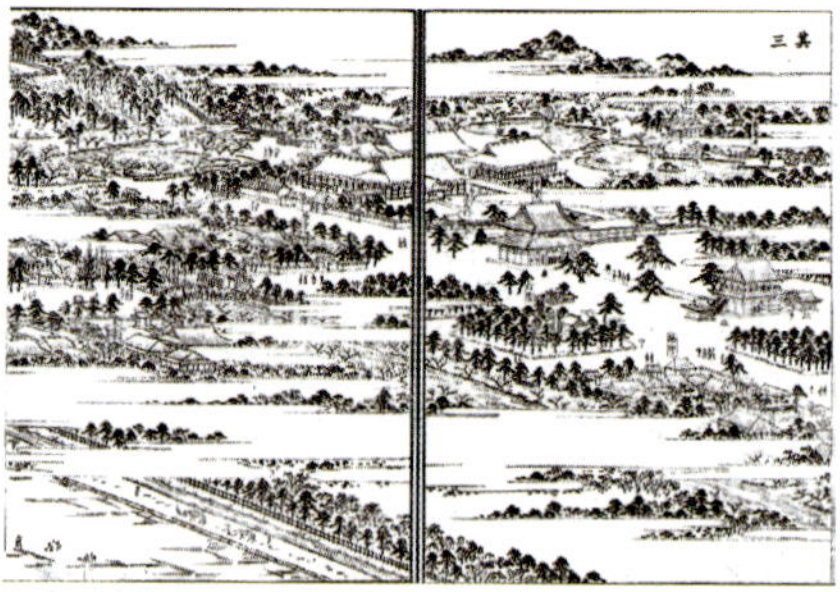

中央が本堂、その上に客殿と方丈、浴鳳池のある庭園

(図５)東海寺[24]

(図６)「楓の名所」東海寺[25]

(写真11)現在の東海禅寺門前

東海寺に残る元禄時代鋳造の鐘楼

(写真 12)鐘楼

庵をたいそう気に入り、寛永16年には品川にあった家光の別邸近くに東海寺《とうかいじ》を建て、大徳寺の末寺として沢庵を住まわせた。沢庵は家光や諸大名ばかりか江戸の町民からも徳を慕われ、お参りする人で門前は賑わったという。正保２(１６４６)年、73才で亡くなった。遺体は東海寺の裏の山に埋めて土で覆うだけでよい、お経や法要もいらない、いつも通り衣を着て、飯を食べ、平日のごとくするようになどの遺言(遺誡)を残した[12]。

大きな自然石を置いた沢庵のお墓(写真10)は、のちに家光の命により、小堀遠州(江戸時代初期の大名、作庭家)が築造したといわれている[15]。東海寺は面積およそ15万㎡、小堀遠州による自然地形を利用した池泉庭園(図５)や美しい楓の林があり、品川沖が見える風光明媚

沢庵和尚の墓所へは石段をのぼる

(写真 13)大山墓地入口

電車のおもちゃがお供えされていた(大山墓地入口)

(写真 14)井上勝氏の墓所

な場所で（図6）、一時は堂宇、塔頭あわせて17の大寺院であった。現在は、東海禅寺元性院一つとなり（写真11）、徳川時代の遺構は、元禄時代に徳川綱吉の生母、桂昌院が寄贈した鐘楼のみである（写真12）。沢庵のお墓はJRの線路や道路で隔てられ、東海禅寺境内から離れたやや小高い丘の上の大山墓地にある（写真13）。近くを山手線と東海道新幹線が通るにぎやかなところだった。

少し離れて明治5（1872）年に新橋～横浜間の鉄道を完成させ、「鉄道建設の父」と呼ばれる井上勝（1843～1910）のお墓があり、その脇を東海道本線が通っている。秋の彼岸にお参りしたとき、井上勝の墓前には小さな電車のおもちゃが供えられていた（写真14）。井上の生前の希望通り、今も鉄道の安全と発展を見守っているように思えた。

沢庵は何故たくあん漬を始めたのか？

沢庵によるたくあん漬のうたがある。

「大かうの物とはきけどぬかみそに打つけられてしほしほとなる」（澤庵和尚『後撰夷曲集 九雑』[6]

「大かう」とは大香、大根のこと[16]。糠床に漬けられた大根がキツイ重しに圧しつけられ、シオシオ、シワシワになった（美味しく漬け上がったものであるよ）。

糠ダイコン（いわゆるたくあん漬）は沢庵和尚の発明品とされているが、沢庵がたくあん漬（貯え漬）を考案するきっかけは何だったのだろうか？沢庵和尚の法話を集めた『結縄集《けつじょう》』には、

「飯は何の為にくふものか。ひだるさ（饑ひださ：空腹だ、ひもじい）止ん為にくふものか。しかるに、そへ物なくて、めしのくはれぬといふは、皆人の僻（注：ひがむ、ひねくれる）なり。ひだるさやめんための計略なり。（略）添物なくて飯の喰れぬといふは、いまだうへのきたらざるなり。（略）若（もし）飢来る其時に及んでは、こぬかをも撰ぶべからず。況や飯に於てをや、何のそえ物かいらむ。服薬のごとくせよ。（略）ひだるさに寒さに恋をくらぶれば、恥かしながらひだるさがまず」[12]

読みにくいので自己流に意訳すると、

「食事をするのは何故か？それは飢えを満たすためだ。おかずがないから食べられないなどというのはひねくれものの考えだ。（略）もし飢えがきたならば、米糠でも食べるだろう。寒さや恋しさに比べたら、空腹が一番つらいことだ。」

沢庵が生きた時代は戦国時代の末期から徳川幕府による天下統一に至る動乱期で、また、各地で飢饉が頻発していた。元和元（1615）年には東北地方で、天候不順や冷害のため稲作が全滅し、寛永3（1626）年には全国的に雨が少なく、

記録的大干ばつによる飢饉で餓死する者も多かった(18)。さらに、寛永18～19年には、各地で日照りによる干ばつが起こり、秋には大雨による洪水のほか、季節外れの霜害や虫害も発生して大凶作となり、農民は家族を身売りするか土地を離れて逃散、飢餓は全国的に拡大した(18)。

大根は「飢えを助くる、土地があれば過分に作るべし」といわれ、大根とカブは飢えを救う糧《かて》として当時、栽培を奨励された(19)。「カブ、ダイコンは何回かに分けてまけば雨年でも旱魃年でもよく、両種を同じほどまけば、いずれかがよくできて菜粮の不足することはない。」と江戸時代初期の農書に書かれている(19)。

中世、酒造の中心地であった奈良で、精白米による諸白《もろはく》酒が初めて造られたのは天正10（1582）年のことだ(16)。美味しいと評判になり京都でも諸白酒を造り始める。兵庫の伊丹などでは、新興勢力である武士や町人相手の酒造りが始まる。若い頃から堺～京都～出石を往来していた沢庵和尚は、当時、酒造業から大量の米糠が生じることを知ったのだろう。農民は稲わら一本、籾殻一粒、粗末にしなかったといわれている。まして米糠は「米の皮」ともいわれ大事にされたが、反面、今でいえば「米ぬか」に含まれる油脂分解酵素により急速に分解が進行し、臭いなどが悪くなり保存がきかない。そこで、米糠と塩と大根、さらに大根は干すことで嵩《かさ》を減らす工夫をして（写真15）、圧しをきつくしできるだけ大量に漬け込む貯え漬（保存食）を生み出した（写真16）。戦国時代から江戸時代を生きた沢庵の知恵だったのかもしれない。宗鏡寺の永田豊州《ほうじゅう》住職によると、「たくあん漬」は家光が沢庵和尚の徳を慕い香の物にその名を冠したもので、出石では千本漬とも百本漬とも貯え漬ともいわれ、18通りの漬け方と塩かげん糠かげん

東京特有の干し方、連干し（東京都練馬区12月）

（写真15）大根を干す

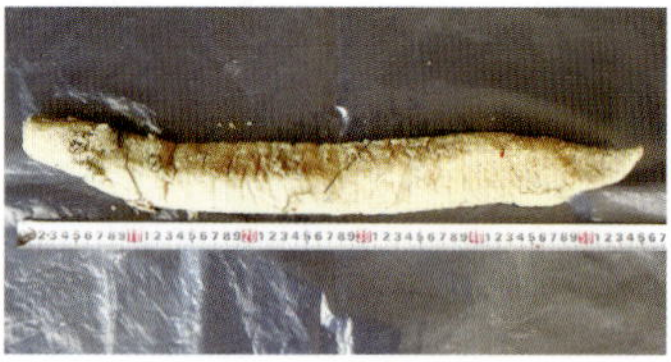

切昆布、唐辛子なども加えて漬ける（細田家住宅にて有志により漬けられたもの）

（写真16）現在の練馬大根のたくあん漬

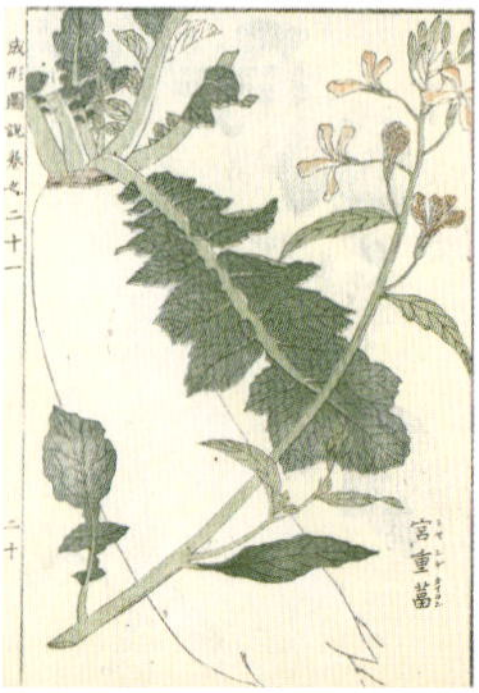

出典：曾槃、白尾国柱 他 編『成形図説』（巻21）国立国会図書館デジタルコレクション

（図7）たくあん漬に適した宮重大根

が伝わっているという[12]。

なお、比叡山延暦寺には平安時代に元三大師が考案したとされる稲わらと塩で大根を漬けた「定心房《じょうしんぼう》」という漬物が伝わっている[19]。現在では米糠を使うようだが、これなども「貯え漬」を考案するヒントになったのかもしれない。

江戸時代後期の農書『成形図説』には、「沢庵は沢庵和尚が漬け始めたもので、貯葅《たくわえつけ》、あるいは百本漬」と記載されている。干しあげた大根を新稲の小糠3升と塩1斗で漬ける。長く置きたいときは、保存期間を1月延長するごとに塩1斗を追加する。味は良い」とある[20]。最初から長期保存を可能にする工夫があったこともわかる（図7）。

昔から漬けられていたもう一つの長期保存食、梅干を贈られたときに沢庵和尚が詠んだうたが残っている。

むかし見し花のすがたはちりうせて
しはうちよれる梅ぼうしかな（江戸砂子五下）[6]

沢庵和尚について調べていくうちに、だんだんと和尚に親しみを感じるようになった。

右下にある切溜の中の黄色いものが卵焼きか
（図８）江戸時代の花見弁当[26]

熱帯アジア原産で根茎はカレー粉の原料に使われる。健胃、利胆作用がある（東京大学附属小石川後楽園、９月上旬）
（写真 17）ウコンの花

落語「長屋の花見」

『長屋の花見（貧乏長屋）』という滑稽噺《ばなし》がある。長屋の店子（長屋の部屋を借りている人）が大家さんに上野の山に花見に誘われる（図８）。ケチで知られた大家さんが酒肴はしたく（準備）したという。1升瓶が3本、切溜《きりだめ》（切った野菜やできあがった料理を入れておく塗り物の木箱）には蒲鉾と卵焼きが入っているという趣向。みんなが大喜びしていると、大家さんがネタばらし。お酒は番茶を煮出して水で割って薄めたもの。切溜の蓋を開けてみると蒲鉾の代わりに月型に切った大根のこうこ、卵焼きは黄色いところでたくあん漬が出てきた。しょうがないねえといいながら、長屋の一行はお花見に繰り出した[21]。

たくあん漬は長く漬けられている間に、大根成分の化学変化により黄褐色に変化する。しかし、大正12（1926）年頃になると、明るい山吹色の方が消費者も好んで買うことから、ウコン粉を米糠に混ぜるようになった（写真17）[3]。ウコン粉の使用は、徳島市にある食品添加物等を扱う会社の創業者が、大正時代に当時台湾で漬物に使用され始めた「ウコン」に目をつけ、持ち帰って製粉したのが始まりともいわれる[22]。

『つけもの大学』の著者、三角寛氏によると、氏の郷里北九州の旧家には100年近いたくあん漬があり、「備蓄救荒食物の王様」といわれていたそうだ[23]。これは、なにも遠い昔の話ではない。大正12（1923）年に起きた関東大震災では東京の漬物組合が供出した、たくあん漬が人々を空腹から救った[3]。私が子供の頃の遠足の弁当は「梅干しのおにぎりとたくあん漬」だった。おにぎりはたくあん漬で少しばかり黄色く染まっていた。今のような「キャラ弁」など考えられない時代のことである。

東京都中野区
（写真18）福蔵院の十三仏

いつもの散歩道をさらに北へ抜けると福蔵院がある。山門を入ると死者の救済を願う十三体の石仏が祀られている（写真18）。寛文6（1666）年の大日如来像を最古として、江戸初期のものだ（中野区教育委員会掲示板）。沢庵和尚が生きた時代から今日まで時を超えて人々の暮らしを見守っておられる。ひもじい思いをせずに食べられる幸せ、たくあん漬の誕生は、そのような物語を教えてくれた。

謝辞

沢庵小屋の撮影および掲載をご了解頂いた鈴木様、写真掲載をご許可して頂いた中野区広聴・広報課広報係中村様（写真６）および㈱食料新聞社（写真９）に感謝申し上げます。

訪れた所

・細田家住宅　東京都中野区白鷺１丁目
江戸時代末期、万延年間（1860 ～ 61 年）に移築されたと伝えられる屋敷林に囲まれた農家住宅。かつては細田本店の屋号で漬物問屋を営み、沢庵などを作っていた。

・鈴木家住宅に残る「沢庵小屋」　東京都中野区上高田３丁目
鈴木家は代々名主を務め、畑でとれた大根で沢庵を漬けていた。戦前は漬物用の納屋がいく棟もあった（出典：『中野を語る建物たち』中野区教育委員会事務局生涯学習分野文化財担当〈2011〉）。

・山﨑記念中野区立歴史民俗資料館　東京都中野区江古田 4-3-4
地元旧家山﨑喜作氏（江戸時代創業の元醤油醸造業）寄贈の土地に建設。

・龍宝山大徳寺大仙院　京都市北区紫野大徳寺町 54-1
大仙院は沢庵和尚が 38 才、42 才に居所寺院としたと伝えられる。慶長 19（1614）年 42 歳の秋に拾雲軒を創建した（出典：荻須純道『沢庵和尚年譜』思文閣出版〈1982〉）。
・萬松山東海寺　東京都品川区北品川 3-11-9
・萬松山東海寺梵鐘　同、現在の西門を入った処にある。
元禄 5 （1692）年幕府の御用鋳物師により鋳造され、綱吉の母、桂昌院により寄進されたもの。元禄 7 年の品川宿から出火した火災で東海寺は全焼したが、その難を逃れた。
・白鷺山福蔵院　東京都中野区白鷺区 1-31-5
・圓覚山宗鏡寺：兵庫県豊岡市出石町東條 33
沢庵和尚が最初に修業した寺で、「沢庵寺」とも呼ばれている。いつか沢庵和尚ゆかりの地を訪ねたいと思うところ。

参考資料

⑴ 宮尾茂雄「漬物散歩―練馬大根―」（10 月号）食品と科学（2015）
⑵ 中野区役所『中野区史』上巻（1943）・下巻（1954）
⑶ 東京都漬物事業協同組合 100 周年記念誌『炎よ永遠に』東京都漬物事業協同組合（1988）
⑷ 中野と産業「沢庵漬の歴史」中野区立図書館ホームページ
⑸ 前田安彦『日本人と漬物』全日本漬物協同組合連合会（1996）
⑹ 編修総裁細川潤次郎『神宮司廳藏版古事類苑』（巻 47、飲食部）古事類苑刊行会（1931）
⑺ 宮尾茂雄『改訂版 漬物入門』日本食糧新聞社（2015）
⑻ 穂積忠彦『新編・日本酒のすべてがわかる「本」』健友館（1995）
⑼ サタケ TASTY「特集 酒造りと酒造精米の歴史」（vol.34）㈱サタケ広報室（2006）
⑽ 喜田川守貞 著、宇佐美英機 校訂『近世風俗志（守貞謾稿）五』岩波書店（2002）
⑾ 根岸鎮衛 著、鈴木棠三 編注『耳袋 1 』（東洋文庫 207）平凡社（1972）
⑿ 永田豊州『講座禅　第 4 巻』（禅の歴史―日本―より沢庵）昭和書房（1974）
⒀ 宗鏡寺ホームページ「沢庵和尚について」
⒁ 山形県観光物産協会ホームページ「やまがたへの旅≪沢庵和尚直伝「沢庵漬け」かみのやま温泉でどうして沢庵なの？≫」より
⒂ 品川区ホームページ「品川歴史館解説シート「東海寺と沢庵」」
⒃ 日本風俗史学会 編『図説江戸時代食生活事典』雄山閣出版（1978）
⒄ 防災情報新聞社 編、WEB 防災情報新聞（旧インターネットで配信する防災情報新聞）日本の災害・防災年表 古代から江戸時代まで（中世・江戸時代編）防災情報機構 特定非営利活動法人
⒅ 青葉 高『野菜の博物誌』八坂書房（2000）
⒆ 妹尾河童『河童のタクアンかじり歩き』文春文庫（1992）
⒇ 曾槃、白尾国柱 他 編『成形図説』（巻 21）（1793 ～ 1804）
(21) 落語協会 編『古典落語③　長屋ばなし・上』語り；9 代目入船亭扇橋（いりふねていせんきょう：1931 ～ 2015）角川春樹事務所（2011）
(22)「ウコン製粉加工の老舗」食料新聞 2020 年 10 月 1 日付
(23) 三角　寛『新装版 つけもの大学』現代書館（2001）
(24) 斎藤長秋 他『江戸名所図会』（巻の二 萬松山東海禅寺）（1834 ～ 36 年）国立国会図書館デジタルコレクション
(25) 岡山鳥 他『江戸遊覧花暦』（1837）国立国会図書館デジタルコレクション
(26) 東叡山花さかり、豊国・広重、江戸自慢三十六興、平のや（元治元(1864)年）国立国会図書館デジタルコレクション

しば漬

京都大原育ちのしば漬

京都大原を久しぶりに訪れた。ちょうど梅雨の晴れ間で、高く青い空にすこし雲がかかり、爽やかな風が吹いていた。赤紫蘇畑があちこちに点在していたが、草丈は30～50cmとまだ低く、株の間から乾いた畑の土が見えた。太陽の光をいっぱい浴びた赤紫蘇は、「これから大きく伸びるぞ！」と言っているような勢いにあふれていた（**写真1**）。

紫蘇《シソ》（*Perilla frutescens*）はシソ科の1年草だ。原産はヒマラヤ、ミャンマー、中国南部といわれ、アジアの温帯地域で広く栽培されている[1]。紫蘇の「蘇」は気をめぐらし、血を和し、よみがえるという意味をもつ。生薬名「紫蘇葉（ソヨウ、乾燥した葉）」には鎮咳、鎮痛、健胃などの薬効が知られている[2]。

大原は地元の伝統野菜「縮緬《ちりめん》赤紫蘇」とナスを一緒に塩漬けし、乳酸発酵を経て作られる「しば漬」の名産地である。大原の漬物屋さん「志ば久」の久保勝さんに紫蘇畑を見せて頂いた。しば漬の話を伺ったときに、漬け込み作業を見せてほしいとお願いしていたところ、念願がかない加工場を訪ねることができた。

しば漬を漬ける

8月上旬、京都駅から京都バスでおよそ1時間、再び大原を訪れた。大原バス停を降りると、日差しは強いが汗が噴き出すほどの蒸し暑さはなかった。平日のせいか、降りる客は数名だった。あちらこちらに赤紫色の紫蘇畑が見えた。紫蘇は草丈が1mを超えるほどに生育し、わ

6月、大原

（写真1）草丈の低い赤紫蘇畑

1m以上に成長した赤紫蘇（8月、大原）

（写真2）赤紫蘇畑

流水で洗った後、立て掛けて水を切る

（写真3）刈り取った赤紫蘇

き芽がたくさん伸び、株元は直径3～4㎝程に太く硬くなっていた（写真2）。翌日から2日間、漬け込み作業を見せて頂く予定で、期待感いっぱいだった。

　さっそく翌朝、久保さんの加工場にお邪魔した。

　しば漬に使う赤紫蘇は早朝、太い株元から鎌で刈り取り、株を束ねて加工場に運ぶ。大きな水槽に浸けて流水で洗い、水を切る（写真3）。その後、5～6人の女性が紫蘇の葉を1枚ずつ丁寧に摘み取る。葉がしわになったり、千切れたりしないよう手作業で行う（写真4）。女性のうちお二人は15年以上毎年手伝いに来られているベテランだという。傷んだ葉や青虫などは注意して取り除く。手際が良く作業スピードは速い。あっという間に摘み取った葉がプラスチック製のコンテナに山積みになった。これをビニール袋に入れて、一時冷蔵庫で保管する。葉を取り去った紫蘇の茎（主幹）は、畑に広げて乾燥し、細かく砕いて堆肥にするそうだ（写真5）。

　ナスは、ヘタの部分を2㎝程切り落とし水洗いしておく。準備が整い作業が始まる。野菜カッター（スライサー）の投入口から丸のままのナスを入れると回転式の切削刃で5㎜程の厚さに切断されて排出口からステンレス製の作業台の上に出てくる（写真6）。ナスの量に合わせて紫蘇の葉を混ぜ、適量の塩を加え、バラバラと振り混ぜるようになじませる（写真7）。混ぜ合わせたナス・紫蘇・塩をプラスチック製の4斗樽に漬け込み（写真8）、樽にナスと紫蘇が山盛りになると、木製の落とし蓋を置き、その上にステンレス

手作業で紫蘇の葉を摘む
（写真4）葉摘み

摘み取った後の紫蘇の茎は天日乾燥し、肥料として使う
（写真5）赤紫蘇の茎

ヘタを取り除いたナスを野菜カッターで5㎜程の厚さに薄切り
（写真6）原料のナス

薄切りしたナスに塩をふり、紫蘇の葉を混ぜる
（写真7）混合

4斗樽に詰め込む

（写真８）漬け込み

樽の表面を、振り塩した紫蘇葉で覆う

（写真 12）葉蓋

落とし蓋をして重石を載せると間もなく漬け汁が流れ出る

（写真９）荒押し

漬け汁を丁寧にふき取る。葉蓋が表面をしっかり覆っている

（写真 13）漬け汁を出し切る

ステンレス製の重石の上に漬物用の合成樹脂の重石を重ねた状態で翌朝まで置く

（写真 10）追い漬け

漬け汁がこぼれ出て、かさが減っている

（写真 11）一晩置いた樽

の重石を兼ねた蓋を載せて荒押しを行う。重石を載せるとまもなく、漬け汁が出てきて樽の縁からザァーと滝のように流れ出てくる（写真9）。漬け汁が流れ出るとその分だけ樽の中のナスと紫蘇の量が減るので、上に塩押ししたナスと紫蘇を加え、追い漬けする。樽の縁までいっぱいになると、樽の内側に沿わせて金属の薄い板をまわすように刺し込み、その上にさらに追い漬けする。当日の漬け込み樽は、全部で7個になった。木製の落し蓋をして、漬物石を載せる（写真10）。この状態で翌朝まで加工場に置く。この間も漬け汁が樽からあふれ出てくる。

　翌朝、重石をした漬け込み樽は、一晩かけて漬け汁（悪汁）がこぼれ出て、量（かさ）が減っていた（写真11）。重石を外して、樽を斜めに傾けて溜まっていた漬け汁をこぼす。その上に塩をふり、たっぷりの紫蘇葉で覆い、空気と遮断する（葉蓋）（写真12）。上から木蓋をしてトラックで漬物蔵に運ぶ。さらに漬け汁が排出しやすいように、樽の中に敷いたビニールシートの口を1カ所外へ垂れ下がるよ

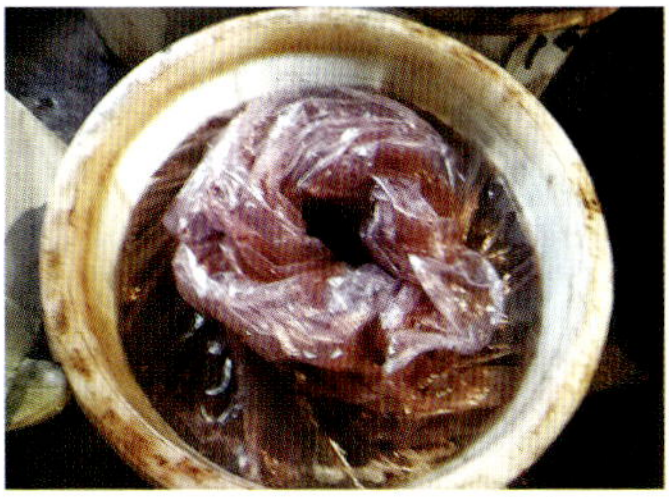

ビニール袋の口を中心部分100cm²位隙間が空くように捻じって塞ぐ
（写真14）本漬け

2カ月あまり漬物蔵で発酵させる
（写真15）発酵

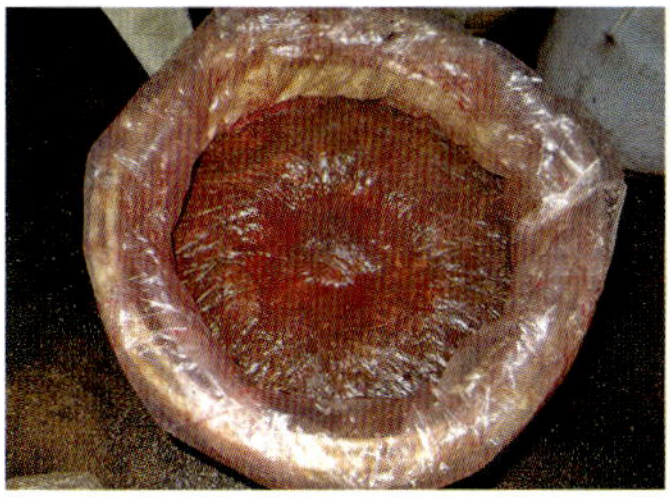

ビニールの覆いを取ると、表面は紫蘇の葉蓋でキッチリ覆われていた
（写真16）1年後の状態

紫蘇をはぎ取るよう剥がすと、鮮やかなしば漬が現れる
（写真17）完成

うロート状に折り曲げておく。上から重石（廃止された京都市電線路の敷石を使用）を2個重ねて置く。この状態で午後3時過ぎまで漬け汁を排出する。

3時頃に重石をはずし、樽を斜めに傾けて漬け汁を出し切る。ナスは少し赤紫色に染まり始めていた。表面に残った漬け汁を丁寧にふき取り（写真13）、ビニールシートの中央部分が丸く空くように折り畳む（写真14）。その上に木製の蓋を置き、重石を2個重ねて本漬けを行う（写真15）。この状態で2カ月以上発酵させ、その間に少しずつ漬け汁が排出され、木蓋は樽の縁よりも下めに沈みこむ。発酵が進む間も樽の様子を見ながら手を入れる。

1年前に漬けたしば漬を試食させて頂いた。表面の厚い紫蘇の葉蓋をめくると（写真16）、赤紫色の鮮やかなしば漬が現われた（写真17）。生の紫蘇の鮮烈な香りから穏やかな香りに変わり、程よい酸味と歯ごたえのある美味しいしば漬ができあがっていた。

4斗樽の重量は、日本酒（72リットル）の場合は酒と樽を合わせて90kg程になるという。しば漬の仕込み樽の重さはどうだろう。重石の上げ下ろしや樽の並べ変えなど、腰に負担のかかる重労働だ。久保さんのご趣味は山登りで、しば漬の仕込みが一段落する9月半ば過ぎに北アルプスや東北の山に出かけるのが楽しみだと伺った。重い荷物を背負い何日も縦走されるそうだ。毎日の漬け込み作業を行うことで、自然に体も鍛えられると朗らかに話して下さった。

しば漬と微生物

大原名産しば漬は京都を代表する漬物で、ナスなどの夏野菜と赤紫蘇を塩蔵して乳酸発酵させたものだ。7〜8月に漬け込み、10月頃にはできあがる。しば漬の鮮やかな赤紫色と酸味には乳酸発酵により生成される乳酸菌が重要な役割を果たしている(3)。しば漬の乳酸菌叢《そう》は、5〜30日までは*Lactiplantibacillus plantarum* が優勢菌種であることが多い。pHや酸度（乳酸量）、色調が30日前後で安定することから*L.plantarum* が、しば漬の酸味や色調を形成する上で重要である。漬け込み後40日になると優勢菌が*Levilactobacills brevis*、*Lacticaseibacillus casei* など発酵漬物に多く出現する乳酸菌に交替することもある。気温25℃を超える夏場の漬け込み作業では、乳酸菌以外のいわゆる雑菌の生育も旺盛だろう。適度な塩加減やpH、温度、嫌気性環境下で雑菌の発育を抑えられ、*L.plantarum* などの乳酸菌が優位になる。樽の中で起きているミクロの世界の攻防戦は興味深い。それらを応援しているのが漬物樽や藏に棲みついている微生物だ。

寂光院山門前にて
（写真18）漬物屋

大原の里を歩く

しば漬の里、大原散策は今回のもう一つの楽しみだった。大原に着いた日の午後と翌早朝、久保さんに頂いた「ぐるり！大原の里カントリーウォーク」(4)を片手に紫蘇畑を歩いた。

最初は建礼門院大原西稜にお参りした。敷地続きには寂光院がある。寂光院本堂が不審火で全焼したのは平成12（２０００）年5月のことだった。その後本堂は再建され、ご本尊の六万体地蔵菩薩が安置されている。山門の前にはしば漬などを並べた漬物店があった（写真18）。

しば漬の起源には諸説ある。壇ノ浦の戦い（１１８５）で平家一門が滅亡した後、平清盛の娘である建礼門院は出家し、大原の里でわが子、安徳天皇はじめ一門の菩提を弔う日々を過ごしていた（法名

「紫葉漬発祥の寺」の碑
（写真19）寂光院

直如覚）。このとき里人が建礼門院をお慰めするために差し上げた漬物を気にいり「柴漬（柴葉漬）」と名づけたといわれている（写真19）[5]。寂光院で案内の方にお話を伺ったところ、今も寂光院ではしば漬をつくり、12月には皇室関係の方に献上するそうだ。ナスと紫蘇を交互に入れて塩をふり木樽に漬け込み、漬物蔵に保存しているという。その年の漬け込み作業は終了したそうだ。柳原敏雄氏の『漬けもの風土記』を見ると、寂光院や近くに住む農家の女性たちの手でしば漬を漬け込む様子を知ることができる[6]。

寂光院本堂前の汀の池と姫子松

（写真 20）汀の池

境内左端にみぎはの桜と池水、本堂裏手は建礼門院の御墳のある翠黛山（すいたいのやま）

（図１）寂光院[10]

平家物語のラストシーン「大原御幸」には、京都御所から後白河院が建礼門院を訪ねて来られたときの情景が描かれている。お二人が対面したと伝えられる本堂前の「汀《みぎわ》の池」が、今も静かに水をたたえていた（写真20）。木々や苔むした境内にたたずんでいると平家物語の世界へ誘われるような気持ちになった（図1）。

「池水にみぎはの桜ちりしきて
浪の花こそさかり成けれ」（後白河院）

「思ひきや深山の奥にすまひして
雲井の月をよそに見んとは」（建礼門院）

江戸時代に編纂された『都名所図会』には「此地は常に寂寥として人跡まとをに、洛（みやこ）のつてもすくなく、（略）」とあり[7]、江戸時代になっても都から遠くはなれた寂しい村里（草生村《くさふむら》）だったことがわかる。

後白河院は御所から鞍馬街道を通り、静原、江文《えぶみ》峠から寂光院に至ったとされている。江文峠のふもとには大原の氏神様、江文神社が鎮座されている。大原は低い山に囲まれた盆地で、水田や野菜畑が広がっている。稲には小さな白い花が咲き、膨らみかけた稲穂が少し首をたれていた。ナス、オクラ、カボチャ、トマトなどの夏野菜の緑と紫蘇畑の赤紫色のコントラストが鮮やかだった。キュウリはそろそろ終わりなのか、黄色く枯れ始めたツルを農家の方が外していた。日差しは強いが心地よい風が吹いてくる。紫蘇畑の傍に立つと紫蘇の清涼感のある香りが、疲れを吹き飛ばしてくれる（写真21）。自宅でも梅干し用に赤紫蘇を少し植えているが、ここに来て初めて赤紫蘇の力強い爽やかな香りを感じた。山の辺の道を歩くと、まもなく江文神社に着いた。大きな杉の大木に囲まれた清閑な神社である（写真22）。美しい玉垣などから、大原の方々が神社を大切にされていることが伝わってきた。

　翌朝は、午前5時前から始まったヒグラシの大合唱に起こされて散歩に出た。大原バス停の手前で年配の女性にお会いした。「もうすぐお客さんが増えるので、水田の石垣の雑草取りくらいしてきれいにしておこうと思っている」という。草取りを少し手伝わせて頂きながら、しば漬のお話を伺った。

　近所の方かと思ったら、寂光院に近いところに自宅があり、石垣の上の水田に水を引き入れるために毎朝水門を開けに来て、10時頃、生活排水などが川に流れ込む前に水門を閉めに来るそうだ。たんぼに生活排水が入ると、稲の生育には良くないという。

　しば漬は、家族や離れて暮らす孫のために毎年作っているそうだ。8月になると紫蘇の葉が硬くなるので、7月中に漬け込みを行う。紫蘇は翌年の種採り用に1本残して、あとはすべてしば漬にする。ナスと紫蘇に孫が好きなキュウリを加えて漬ける。塩漬けしてしばらくすると、上に白カビ（産膜酵母）がびっしりとはえ、漬け汁が白くにごってくる。一度漬け汁を捨てて洗って漬け直す。夏の間は水がぬるくなるので1週間に1度はカビ取りをし、その後も時々様子をみる。3カ月くらいすると食べられるようになる。手間はかかるが、皆が楽しみにしているので毎年漬けている。しば漬はそのまま、あるいは刻んで醤油、鰹節をかける。マヨネーズを合わせる人もいるそうだ。

　民宿に戻る手前の坂道を登ると、塩漬した梅の天日干しをしていた。ちょうど架台に広げた梅干しの覆いをはずしていた。作業をされている方は、寂光院近くの漬物屋さんだという。しばらくしば漬のお話を伺った。

　「しば漬」、昔は「ちそ漬」といった。そういえば私の郷里富山でも「しそ」といわず「ちそ」といったことを思い出した。8月下旬の地蔵盆の頃、寂光院のお地蔵

低い山並みに囲まれた赤紫蘇畑
（写真 21）赤紫蘇

（写真 22）江文神社本殿

様（六万体地蔵菩薩）にナスやミョウガ、紫蘇、カボチャなど地元の野菜がお供えされる。そのままでは食べきれず、塩に漬けたのが「しば漬」の始まりではないかと考えている。寂光院の創建は聖徳太子の頃といわれており、創建当時のご本尊地蔵菩薩は聖徳太子の御作との言い伝えもある[7]。建礼門院の話よりもさらに古い時代から地元では「しば漬」が作られていたことになろうか。大原の生業は、京の町で使う柴《しば》（雑木の小枝などを柴といい、拾い集めて焚付け用にした）や薪を切って炭を焼き、それらを背負って市中に売りに行った（図2）。このとき「しば漬」をお得意さんに持って行った。柴と一緒に届く漬物なので「柴漬」といわれたのかもしれないとのお話だった。

柴を頭に載せ、京の町を売り歩く柴売女

（図２）柴売女[11]

　大原は京都市内から離れているが、福井県若狭に通じる街道筋にあたる。昔は大陸の新しい文化は、海を渡って福井に入り、それが大原にも伝わってきた。その意味では、「陸の孤島」ではなく、先進的な土地柄だったとお話は尽きない。

　時計を見るとまだ午前7時前だった。「早起きは三文の得」というけれど、早朝から「しば漬」ゆかりのお話にすっかり聞き惚れた。

「志ば久」久保さんのお話

　その日の午後、加工場での仕込み作業が一段落したあと、久保さんから幼い頃のお話を聞かせて頂いた（写真23）。

　久保さんのお父さんはもっぱら畑仕事が主で、時々、柴や薪、炭などを荷車に積んで、京都市内の北白川辺りまで売りに行っていた（昭和20年代頃）。八瀬の手前は登り坂なので、子供の頃は峠の上まで荷車を押し上げる手伝いをした。手伝いといっても、小遣いが目的ではなく、父親に頭をなでてもらうだけで満足だった。塩、砂糖、塩辛いサケや日用品などを買って戻ってくる荷車の音に耳をすませ、聞こえると表まで出迎えに行った。年に1度京都市内の百貨店で買い物をするのが楽しみだった。手伝いというよりも父親と一緒に働くことが当たり前だった。

　しかし、一緒に仕事ができた期間は短かった。父親が亡くなった後は、母親が苦労して育ててくれた。大原ではしば漬は女の仕事なので、おばあさんと母親が漬けていた。母親はしば漬を、柴や薪など焚き付けを買ってくれた市内のお得意さんへ年末の挨拶に持って行った。以前

漬物蔵の前の久保勝さん（右側）と筆者
（写真 23）「志ば久」

は紫蘇の花が咲き始める9月頃に漬けていたようにも思う。噛みしめると穂紫蘇のプチッとした食感があった。今は7月下旬から8月上旬にかけて漬けている。大原の里は、8月中旬を過ぎると秋の気配が感じられ、紫蘇葉が硬くなってしまう。大原の赤紫蘇は在来種で、昔から大原で大事に栽培されていた。その香りと風味が他の産地と比較して強いといわれている。紫蘇ジュースや梅干しの漬け込みにも赤紫蘇を使っている。

しば漬は、母親に伝えられた方法を守っている。紫蘇の葉を摘むときも手作業で、ちぎれないように気を使っている。大原の里の慎ましい暮らしとしば漬の深い関わりが感じられるお話だった。

今でも、ふと大原の紫蘇畑を思い出すことがある。紫蘇畑から風にのり、あるいは加工場に溢れていた紫蘇の香りを思い出す。主成分はペリルアルデヒドやリモネンであるが、実際には数十種類の芳香成分が混じりあい特有の香りを生み出している[8]。赤紫蘇の香りは産地や栽培条件、加工法の相違によっても異なることが知られている[8]。気温が30℃を超すことが少ない大原は、縮緬赤紫蘇の栽培に適し、さらに刈り取ってすぐ地元で漬け込むことで、色鮮やかな風味の良いしば漬が生まれる[9]。京都を代表する漬物、しば漬はもともと大原の家庭の味だった。京都人に愛され、やがて全国へと広がっていった。

大原でお会いした久保さんや地元の方が、それぞれの家の味を大切にして守ってこられたことがしば漬の最大の魅力だと思う。しば漬との出会いは大原のお母さんの味、京都大原のソウルフードとの出会いだった。

謝辞

しば漬の漬け込み作業を見せて頂き、詳しい説明をして頂いた「志ば久」久保勝様はじめ従業員の皆様に心より感謝申し上げます。

訪れた所

・志ば久　京都市左京区大原三千院道
・寂光院　京都市左京区大原草生町 676（推古 2（594）年創建）
・江文神社　京都市左京区大原野村町 643
・大原里歩き　京都市バス大原下車

参考資料

(1) 富高弥一平『やさいの本 日本の香辛野菜』誠文堂新光社（1990）
(2) 正山征洋 編著『薬草の散歩道』九州大学出版会（2003）
(3) 品川弘子 他「しば漬の熟成に関与している乳酸菌の役割」日本食品科学工学会誌（43 巻 5 号）（1996）
(4) NPO 京都大原里づくり協会大原里づくりトライアングル『「ぐるり！大原の里」カントリーウォーク』
(5) 京都府漬物協会企画・発行『京のおつけもの　古都がはぐくむ“ほんまもん”の味』（2011）
(6) 柳原敏雄『漬けもの風土記西日本篇』中央公論社（1995）
(7) 秋里籬島 著、竹原春朝斎 画『都名所図会』書林吉野屋（1786、再板）（国際日本文化研究センター翻刻文）
(8) 坂本宏司 他「塩蔵赤紫蘇の香気分析」日本食品科学工学会誌（42 巻 7 号）（1995）
(9) 林　義雄 他『京の野菜—味と育ち—』ナカニシヤ出版（1988）
(10) 秋里籬島 著、竹原春朝斎 画『都名所図会』書林吉野屋（1786、再板）国際日本文化研究センター
(11) 蒔絵師源三郎 他 画『人倫訓蒙図彙』巻 3（690）国立国会図書館デジタルコレクション

菜の花漬は黄金色

花を漬ける

漬物に利用できる花には、梅、桜、菊、春蘭、ワサビなどがある[1][2][3]。珍しいところで、山形県酒田市飛島や沖縄県石垣島にはカンゾウの花の漬物があるそうだ[4]。

今回の主役はナタネ（アブラナ）の花、「菜の花」の漬物である。つぼみが膨らみやや色づき始めた頃に漬ける塩漬（新漬）、田植えの頃が食べ頃の花漬、七分咲きの花を塩で漬け込み秋までじっくりねかせた乳酸発酵の黄金漬（古漬）などがあり、見た目も味もそれぞれ異なり美味しい。菜の花漬を訪ねて、京都北山と修学院、滋賀県大津市上田上《かみたなかみ》を訪れた。

京都市中央卸売市場

ＪＲ山陰線・丹波口駅には、青果や鮮魚を扱う京都市中央卸売市場第一市場があり、季節を少し先取りしたような品揃えや京都、滋賀特産の蔬《そ》菜類に出会うことができる。京都を訪れたときには、商売の邪魔にならないように端の方から見て歩くのが楽しみだ。

４月上旬の早朝、商品が次々と運び出されていくせり場の一角に、菜の花が置かれていた（写真１）。つぼみの菜の花を京都では「花菜」と呼び、12月から4月初めが旬だ。伏見桃山付近で切花用に栽培していた伏見寒咲菜種を戦後、食用に改良したもので、茎の下の方は硬いので、切り落として出荷される。その隣にある畑菜は江戸時代から続く在来ナタネの一種で「京都の伝統野菜」に指定され、冬の青菜として珍重されている（写真２）。京都では2月初午に畑菜のからし和えを食べる風習があるという[5]。漬物用の菜の花は生産者から漬物業者に直接卸されるので、市場は通らないそうだ。

買付けに来ている方が、「昔は菜の花

京都市中央卸売市場
（写真１）花菜

京都市中央卸売市場
（写真２）畑菜

というと『にがい』『えぐい』のが特徴で、ゆでるときに重曹を加えてあく抜きをしないと食べられなかった。今は改良されてえぐみが少なくなり、食べやすい野菜になったが、昔の味が懐かしい」と話して下さった。

京都北山界隈を歩く

京都駅から地下鉄烏丸《からすま》線に乗り、北山駅まで行った。北山から松ヶ崎にかけて、昔は静かな田園地帯が広がり、白川女が花の振り売りをしたのもこの地域だった[1][6]。今は、新興住宅地になりポツリ、ポツリと畑が残っている。薹《とう》立ちした大根の白い花、背の高い蕪の黄色い花に、みず菜の花も咲いていた（写真3）。これらはナタネと同じアブラナ科の植物だ[7]。住宅の間に菜の花畑があった（写真4）。菜の勢いのわりに花が少ないので近づいて見ると、漬物用の一番花の摘み取りが終わっていた。

深泥池《みどろがいけ》に近いこの辺りは、すぐき菜の産地でもあり、11月から年末にはすぐき漬が作られている。農家の片隅には四角い漬物石がいくつも積まれていた（写真5）。ちょうど休憩中の農家の方にお会いしたので、菜の花漬のことを伺った。

この辺りの菜の花漬は「浅漬け」で、つぼみを摘み取り塩漬けにすると1週間足らずで食べ頃になる[1]。菜の花の塩漬けは緑の葉茎に黄色いつぼみが色鮮やかで、春を告げる漬け物として定評があり、料理屋さんも利用しているという。先程の漬物石のことも伺った。御影石で造られた京都市電（路面電車）の敷石で、廃止（1978年）後に譲り受けて使っている

北山～松ケ崎界隈
（写真3）菜の花

北山～松ケ崎界隈
（写真4）青々した菜の花畑

北山～松ケ崎界隈
（写真5）漬物石

市販品
（写真6）新漬

という。敷石は第二の人生でも立派に役立っていると感心した。

京都駅に隣接する百貨店の漬物売り場には「新物」として「菜の花漬」が並んでいたので、さっそく購入した。濃い緑色が鮮やかな、やや苦味のある薄い塩味のさっぱりした漬物だった（写真6）。

修学院の菜の花漬

叡山電車に乗って修学院で下車し、音羽川に沿って20分ほど山に向かって歩いていくと修学院離宮（1659年頃完成）がある。昔からこの辺りは農村だった。しかし、宅地開発が始まったため、宮内庁は上、中、下離宮の間8万㎡の水田を昭和39（1964）年に買い上げ、離宮の景観保護に努めている[8]。そのおかげで離宮周辺には棚田が広がり、現在も20軒あまりの方が農作物を栽培している。後水尾上皇（1596~1680）は離宮を造営する際に、山の一部を切り崩し、池や大刈り込みなどとともに棚田を造られたという。一説では離宮造営前からこの地域では稲作が営まれていたので、そのまま残されたともいわれている。

下離宮、中離宮、上離宮をつなぐ松並木の両側の棚田は水が抜かれ、菜の花が植えられていた（写真7）。近くの畑地で作業をされていた方に菜の花漬のことを伺ったところ、漬け方を教えて下さった。

修学院離宮周辺

（写真7）棚田の菜の花畑

菜の花漬の手順

こちらでは畑菜の花を漬けている。数日前に花を摘み、塩漬け（下漬け）を始めたそうだ。一番花（咲き始めの中心花）を摘み取ると、脇からたくさん花芽が出てくる。二番花、三番花くらいが美味しいそうだ。軟らかい茎ごとポキッと折り、水洗い、水切りをする。菜の花に塩をふりかけながら漬けると3日程で深緑のアク汁が出てくるので捨て、本漬けをする。晒しの袋に5升位の糠を入れた糠袋を2個作り、菜の花の間と上に載せる[9]。糠袋に昆布を入れると味が良くなる。

1週間程おき、暖かくなると発酵が始まる。気温が上がらないときは、四斗樽ごと天日に当てて温度を確保することもある。およそ3週間で仕上がる。菜の花漬は家庭によって漬け方が違う。昔は5月の田植えの頃までに食べ終えた。長くおくと味が悪くなるが、今では冷凍保存して1年中食べている人もいる。糠と花を一緒に漬けると、花に糠が入ってしまい、それを洗い落とすと美味しい味も抜けてなくなってしまう。そこで、糠が直接触れないように糠袋を使っている。

できあがったら送って頂くようにお願いしたところ、4月30日に宅配便で京都修学院の「菜の花漬」が届いた（写真８）。全体が深い黄緑色だった。さっそく取り出すと少し糠の香りがする。塩味と酸味のバランスが良くてとても美味しかった。

修学院の菜の花畑は花が終わると水田に代わる。菜の花は緑肥として鋤き込まれる。

上田上の菜の花漬

滋賀県でも菜の花漬が作られている。なかでも大津市上田上周辺では、新漬けだけではなく、半年以上漬け込んだ黄金漬（古漬）が珍重されている（写真９）。

上田上地域の農家の主婦を中心に活動する「農工房ひらの」では、黄金漬や白山漬（キュウリの漬物）、味噌などを作っている。また、毎年の行事として4月には上田上小学校の生徒たちの黄金漬体験学習を行っている。花摘みから漬け込みまでを生徒同士で楽しく行うそうだ。責任者の寺元孝子さんに連絡をして4月初旬に菜の花漬の作業をみせて頂き、お話を伺った。

菜の花漬手順

4月6日、初めて菜の花摘みを体験させてもらった。菜の花畑は明るく輝く黄金色の世界だった。薄桃色の桜の花が菜の花畑の縁取りのように続いている（写真10）。ちょうど上田上小学校の始業式だった。元気な合唱の声が聞こえてきた。

「となりのトトロ」の歌「歩こー、歩こー、僕らは元気――」が終わるとまもなく、子供たちが学校から帰っていくのが見えた。雲雀《ひばり》のさえずりが頭の上から降ってきた。

花摘みの時期は七分咲きの頃が最も適している（写

修学院離宮周辺の農家製
（写真８）菜の花漬

グリーンファーム石山で購入
「農工房ひらの」製造
（写真９）黄金漬

上田上
（写真 10）菜の花畑

真11）。それ以上花が開くと花弁が舞ってしまう（落ちる、こぼれる）ので漬物には不向きだ。今年は良い花が咲いたと皆さん嬉しそうだった。頭頂部とせいぜい茎の長さ3～4㎝程を指と指にはさんで摘み取る。茎が長すぎると漬け上がったとき美味しそうに見えない。

稲刈りの終わった水田を利用して菜の花を栽培しているので、土が湿っぽくて、粘土質の粘っこい塊に足を取られ、たちまち靴が泥だらけになった。この年は前年よりも菜の花畑が広がったそうだ。

菜の花の香りは最初ちょっとキツイ気もしたが、花に埋もれているとだんだん心地よくなる。空は快晴、金色に輝く菜の花に包まれ、時間が経つのを忘れてしまった。気がついたらもう11時半を過ぎていた。午前中だけで65kgの花を摘み取った。ビニール袋に花を詰めて、工房まで運んだ。大きなプラスチックのザルに菜の花を5kgずつ量る（写真12）。花の重さに対して9％になるよう食塩をあらかじめ量っておく。

ここで昼休み、午後1時頃まで自宅に帰って昼食をとり、ほんの少し休憩する。工房と自宅の往復には軽トラックや小型オートバイを使い、皆さんフットワークがとても良い。

グループは現在8名、午前中は全員で花を摘み、午後は加工場での漬け込み作業と畑の花摘み作業に分かれた。

午後は漬け込み作業を見せて頂いた。最初たらいに菜の花5kgを入れ、塩をおよそ3、4等分し何回かに分けて花に振りかけ、揉み混ぜる（写真13）。次に、ポリ袋を敷いた大きなプラスチック樽に

（写真 11）七分咲きの菜の花

（写真 12）摘みとった花を量る

（写真 13）塩で揉み混ぜる

（写真 14）樽いっぱいに漬け込まれた菜の花

塩もみした菜の花を移し、鷹の爪を4個程上に置く（防腐効果があるそうだ）。同じように菜の花5kgを塩揉みして、先ほどの樽に加える。力を加えて押し込み、鷹の爪を載せる。これを繰り返し、一樽いっぱいに漬け込んだ（写真14）。

樽が菜の花でいっぱいになると押し蓋をし、その上に重石を載せる（写真15）。重石1個は20kg、漬け材料の1・5倍の重石をジャッキのついたワゴン車（リフター―ワゴン）で樽まで運び、高さを調整しながら載せる。女性には重労働だ。このようなときには若い女性の方が率先して力を発揮されていた。チームワークが良く、てきぱきと作業が進む。しばらくおくと、樽に敷いたポリ袋の口を伝って漬け汁（アク汁）が溢れ出てきた。

1週間前の3月31日に22kg漬け込んだ樽の深緑色のアク汁を捨て（写真16）、その上に今日摘んで塩もみした菜の花を追い漬けした。およそ1週間たっても花はまだ鮮やかな黄色をしていた。黄金色に仕上げるコツは、漬け樽の中に、こげ茶色のアク汁を残さないことだという。午後摘んできた菜の花も漬け込み、その日の作業が終了したのは4時近かった（写真17）。

5月中旬に寺元さんに電話で菜の花漬の様子を伺った。その年は30樽あまり（およそ900kg）の漬け込みができ、秋の仕上がりが楽しみだ。先週、若い人が中心になって糠座布団を置く作業をやってくれた。加工場の中の気温は29℃と大分暑くなってきた。「今月と来月の気温で充分に発酵が進みそうだ」と元気な声が返ってきた。夏は室温が高くなり過ぎるので、窓を開けて風を通すそうだ。

糠座布団は、なまの米糠に湯冷まし（前日に沸騰させ、冷ましておく）を加えてよく煉る（写真18）。硬く煉るにはかなり力が要る。糠には塩辛く感じる位の食塩と唐辛子（虫除け）を加えないと虫が湧くそうだ。粘土状にやや柔らかくなっ

（写真15）重石を載せる

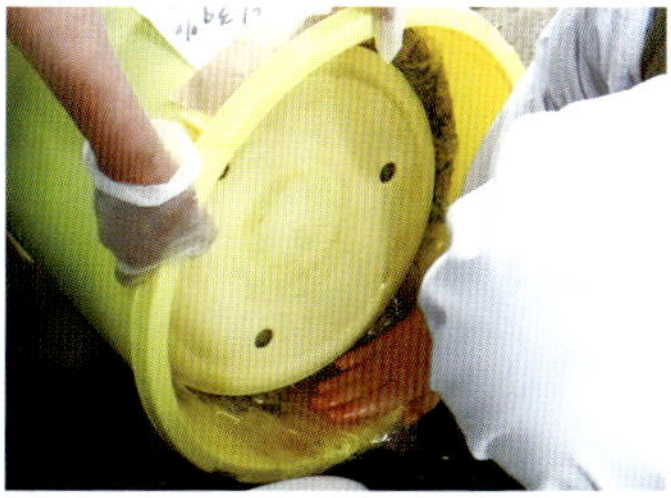
（写真16）1週間前に漬けた樽のアク汁を流す

（写真17）漬け樽が並ぶ加工場

たものを厚さ7~8㎝程に延ばし、ビニールの袋に入れる。樽の内径にぴったりするように円盤状に広げて、塩漬けした菜の花の上に置き、空気を遮断する。これで、乳酸発酵に都合の良い嫌気状態が保たれる。蓋をして重石を載せ10月頃まで置く。樽は途中で絶対に開けてはいけないそうだ（写真19）。

漬け込み作業が一段落したところで、「農工房ひらの」の皆さんに黄金漬や菜の花のお話を伺った（写真20）。

この地域では米の収穫が終わった後の水田や休耕田を使って、春先まで菜の花を栽培している。5月に田植えをして10月頃に稲刈りを行う。このときにコンバインで稲わらを細かく切断し、そのまま田んぼに撒く。その後十分にすき込んで、10~11月頃に播種機を使って菜の花の種を撒く。ここまでは男手で行う。種は市販のものを購入しているそうだ。間引きなどを行い、肥料を足したり（追肥）（写真21）、水やりなど苗を育てるのは女性の仕事で、美味しい菜の花漬を作るため手間ひまかけて菜の花を大事に育てる。

2月になると、やや膨らみかけたつぼみを採って「新漬け」を作る。3月中旬には花も七分咲きになり「黄金漬」を漬け始める。樽が必要なので、前年漬け込んだ「黄金漬（古漬け）」を取り出して出荷する。3~4月半ばまでは、ほとんど菜の花摘みと漬け込み作業に追われる。重石も重いので、腰が痛くなるなかなかの重労働である。

この時期にはグリーンファーム石山（JA）などの店頭に「新漬」と「古漬」が並ぶ。菜の花漬の漬け込み作業が終わ

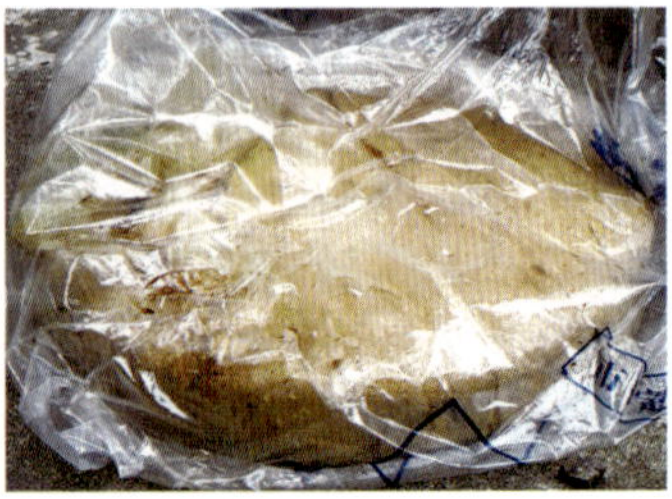
樽から出した後のもの
（写真18）糠座布団

アク汁はほとんどない
（写真19）出荷を待つ黄金漬の樽

（写真20）「農工房ひらの」の皆さん

上田上（12月）
（写真21）ナタネを育てる

ると、畑に残った菜の花ごと土に鋤き込んで緑肥にする。5月には田植えが始まる。この辺りのお米は昔から美味しいと評判だ。近くの大戸川《だいどがわ》の流れと肥沃な土壌が黄金漬に適した菜の花を育て、美味しいお米を作ってくれる。他の土地に育った菜の花では黄金漬は作れない。黄金漬は、この土地から生まれた漬物だと話して下さった。

　花が終わり、さやが黄色くカサカサ乾燥してくると（写真22）、昔はナタネの株を刈り、乾燥させた。指でちょっとしごくだけで種がはじけるくらい乾くと種を集め、唐箕《とうみ》や篩《ふるい》を通してゴミを取り除き、種だけにする（タネモミ）。村や町には油屋さんがあり、種と交換で菜種油をくれた。茎葉（タネガラ）は焚きつけにした。また子供の頃はホタル狩りに持っていき、ホタルを捕まえる網にした。楽しい思い出話は尽きなかった。

上田上（5月）
（写真22）さやができたナタネ

　寺元さんは、先輩方の漬け方を継承していきたいと思っている。昔と味が変わったといわれるのは困るが、一方、改良や工夫も必要だと思っている。例えば「糠座布団」はここ20年位使っているが、これを使わないと黄金漬が黄金色ではなく、黒くなるのだと話しておられた。

　「農工房ひらの」の帰り路、郷土の歴史についてよくご存知の真光寺ご住職、東郷正文さんをお訪ねした。昔、菜の花は水田の裏作として栽培され、菜種油を採るのが目的なので花を摘むことはなかったそうだ。昭和30年代までは菜種油用の菜の花を栽培していたが、貿易自由化によって国内産の油は壊滅的な打撃を受けた。このようなことから、菜の花漬は戦後始まったのではないか。ただ、種子を採っていた頃も側枝を伸ばすために一番花は摘み取っていたので、それで漬物を作っていたかもしれないと教えて下さった。現在もそれぞれの農家で菜の花漬を作っていて、家ごとに味も微妙に違うそうだ。また、種子を採っていた頃は、ハサキ（葉先）といって、菜の花の葉の先を漬けた漬物があった。

　お話では、「9月末頃に田や畑のすみに菜種を蒔く。12月に30㎝程に生長した株先を刈り取り、葉を漬物にしたのを『ハサキ』といった。葉は黄色くなるまで乾燥させて春に漬け込み、秋に桶から出して食べる。葉は黄色味を帯びたきれいな色に漬かり、それにおにぎりを包みこみ食べた。とても美味しかったし、懐かしい。ハサキを是非復活させたい」と話されていた。

再び上田上へ、黄金漬の出荷

5月下旬、再び修学院周辺と上田上を訪れた。菜の花畑は水田に変わり、早苗が行儀良く並んでいた（写真23）。畑に残っていた菜の花はさやが膨らみ重そうだった。春には気がつかなかったが上田上の菜の花畑の側には六条大麦の畑があり、種子をびっしりつけた麦の穂が風になびいていた（写真24）。

12月初旬、晩秋の上田上を再び訪れた。10月末から「黄金漬」の出荷が始まったそうだ。寺元さんに前日樽から出した「黄金漬」を取っておいて頂いた（写真25）。鮮やかな黄金色だった花びらは、落ち着いた渋い黄色に変わり程よい酸味が生まれ、奥深い味に変わっていてとても美味しかった。

菜の花の摘み取り、漬け込む際の塩加減、糠袋や糠座布団の利用、重石の具合、漬け込み期間など手のかけ方で菜の花漬の味わいも異なる。修学院では樽の上と中間に糠袋を入れる。これは発酵を進める意味もあるが、全体に糠の味がいきわたり糠漬特有の風味が加わってくる。一方、上田上ではビニール袋を利用して糠座布団を包み、隙間ができないようにきっちりと載せ、重石もかなり強くしている。糠が直接菜の花に触れることはないので黄金漬は糠の風味をほとんど感じない。上田上の糠座布団は、空気を完全に遮断することで嫌気条件下の方が活躍しやすい乳酸菌を手助けする環境作りをしているのだろう。また、空気に触れることがないので、あの綺麗な黄金色を長期間保つことができるのだ。

このことからも漬物は、自然と人との協働の所産といわれる所以であることがわかる。都会では枯れ葉はゴミになるが、上田上では植物を育てる大事な肥料になる。四季の移り変わりと共にある人々の暮らしの豊かさを感じる1年だった。

上田上（5月）
（写真23）早苗

（写真24）六条大麦の畑

春に漬け、12月に取り出す
（写真25）黄金漬

謝辞

菜の花漬について、お話を聞かせて頂いた北山、修学院の農家の皆様、黄金漬の作業の見学をさせて頂き、また貴重なお話を聞かせて頂いた寺元孝子様はじめ「農工房ひらの」の皆様、真光寺の東郷正文様に感謝申し上げます。

後日談

2024年5月26日放送のNHK「サラメシ『おばあちゃんの菜の花漬』」を見ていたら、黄金色に輝く上田上菜の花畑とともに、黄金漬の漬け込み作業は今年が最後になるとのテロップが流れた。突然のことで寺元孝子さんにお便りをしたところ次のようなお返事を頂いた。工房は現在4名で皆様がご高齢になられ、作業を続けることが困難になったという。残念だが、「いつの日か後継者が出ることを願って、この技を伝えて行く日を夢に見て日々を過ごして行きたいと思っております」とあった。黄金色に輝く菜の花畑とはじけるような皆様のパワーと笑顔の中で過ごした一日がかけがえのない思い出となった。

訪れた所

・京都市中央卸売市場第一市場　京都市下京区朱雀分木町80
・北山界隈　京都市営地下鉄烏丸線北山駅―深泥池―宝ヶ池公園―松ヶ崎駅
・修学院離宮　京都市左京区修学院藪添
・農工房ひらの　滋賀県大津市平野2-8-16
・真光寺　滋賀県大津市牧1-8-32
・グリーンファーム石山　滋賀県大津市石山寺3-7-10　JAレーク大津・南大津支店敷地内

参考資料

(1) 小川敏男『漬物と日本人』日本放送出版協会（1996）
(2) 農文協 編『図解漬け物お国めぐり 春夏編』（一社）農山漁村文化協会（2002）
(3) 農文協 編『図解漬け物お国めぐり 秋冬編』（一社）農山漁村文化協会（2002）
(4) 農文協 編『ふるさとの家庭料理8 漬けもの』（一社）農山漁村文化協会（2003）
(5) 田中耕造『京都市場長のおいしい内緒話 誰も教えてくれなかった京野菜と魚の常識』講談社（2004）
(6) 京都府立総合資料館 編集『京都の漬物』白川書院（1973）
(7) 高嶋四郎 他『標準原色図鑑全集第13巻 有用植物』保育社（1971）
(8) 宮内庁 監修『修学院離宮』（財）菊葉文化協会
(9) 高嶋四郎 編著『歳時記「京の伝統野菜と旬野菜」』トンボ出版（2003）

ショウガ

厄除けショウガ

ショウガ畑との出会いは、平成29（2017）年の秋のことだ。東京都八王子市にある滝山城址公園を散歩していたとき、街道沿いに細長い葉が勢い良く繁ったショウガ畑を見つけた（写真1）。園芸店が送ってくる種や苗の通販カタログを見て種ショウガを買い、庭に植えていたが、ヒョロヒョロした頼りない育ち様だった。滝山街道のショウガは深緑の葉があざやかでピンと伸び、こんなに立派に育つものかと感心した。ミョウガの育ちも良くないところをみると、我が家の庭はショウガ、ミョウガといったショウガ科の植物には適していないのかもしれない。お隣からは毎年どっさりミョウガの子（花穂）を頂くというのに、隣同士でもこんなに違うものなのだろうか。

今回はショウガと生姜祭を巡ることにした。

ショウガの植物誌・漬物史

ショウガ（*Zingiber officinale Rosc.*）はインド・マレー地方が原産地といわれ、熱帯から温帯の一部で広く栽培されている[1]。中国では生（生薬名：生薑《ショウキョウ》）や乾燥した根茎（同：乾薑《カンキョウ》・干薑）が古くから薬用や食用とされた。西暦530～550年頃書かれた中国の農書『斉民要術』には、蜜煮と生姜蜜漬（酒粕に漬けた後、蜜に漬ける）が登場する[2]。

正倉院文書にはショウガ（薑《ハジカミ》、生薑、久礼乃波之加三《クレノハジカミ》）を栽培し、7月から10月頃まで利用した記録がある[3]。平安時代の『延喜式』には、春や秋に生薑を塩と汁糟で漬けたとある[3]（図1）。「ハジカミ」とは端が赤いこと、『歯をしかめる』との意から辛い味の総称[1]、あるいは当時山椒を「フサハジカミ」といったことからショウガを「クレ（塊）のハジカミ」と呼んだなど諸説がある[3]。

（写真1）滝山街道のショウガ畑

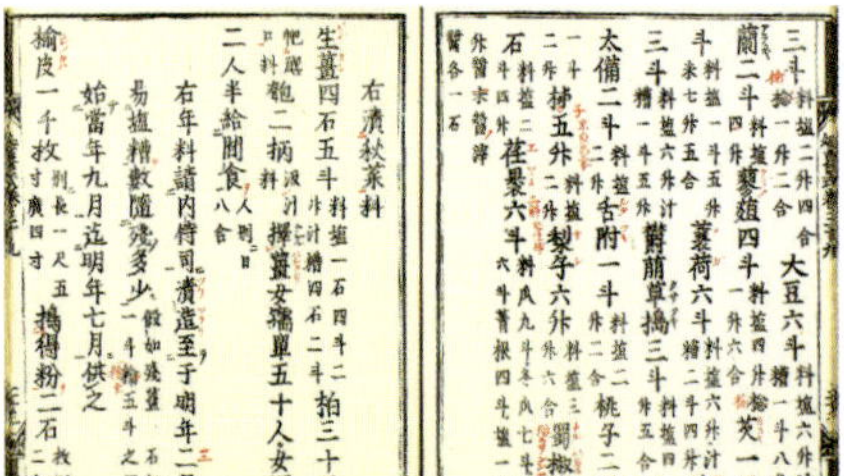

（図1）生薑（ハジカミ）[17]

イギリスやアメリカでよく食べられる

ジンジャーブレッドは、ローマ時代に、アフリカ産の良質のショウガとともに伝わったものといわれる(4)。

ショウガの「酢漬」は江戸時代の『料理物語』に登場する(5)。同時代中期に編纂された百科全書『和漢三才図会』には、「ショウガを良く洗い、片に切って乾かし梅酢に漬けて食べるとたいへん佳い（原文のまま）」とある（図2）(6)。『四季漬物塩嘉言』の生姜味噌漬は、塩漬した生姜を1日天日に干し、粕をおよそ1割まぜた味噌に漬けた(7)。江戸時代には、今と同じようなショウガの漬物が出揃っていた。

江戸時代後半～明治頃の東京の鮓《すし》には、生姜が副えられていた。ごく薄くうった（原文のまま）生姜は、素人には作れないので鮓屋は千住や魚河岸で買い求めた。急な来客でどうしても入用なときは根生姜《ひねしょうが》をよく洗い、皮を掻きむしり、薄く刻《う》って水に浸してアクを除し、水気を切る。酢をいれた丼に塩を一つまみいれて、生姜を漬けておく(8)。生姜は魚の生臭みを消し、毒気を避けるために昔から用いられていた。「ガリ」は、今のような甘酢漬ではない。吉野鮨三代目の吉野昇雄《ますお》氏によると、「東京のすし屋の生姜の仕込み方は湯通ししない。塩をじかに振らない」という(9)。

現在は、新ショウガの甘酢漬など季節感のある酢漬や醤油、溜り、味噌、酒粕（図3）などで漬けた保存漬などがあり、漬床との相性が良い（写真2）。全国各地で野菜や魚介などの漬物の「隠し味」としても利用される。中国や韓国と比較して、香辛料や香辛野菜の使い方がひかえめな日本の漬物では、シソ、シソの実、ミョウガ、山椒とならぶ香辛菜である(10)。

秋祭とショウガ

昔から稲穂の稔り間近な旧暦の八月朔日《ついたち》に豊作満作を祈願し、秋祭が催された。江戸時代には八月朔日を「生姜節句」と呼んで、各地の神社で生姜市が開かれ

（図2）生姜(18)

（写真2）新ショウガ甘酢漬

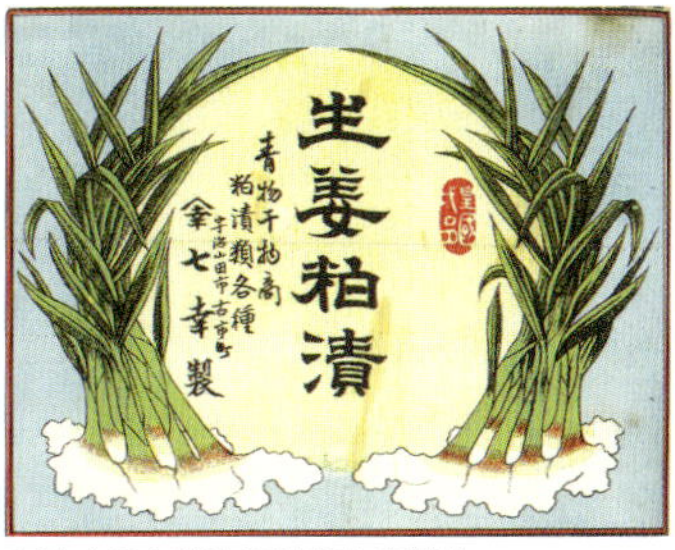

宇治山田市青物干物商七幸製造
出典：電子展示『捃拾帖』（拡張版）東京大学総合図書館
（図3）生姜粕漬商品ラベル

露天商（武蔵国二宮神社生姜祭）
（写真３）厄除け生姜

写真３と同
（写真４）二宮神社境内

葉付きショウガ、葉根付き芋、ウシノシタ（餅）（二宮考古館展示）
（写真５）神饌

二宮神社生姜祭、男坂
（写真６）大人神輿

たそうだ(11)。東京では、あきる野市の武蔵国二宮神社と港区の芝大明神の例大祭に生姜市がたち、生姜祭といわれている。

武蔵国二宮神社

二宮神社の例大祭は、毎年9月8日（宵宮）、9日（本宮）と決まっている。9日の夕方4時過ぎに五日市線東秋留《あきる》駅を降りると、祭屋台特有のソースを焦がしたような濃厚なにおいが漂ってきた。お好み焼き、から揚げなどの揚げもの、そしてビールなどの食べ物の屋台が目立つ中、「厄除けの葉付き生姜」を扱う店がポツリポツリと神社までの数百mの沿道に点在していた。その日は本宮で人出も多く大変にぎわっていた（**写真３**）。

二宮神社は創建が平安時代ともいわれる由緒ある神社だ（**写真４**）。神社の縁起によると、例大祭には古くから「葉付き生姜」「子持ちの里芋」「牛の舌の形をした餅」を神饌《しんせん》としてお供えしていた（**写真５**）。奉納されたショウガを食べると無病息災・家内安全のご利益があるといわれ、何時のことか定かでないが、ショウガ売りの露店が立ち並び、多くの参拝者が訪れるようになったという。近所にお住まいの方のお話では、埼玉辺りからも葉付きショウガが持ち込まれ、道幅の広い緩やかな勾配の女坂の両側には露店がびっしり並んだ。ショウガは祭の当日

写真３と同
（写真７）厄除け生姜

しか扱えないので、夜半になると叩き売るようなこともあったそうだ。

　境内の特設舞台では、東京都指定無形民俗文化財の秋川歌舞伎の奉納やのど自慢大会のような余興があり、それを楽しみに参拝される方も多い。秋川歌舞伎は地元あきる野市の子供たちが演じるので、父兄や兄弟など子供たちも多く、見物人でいっぱいだった。当日の神輿巡行は大人1基、子供神輿3基であった。賑やかなお囃子《はやし》の中、葉付きショウガを飾った大人神輿がもどってくるとお囃子の音が一段と大きくなった（写真6）。日が暮れて暗くなると、御神燈の輝きがいっそう祭の雰囲気を盛り上げた。

　縁起物の「厄除生姜」を私も頂いた（写真7）。地元の方は、味噌をつけてそのまま食べるのが一番美味しいという。二宮神社の裏手（秋留野台地）にはショウガ畑があるそうだ。次回訪ねることにした。

（写真9）芝大神宮本殿

（写真8）芝大神宮参道

芝大神宮
（写真10）江戸名代神明生姜

芝大神宮

浜松町駅を降りると目の前にひときわ背の高い世界貿易センタービルがあり、道幅の広い大門大通り沿いにビルが建ち並ぶ。突き当たりが増上寺、その東側には東京タワーがある。お祭提灯がずらりと飾られていたので、芝大神宮はすぐわかる（写真8）。大きな鳥居と何段もの階段があり、その上にある御社は見上げるようだった（写真9）。落語『芝浜』の舞台、金杉や芝浜が近い。埋立てが行

芝大明神
（図4）飯倉大明神祭礼[19]

われる前は、現在の東海道線の線路近くまで海岸線が迫っていたようだ。江戸時代と現在では周りの様子は全く変わったが、葉付きショウガの清冽《せいれつ》な香りと参詣する人々の熱気はきっと今も昔も変わらないだろう。江戸末期の風俗や文化を伝える『守貞謾稿』には以下の描写がある[12]。

「九月十一日より同二十一日に至り、江戸芝明神の祭祀なり　俗に生薑市《しょうがいち》と云う。土薑と曲物の小櫃《こびつ》を売る」

芝大神宮が鎮座した寛弘年間（1004～12）、周辺がショウガ畑だったことからショウガを神前にお供えした。お供物のショウガは、香物にして1月三が日間食べれば風邪をひかないといわれ、参拝者に売られた（写真10）（図4）[13]。また、藤の花を描いた檜割篭《ひのきのわりこ》は千木筥《ちきばこ》（写真11）と呼ばれ、江戸時代から続く縁起ものだ[13]。千木が千着に通ずることから、女性が衣服の増えるのを祈って衣装箱に納める慣習もあるという（『芝神社案内書』より）。拝殿にお供えされた「生姜奉納」は高知県園芸農業協同組合連合会のものだ（写真12）。町の八百屋では目にすることがない大きな黄色に輝く根塊である。縁起物である神明生姜の木製のお札には『江戸自慢三十六興、芝明神生姜市』の錦絵の一部分、艶やかな町娘がこちらを向いた図柄が刷られていた（写真13）（図5）。

千木筥（写真10と同）
（写真11）藤の花を画いた檜割篭

写真10と同
（写真12）生姜奉納

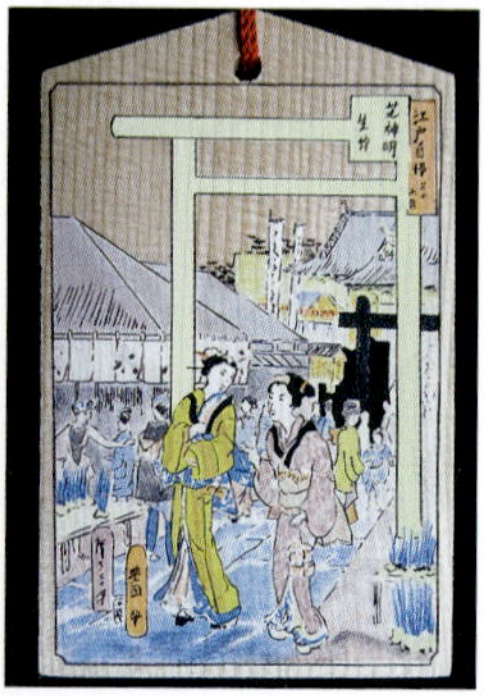
写真10と同
（写真13）木製のお札

（図5）芝神明生姜市[20]

秋留台地のショウガ畑を訪ねて

9月下旬、再び東秋留駅に降り立つと、都会とはちがう爽やかな秋の気配が感じられた。神社への沿道には和菓子屋、食堂などが数軒開いているだけで、人通りも少なかった。神社下の湧水、御池《みたらしいけ》は、木立に囲まれた水面が木漏れ日にゆらゆら輝いて涼やかだった（写真14）。ここから流れ出る水は、かつてこの一帯にひろがっていた水田（前田田圃）を潤していたそうだが、現在は住宅や駐車場になり、水路もこのさき暗渠《あんきょ》になっている。

御池には次のような伝説がある。

「日本武尊《やまとたけるのみこと》の軍勢は東征の途中、飲み水がなくなり、歩けない者がでるほどに弱っていた。二宮の森にたどり着いたとき、日本武尊は祭壇を設けて、水の国の神様、国常立尊《くにのとこたちのみこと》を祀り、『水を授けてほしい』とお祈りした。すると崖の下から水が勢いよく湧き出して、きれいな水をたたえた池になった。人々は清らかな水で喉を潤した。」この池はどんな干天にも涸れたことがないという(14)。二宮神社は国常立尊をお祀りしている。

二宮神社は秋留台地の東端にあたる崖線上にあり、崖下には御池の他、いくつかの清水が湧き出している。山すその台地には何万年も前から人が暮らしていた。付近の遺跡からは縄文時代、石器時代、古墳時代の土器や石器、土偶などが発掘され、二宮神社に近い「二宮考古館」に展示されていた。時代ごとに陳列された古墳時代の甕《かめ》を見て、漬物の起源とされる余った蔬菜《そさい》を塩漬して保存したのは、どのような甕なのだろうと興味深く思った（写真15）。

二宮神社から北に向かい、坂を下りると広済寺がある。今も清水をたたえる小さな池があり、道路を渡ると駐車場の傍らに湧水が流れ出る水場がある。農家の方が野菜などを洗いに来るそうだ。そこから再び坂を上って台地上にもどった。西は五日市方面の低い山並み、北は平井川、多摩川の河岸段丘（羽村草花丘陵）、南は秋川丘陵と三方に低い山並みが見渡せた。広い畑地にはナス、ピーマン、シシトウ、里芋などが明るい日差しをいっぱいに受けていた。その一画に葉を繋らせたショウガ畑があった（写真16）。この辺りは風が強いせいか、畑の畔には風除けの畦畔茶《けいはんちゃ》の生垣がところどころ残っていた。近くの秋川ファーマーズセンター（農協農産物直売所）には、秋の果物や野菜にまじって葉付きショウガ（写真17）や根ショウガなどが並べられ、つい手にとっ

二宮神社
（写真14）御池

およそ1400年前、二宮考古館展示
（写真15）古墳時代後期の甕

秋留台地
（写真16）ショウガ畑

てみたくなった。これから五日市街道に沿って武蔵引田まで行く予定なので、買い物は早々に切り上げた。

武蔵引田まで来ると、秋川沿いに水田があった。刈り入れ前の田んぼで雑草を抜いていた農家の方にお話を伺った。刈り取りが終わると稲穂を天日に干す。するとお米がさらに美味しくなる。残った稲わらは牧場に納める。稲刈りは天候次第、数日中に残りの刈り取りを行う予定だという。対岸には東京サマーランド（遊園地）があり、観覧車がゆっくりと動いていた。ジェットコースターだろうか、時々絶叫？が聞こえてきた。

秋川ファーマーズセンター
（写真17）葉付きショウガ

だんだんと日が傾いてきたので秋晴れの小散歩を切り上げ、駅に向かって歩き始めた。そのとき道路際で農作業をしていた男の方から、「紫蘇を抜くので良かったら持って帰って！」と声をかけられた。見事な赤紫蘇で穂先にはまだ少し花がついていた。これくらいのときに、紫蘇の実をとり塩漬しておくと、白菜漬けなどの香り付けになり重宝するからといわれ、頂くことにした。軽いからといって、30kg程のお米が入る米袋にどっさり詰め込んで下さった。ご厚意をお断りできず、サンタクロースのような大袋を持って電車で帰ることになった。

高知市日曜朝市とショウガ畑

その年は10月、11月と高知県で仕事や学会があり、二度高知市を訪れた。高知城追手門から続く追手筋で開かれる恒例の日曜朝市を散策した（**写真18**）。ショウガといえば高知県、ここ数年、収穫量・出荷量ともに全国1位を独占し、2位（熊本県）、3位（千葉県）を大きく引き離している（農林水産省「作物統計」令和5年産都道府県別ショウガ収穫量・出荷量）。芝大神宮の神明生姜も高知県産が使われていると伺った。

朝市では、秋の味覚に混ざってゴロンと太った根ショウガがあちこちで売られていた（**写真19**）。町中のアーケードに「生姜収穫祭」のポスターが貼られていた（**写真20**）。収穫祭に参加し、ショウガを掘るとショウガ2kgが贈呈される。それを生姜銀行に預け、「生姜つぼ」と呼ばれる手掘りの洞窟に保存してもらうと、1

年間好きなときに美味しいショウガが手に入るという。近くに住んでいれば、是非参加したいところである。

朝市を見た後、高知市郊外にある四国霊場を数箇所お参りした。その中の三十四番札所、種間寺《たねまじ》は、弘法大師空海（774〜835）が薬師如来をご本尊として開創された歴史あるお寺である。弘法大師はこのとき、唐から持ち帰った五穀（米・麦・粟・きび・豆）の種を寺に蒔かれたという言い伝えがある。種間寺の名は、それにちなんだといわれている。日本書紀の持統天皇7（693）年の詔に「天下をして、桑・紵《チョマ》・梨・栗・蕪菁《カブラ》らの草木を勧め植えて、以って五穀を助けしむ」とあり、持統天皇の時代には「五穀」がすでに栽培されていたと思われる(15)。弘法大師と五穀を結びつける言い伝えはどこから生まれたのか、興味深く思われた。種間寺の入り口から本堂へと石畳が続き、お遍路姿の参拝者も多く、静かな落ち着いた佇まいのお寺だった。周辺にはショウガ畑が広がっていて、明日が収穫予定なのか、オレンジ色のコンテナが200個以上行儀良く並んでいて、収穫量の多さを感じた（写真21）。

畑を見ると、どんな作物があるのかいつも気になる。姿や花、実の様子などからもある程度察しがつくこともある。以前は細長い尖った緑の葉の行列だけではショウガ畑とわからなかった。今は葉から漂う清涼感のある香りからショウガだとわかる（図6）。

『和漢三才図会』には「およそ早行《はやあるき》や山行《やまあるき》には生薑《ショウガ》の一塊を口に含んでおくとよい。霧露や山嵐の不正の気に犯されな

高知市
（写真18）高知市朝市の漬物店

写真18と同
（写真19）根ショウガ

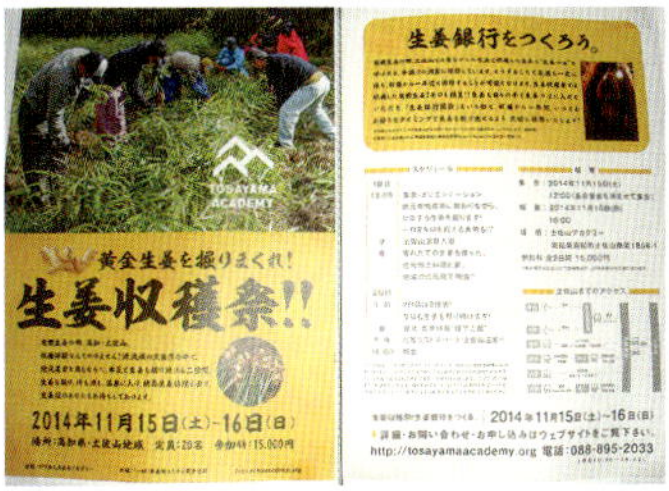

写真18と同
（写真20）生姜収穫祭ポスター

種間寺近く
（写真21）ショウガ畑

い。」[7]とある。ショウガの辛味成分はジンゲロールとそれから生成されるショウガオール、ジンゲロンが知られている。また、リモネン（柑橘系の香り）、β-フェランドレン（ペパーミント系の香り）、ユーカリプトール（樟脳に似た清涼感のある香り）など200種以上の芳香成分を含む[16]。

私はショウガの清冽な香りが好きだ。気持ちがピリッとひきしまる気がする。ショウガのない人生なんて、気の抜けたビール！人生やっぱり辛口でいきたい。

（図６）薑（ショウガ）[21]

訪れた所

・二宮神社　東京都あきる野市二宮 2252、秋例大祭、９月８～９日、このショウガを食べると１年間無病息災・家内安全のご利益がある
・芝大神宮　東京都港区芝大門１-12-7、祭礼（芝明神のだらだら祭）９月 11 ～ 21 日
・二宮考古館　東京都あきる野市二宮 1151
・秋留台地東部　五日市線東秋留～武蔵引田
・高知市朝市　1690 年以来 300 年以上の歴史を持ち、毎週日曜日６～ 15 時頃まで開催。高知城下追手筋
・種間寺　高知市春野町秋山 72

参考資料

⑴高嶋四郎 他『標準原色図鑑全集 第 13 巻 有用植物』保育社（1983）
⑵田中静一 他 編訳『現存する最古の料理書「斉民要術」』雄山閣（1997）
⑶青葉　高『野菜の日本史』八坂書房（1991）
⑷北野佐久子『ハーブ歳時記』東京堂出版（1990）
⑸川上行蔵『日本料理事物起源』岩波書店（2006）
⑹奥村彪生 編『日本料理秘伝集成第 14 巻「四季漬物塩嘉言」』同朋舎出版（1985）
⑺寺田良安 著、島田勇雄 他 訳注『和漢三才図会 18』（東洋文庫 527）平凡社（1991）
⑻小泉清三郎 著『偲ぶ与兵衛の鮓 家庭「鮓のつけかた」（復刻版）』主婦の友社（1989）
⑼吉野昇雄 解説『与兵衛の鮓 家庭「鮓のつけかた」（解説）』、主婦の友社（1989）
⑽農山漁村文化協会 編『図解漬け物お国自慢』農山漁村文化協会（2002）
⑾青葉　高『野菜の博物誌』八坂書房（2000）
⑿喜田川守貞 著、宇佐美英機 校訂『近世風俗志（守貞謾稿）四』岩波書店（2001）
⒀別所光一『芝明神の生姜市と千木箱』武蔵野文化協会出版武蔵野（1933 年７月号）
⒁秋川市教育委員会 編『秋川昔物語より「涸れない池」』（1990）
⒂木村茂光『ハタケと日本人』（中公新書 1338）中央公論社（1996）
⒃伊藤和子 他「ショウガ搾汁残渣の有効利用」栃木県産業技術センター研究報告 No.13（2016）
⒄藤原時平・藤原忠平 著『延喜式』（巻三十九　正親、内膳）出版地不明、出雲寺（1723）早稲田大学古典籍総合データベース
⒅寺島良安 編『和漢三才図会』（巻九十九 葷草類）（江戸時代）国立国会図書館デジタルコレクション
⒆齊藤月岑 編、長谷川雪旦 画図『江戸歳事記』（4 巻）須原屋佐助 他（江戸時代）国立国会図書館デジタルコレクション
⒇豊国、広重 画『江戸自慢三十六興』国立国会図書館デジタルコレクション
(21)曽槃、白尾國柱 他 編『成形圖説』（巻 24）文化年間出版、国立国会図書館デジタルコレクション

わさび漬

清冽なワサビとわさび漬

近所にある蕎麦屋では、蕎麦を頼むとそばつゆ、小指ほどのワサビ（根茎）、小さなおろし金がテーブルに並ぶ。蕎麦がゆで上がるのを待ちながら、ゆっくりワサビをすり下ろす。たちまちツンとする香気が鼻を刺激する。私はこの一瞬がとても好きだ。刺身のつまや寿司にもワサビは欠かせない。ワサビが今のように頻繁に使われ始めたのはいつ頃のことなのだろう。そもそもワサビのような刺激臭ともいえる香りと辛味の強い食材は、昔から使われていたのだろうか。今回はワサビを巡る散歩に出かけたいと思う。

ワサビは日本固有種

ワサビ（学名 *Eutrema japonicum* Matsumura）は日本原産のアブラナ科ワサビ属多年生植物で、日本では古くから野生に近い状態で自生していた。ワサビの最も古い記録は、奈良県明日香村の飛鳥京跡苑池《あすかきょうあとえんち》遺構で出土した木簡に「委佐俾《わさび》三升」と記された木札である[1]。この場所は斉明天皇から天武天皇の時代（600年代）に造られた日本最古の宮廷庭園跡と推定されている。奈良時代初期に編纂された『播磨国風土記』には、宍禾郡雲箇里波加村《しさはのこほりうるかのさとはかむら》（現在の兵庫県宍粟市）山中には檜、杉、檀《まゆみ》、黒葛《くろかずら》、山薑《わさび》が生えていると記載がある[2]。平安時代、醍醐天皇の勅命をうけて医師深根輔仁《ふかねのすけひと》が編纂した日本最初の漢和薬名辞書『本草和名《ほんぞうわみょう》』（901～23年刊）には、ワサビの葉（写真1）が葵に似ていることから「山葵」と表したとある[3]。「山葵和佐比《わさび》」は若狭国、越前国、丹後国などから税として納められ、食用というより薬草と考えられていたようだ[3]。鎌倉時代になると、寺院では山葵汁が食べられるようになった[3]。称名寺（横浜市金沢区）の長老に栗の粉やなめすき（えのきだけ）と共に山葵を贈った鎌倉時代の書状が残っている[4]。

江戸時代になると、蕎麦や生魚にワサビがよく使われるようになった。江戸中期の百科全書『和漢三才図会』（1712年成立）には、ワサビを研《おろ》して熬酒《いりざけ》と和ぜ蔵《さしみ》、膾《なます》を食べる、そば切りにも欠かせ

大丹波川

（写真１）ワサビの葉

（図１）山葵寺[23]

日よけ用の黒いネット（穂高）
（写真２）ワサビ田と寒冷紗

ないとある[5]（図１）。

しかし、江戸時代後半、享和２（１８０２）年、度重なる凶作に備えて米沢藩の家老、藩医などが中心となり80種あまりの山野草などの食法をまとめた『かてもの』（救荒食物）[6]にはワサビは出てこない。ワサビは山形地方にも自生している[7]が、刺激臭が強く救荒食物には利用されなかったのだろうか。

日本人は、味噌・醤油などの調味料や出汁のうまみなど味覚には敏感であるが、インド、東南アジア、中国の香辛料のような個性のある強い香気はあまり好まない。柑橘や山椒のように比較的穏やかな香気を好む傾向があるために、刺激的な香気成分を有するワサビはなかなか拡がらなかったのかも知れない。

ワサビの栽培は水温11～13℃、水質は中性または微アルカリ性で、有機物が少ない清水が適している。夏季は強い日差しを避けるために被覆し（写真２）、冬は十分に日が当たる場所が良いとされる[8]。

ワサビ特有の辛味は根茎に含まれるシニグリンによるもので、すりおろすことにより自家酵素のミロシナーゼによって揮発成分のアリルイソチオシアネートが生成し、特有の香りを生じる。静菌力があることから、昔から生魚などのつまものとして利用されてきた。ツンとくるワサビの芳香と酒粕の食感を生かしたわさび漬の原料でもある。

ワサビ栽培の歴史

ワサビの栽培は、慶長年間（１５９８～１６１５）に静岡県安倍川上流の有東木《うとうぎ》村で自生のワサビを採取し湧水で育てたところ、良くできたことから近隣に広まったといわれている[9]。徳川家の家紋である「葵」に類似し、また、独特の風味が徳川家康（１５４３～１６１６）に好まれた。そのため栽培技術は幕府により庇護され、門外不出にされたと伝えられている。

その後、ワサビ栽培は延享２（１７４５）年頃、上狩野村（現在伊豆市湯ヶ島）の農民（山守）、板垣勘四郎が有東木村から苗をもらい、天城山中に植え、同じような自然条件を持つ伊豆半島や富士山麓などに栽培が広がったと伝えられる[3][9]。

現在ワサビは長野、静岡、岩手、東京などで年間１３８３・６トン生産されている（令和5年農林水産省「特用林産物生産統計調査」結果報告書、わさびの生産量）。このうち水ワサビが809・5トン、畑ワサビが574・1トンである。湧水や渓流水等のかけ流し栽培される水ワサビ（沢ワサビ）は長野、静岡に次いで東京が全国3位の生産量である（令和5年同）。畑ワサビの生産量は岩手県が304・5トンと多く、主に長野県の加工業者用に出荷している。畑ワサビは、葉茎生産を目的に、比較的湿気があり冷涼な山林の畑（土耕栽培）で作られるワサビで、岩手県では昭和59（1984）年頃から栽培が始まった(10)。水ワサビと畑ワサビでは植物学上の区別はないが、畑ワサビは、水の少ないところに適した品種が使われるとのことだ(11)。

穂高のワサビ田

現在、日本産水ワサビ（以下ワサビ）のおよそ45％は長野県産であり（令和5年農林水産省「特用林産物生産統計調査」）、そのほとんどが安曇野市穂高で生産されている。穂高を訪れたのは、まだ梅雨の明けない7月半ばだった。前日に松本での用事を済ませ、翌朝早めに大糸線に乗車した。穂高駅はその列車の終点であったが、平日のせいか降りる人も少なく、駅前は閑散としていた。持参した地図を見ながら川沿いに歩いてワサビ田を訪ねることにした。小雨まじりのどんよりした灰色の空を重たい雲が流れていた。

駅前の商店はまだ開いておらず、行き交う人も少ない。旧糸魚川街道（塩の道）を右に折れて住宅地を進むと、年配のご婦人が3人、立ち話をしていた。「どこから来たの？」と声をかけられたので、「東京からワサビ田を見に来ました」と答えると、ワサビ田まではすぐだという。わざわざ？とでもいう感じで「こうして歩けていいね」と笑顔で見送られた。考えてみれば東京からわざわざワサビに会いに来るとは、贅沢なことかもしれない。

奥多摩や天城のワサビ田は山の傾斜に渓流や天然の川筋を利用して階段状に作られている。穂高では川の水を直接利用するのではなく、地の底から湧き出る北アルプスの伏流水（地下水）を利用している。そのためには地表を2ｍ、3ｍと掘り下げてその土を周囲に盛って窪地を作り、ワサビを栽培している（平地式）。明治初期、穂高は100町歩あまりの梨畑だった。梨畑の排水溝にたまたま植えた山のワサビ（自生種）がよく成長したのが「安曇野のワサビ」の始まりといわれている(12)。

「明治35年、信越線、篠ノ井線が開通したので早速明科の駅から東京神田市場に出荷してみたところ、大変評判が良く非常に高く売れた。（中略）市場の評判も良くなって来たので次第に梨の木は切り去られ、大正末頃には殆んど梨の木は消え去ってしまった。(13)」とある。近くの「大王わさび農場」の展示室には、この地区の農民たちが農閑期の秋から冬にかけて、つるはし、シャベル、もっこを担ぎ、わらじ履きでワサビ田開墾作業に従事する写真が残っている。現在、安曇野市にある信州山葵農業協同組合の組合員は90名ほどという。

　穂高川の土手にはクルミの木が植えられ、草緑色のピンポン球のような実がびっしりなっていた。川沿いを歩いていくと黒い寒冷沙（ワサビ田を覆う黒いネット）をぴんとはったワサビ田（写真3）に人の姿が見えた。近くまで降りて声をかけたところ、ワサビ生産者の松本一男さん（写真4）が仕事の手を休めて、ワサビのお話を聞かせてくださった。松本さんは高校を卒業した年からお父さんと一緒にワサビ作りを始めて50年あまりになるという。自宅近くではニジマスの養殖もしている。穂高川に近いせいもあり、昭和34（1959）年の伊勢湾台風ではワサビ田がすべて流されてしまい、一から再出発されるというご苦労もあった。「手をかけないと良いものはできない」、良いものを育てるには手をかける、苔（石についた苔を手ではがす）や雑草を抜き、落ち葉などのゴミを取り除き、水路が詰まらず水が流れているか、いつもワサビ田を見て回り手を入れている（写真5）。松本さんのワサビ田では15～20カ月育てて、大阪や築地、大田市場に出荷している。根茎の需要が最も多く、細い芋や茎の部分はわさび漬になる。春先の柔らかい葉や花は、お浸しにしても美味しい。

　1000坪のワサビ田の半分には、秋

土手を掘り下げて造成（穂高）
（写真3）ワサビ田と寒冷紗

（写真4）ワサビ生産者の松本さん（左）

草取り、枯葉を取り除くなど手をかける
（写真5）ワサビ田の手入れ

地上部分
（写真6）大きく成長したワサビ

頃に出荷予定のワサビが大きく育っていた（写真6）。葉も元気いっぱいに茂っている。ワサビの植え付けは株が大きく育つので、30〜40cmの間隔で行う（写真7）。専門の農家や種苗センターから健康な苗を購入することが大事だ。

ワサビは1年中収穫できるが、旬は秋から冬。この時期に収穫したものは辛味が強く、美味しい。ただし、気温がマイナス10℃以下になるとしみちゃう（葉がしおれる）こともあるそうだ。春先は花が咲き、そちらに養分が取られてしまう。夏は水温も上がりやすく、直射日光が苦手なワサビを熱から守るために、遮光ネットを張るが収穫量は減るそうだ。昔はワサビ田の周囲には、夏の日差しを避けるためにハンノキなどが植えられていた（緑陰樹）。

松本さんのワサビ田を潤す水は、穂高の湧水に川の水が差し水として合流したものだ。ワサビ田では水が流れているだけではなく、白い砂礫《されき》からポコポコッと小さな泡粒と一緒に北アルプスの伏流水が湧き出ている。湧水は年間の水温がほとんど変わらず天然の養分が含まれているので、ワサビの栽培には最適とのことだった。この地区のワサビ田は穂高川に近く白い砂地（花崗岩の風化した砂栽培）だが（写真6）、大王わさび農場辺りは万《よろず》水川に近く黒い石（古生層の礫岩による）（写真8）とのお話しだった。

空は相変わらずの鉛色、風は強かったが川沿いの散歩を続けた。しばらく行くと、数人の女性がちょうど収穫作業をしていた（写真9）。小車に掘りあげたワサビが山積になっていたので（写真10）、

苗を植え付ける予定
（写真7）除草シートを敷いたワサビ田

礫栽培（大王ワサビ農場）
（写真8）黒い丸石を積んだワサビ田

（写真9）ワサビの収穫作業

（写真10）運搬車に積まれたワサビ

大王ワサビ農場
（写真 11）ワサビ田の水路

お鷹のみち・真姿の池湧水群
（写真 12）野川源流の一つ

（写真 13）神代農場ワサビ田

神代農場
（写真 14）群生するワサビ

写真を撮らせて頂こうと上から声をかけた。「いいですよ」と若い女性が大きく手を振って答えて下さった。畑の除草作業などで使う小さな腰掛に座って前かがみの姿勢を長時間続けるので、なかなかの重労働だ。先ほどの松本さんのお話では、ワサビ農場はどこも人手不足で、栽培を止める農家もでてきているそうだ。後日訪れた奥多摩でもそうだが、ワサビの栽培は手間ひまかかる根気のいる仕事である。

穂高川と犀川との合流地点の近くには、観光バスが立ち寄る大きな「大王わさび農場」がある。ここでは先ほど教えて頂いた黒い丸い石を敷き詰めた広いワサビ田があちらこちらの窪地にあり、大きな寒冷紗がいく筋もワサビ田の上を覆っていた。ちょうど雨が降り始め、ワサビ田の周囲を勢いよく水が流れていた（写真11）。

深大寺のワサビ田

東京立川市の北東から世田谷区野毛あたりまで続く、高さ10～20mの段丘崖（国分寺崖線）を「ハケ」と呼んでいる。崖下（ハケ下）には豊かな湧水（地下水）が今も湧き出ている。野川は国分寺市内にある㈱日立製作所中央研究所の大池や真姿の池湧水群などハケの清らかな湧き水（写真12）を水源として、大田区二子玉川まで続く全長およそ20kmの一級河川である。野川周辺（国分寺～三鷹～調布）の農家では、昭和18（1943）年頃までハケを利用してワサビを栽培し、神田や築地の市場に出荷していた（調布市深大寺水車館展示資料）。作業は12月からの農閑期を利用し、肥料がいらず、良い値段で取引されたため、出荷量もかなりあった。その後人口の増加にともない、水が汚れ、湧水量も減りワサビの品質が落ち、栽培は行われなくなった。調布市深大寺にある東京都立農業高等学校神代農場の中にワサビ田（旧ワサビ田）が残っており、往時の様子を彷彿させる。

　農場の門を入り道沿いに歩くと、崖の下にワサビ田と蒲鉾型のビニールの覆いが見える（写真13）。崖から湧き出る豊富な湧水が、石を敷き詰めた、緩やかに傾斜するワサビ田を潤している。小振りの株がところどころに育っていた（写真14）。１００㎡の程のワサビ田には、畝（シキという石を敷きつめた畑）がいく筋か残っていた。周囲を囲む傾斜地の雑木林が天然の日よけになっている。ワサビ栽培の技術を生徒たちに伝える貴重な学習教材だったそうだ。野川周辺ではかつて、周辺の雑木林、崖下の窪地と豊富な湧水を利用したこのような小規模なワサビ栽培が行われていたのだろう。

奥多摩のワサビ田

　奥多摩でのワサビ栽培は江戸時代に始まったという[14]。換金作物として良質のものが栽培され、将軍家にも献上された[14]。

　10月下旬、青梅線川井駅から大丹波川に沿った林道を車で20分程上がったバス停の終点「奥茶屋」を30年ぶりに訪れた。バンガローもあり、かつては川遊びの人で賑わっていたと思われるが、今では屋根は崩れ、寂しいくらいに人の気配が消えていた。林道はさらに奥の川苔山登山口まで続いている。先へ進むと大丹波川の対岸に山の急斜面を利用した幅20ｍ前後、高さ30～40ｍあまりのワサビ田が見え隠れしていた（写真15）。山の斜面に造られたひな壇状の（棚田のような）ワサビ田には、ワサビの葉がびっしりと生育し（写真16）、根茎の部分は隠れて見えなかった。周囲を囲むフェンス沿いに続く山道を登り、上から見下ろすと、ワ

大丹波川
（写真 15）木立の間からワサビ田が見える

大丹波川
（写真16）ひな壇状に造られたワサビ田

（写真 17）ワサビ田を潤す清流出口

大丹波川
（写真18）獅子口屋

サビ田は尾根筋を起点に下の渓流まで、ちょうど扇を30度くらい広げたような形をしていた。最上部の石組の間からは水がほとばしり出ていた（写真17）。清流の源はさらに50mほど奥の沢にあり、地下にパイプを通してワサビ田の石垣まで引き込んでいるようだ。沢には木橋が架かり、棒の折山への登山道になっていた。ワサビ田には黒い石が敷き詰められ、水量も豊富で、傾斜がきついぶん流れは速い（畳石式栽培）。ワサビの植え付けや草取り、収穫などの作業は滑り落ちそうな急斜面に腰をかがめて行うのだろうが、なかなか厳しい作業だ。近くにも山の斜面を利用したやや小規模なワサビ田が見えた。人の往来もなく、日が陰ってきたのでその日は引き返すことにした。

10代の頃の私は、最初は登山好きの姉に連れられて、その後は友達と一緒に、奥多摩の山をよく歩いた。とくに、川苔山は好きな山の一つだった。そのことが思い出され、12月中旬、再び大丹波川を訪れた。林道のさらに奥、川苔山登山道の途中には昔、獅子口小屋があった。小屋に近い沢で栽培したワサビを使ったわさび漬は人気があり、わさび漬を食べながら一服する登山者も多かった。山小屋のご主人が高齢になられ、小屋をおりた後、山小屋は閉鎖され、建物もなくなったと聞いていたがどうなったのだろう。川井駅から大丹波川沿いに15分程上ったところに「獅子口屋」の看板が見えたので、訪ねることにした（写真18）。

現在、「獅子口屋」というわさび漬屋さんを営んでおられるのは、山小屋のご主人のお孫さんに当たる方だった。原料のワサビはこの近辺で栽培されているものを使っているそうだ。大丹波川の源流にあたる獅子口小屋周辺にあったワサビ田[14]のことを伺ったところ、工場から林道を車で30分程上った奥なので、なかなか手入れに行くことができないとのお話で、今は使われていないようだった。

奥多摩のワサビ栽培は林業の傍ら始まったこともあり、ワサビ田はどこも山の斜面や渓流を利用している。きつい作業のうえ、機械化も進まないという。さらに、大雨などにより石垣ごと流され、崩落する危険性もある。奥多摩町は奥多摩山葵栽培組合、西多摩農業改良普及センターなどの協力により平成14（2002）年、ワサビ栽培の後継者を育てるために「奥多摩ワサビ塾」を開講し、令和3（2021）年現在80名近い修了生がいるという(15)。

蕎麦の薬味、刺身のつま

　ソバは、古くから日本人の食生活と密接に結びついているが、蕎麦（そば切り）の登場は室町時代のことだ。長野県木曽郡の禅寺・定勝寺《じょうしょうじ》の古文書に、天正2（1574）年、仏殿の改修工事で「そば切り」がふるまわれたと記録されている(16)。江戸時代の料理本『料理物語』（1643）には蕎麦（そば切り）の作り方と汁の記載があり、ワサビが登場する(16)。

　江戸時代の刺身とワサビの取り合わせについて、食物学の専門家である三雲泰子、石川寛子両氏による興味深い調査があるので紹介したい。『料理物語』『料理献立集』（1672）、『伊呂波包丁』（1773）に記載されている料理と使用される香辛料の関係を調べたところ、特に興味深いのが刺身であった。刺身に使う香辛食品の種類と出現割合は、江戸初期の料理本『料理物語』と『料理献立集』では10％台だったワサビが、江戸中期の『伊呂波包丁』では50％を超すほど多用されるようになった(17)。醤油が一般に用いられた1700年代、刺身に醤油が多く使用されるとともに、ワサビも増えたと考察している(17)。現在みられる刺身—ワサビ—醤油の取り合わせは、江戸時代中頃に始まったことになる（図2）。

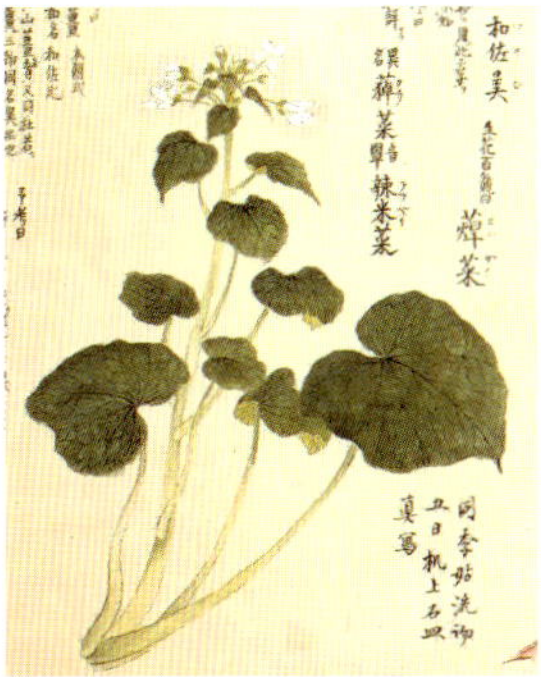

（図2）毛利梅園「和佐美」(24)

　江戸時代の後期、江戸の高名な料理屋「八百善」主人の著した『料理通四篇』（1822〜35年刊）は、大ベストセラーになった料理本（献立集）である。刺身にはわさび醤油、生酢わさびなども使われているが、辛子味噌、蓼《たで》みそ、煎り酒など多彩なものが添えられており(18)、江戸の食文化（高級料理屋？）の豊かさが感じられる。

わさび漬

　ワサビ田散策の最後は、「わさび漬」である。書物によると、平安朝の頃にすでにワサビの漬物が作られていたという。永観2（984）年に丹波康頼が著した『医心方《いしんぽう》』（わが国現存最古の医書）には、中国の食経を引用として、「山葵《さんき》味辛せい。にらぎ（楡の皮の粉末と塩で漬けた漬物）を作りて食らえば人を益す。あえものを作らば快味を為す。和名、和佐比」(19)とあり、ワサビの漬物が「健康に良い」ことが知られていた。ここに登場する「にらぎ」は平安時代頃までは作られていたが、今では忘れられ、復元も難しい幻の漬物である。酒粕で漬けたおなじみの「わさび漬」ではない。

安政6年頃の木版（豆州〈伊豆〉湯ヶ島）
（図3）山葵漬引札[25]

根茎・茎・葉
（写真19）わさび漬の原料

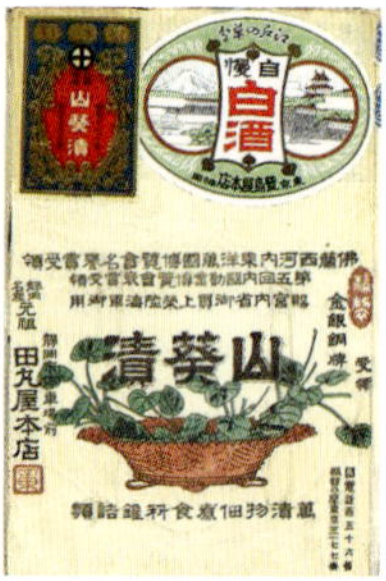

（図4）山葵漬缶詰のラベル[26]

（写真20）茎を刻む

ワサビの糠漬は昔から作られていたが、江戸時代中期の宝暦年間（1751～63）に駿府のワサビ商人、田尻屋利助が有東木村で作られていたものを改良し、粕漬のわさび漬（図3）を作ったところ評判になり[20]、東海道五十三次、駿府（現在の静岡市）の土産物としても有名になった。その後明治22（1889）年に東海道線静岡駅ができ、駅の構内で販売してからは、わさび漬の知名度は全国区になった[21]（図4）。

最近は家庭でわさび漬を作る人も増えているそうだ。私も奥多摩産のワサビの茎根、茎、葉（写真19）、福生市の蔵元の酒粕を使ってわさび漬を作った[22]。きれいに洗った茎を5㎜程の長さに刻み（写真20）、およそ3％の塩をまぶし一晩漬けこむ。茎や根茎と同量の酒粕に酒とみりんを加えてよく練って一晩おく。酒粕を練るのは力作業だ。はじめは手で捏ねていたが、なかなかはかどらないのでフードプロセッサーを使った。翌日塩漬した茎の水分をよく絞り、細かく刻んだ生の根茎と砂糖（水あめを使う方法もある）、酒粕を加えて練り合わせる（写真21）。生の根茎が入っているのでツンとくる強い刺激臭で涙がでてくる。十分に練ってから容器に密閉し保存する。1日おけば食べられるというのでさっそく翌日試食した。ワサビ特有のツンとする芳香がたりないように感じたので、生の根茎をもう1本追加した。できあがったわさび漬は穏やかな香りとシャキシャキ感、程よい塩気と粘りがあり、美味しかった（やや甘過ぎるとの批評あり）（写真22）。酒粕のせいか、ねっとりしたクリーミーな食感であった。一度では食べきれないので冷蔵庫に入れておいたところ、日がたつとやや辛味が増しうまみがでたような気がした。

ワサビを手に入れるには、都内では東京都中央卸売市場築地市場が最も近かった。12月上旬、築地市場に出かけた。鮮魚介類の取引高日本一の市場には、刺身に添える「つまもの」を取り扱う店も多く、つまもの専門店にはワサビが並んでいた（写真23）。この時期は中伊豆や御殿場産の入荷が多い。10cm程の小さなものはおよそ1年、15cm前後の大きいものは1年半から2年栽培したものだが、大きさは栽培期間だけではないそうだ。値段もそれなりに違うのでどれを選ぶか迷っていると、店の主人がさっと手頃なものを選んでくれた。

帰ってからさっそくワサビをおろした。ツンとくる香りがきつく、涙が出そうになった。私のワサビ丼は熱いご飯に削り節と海苔を載せ、その上にたっぷりのワサビを置き、ざくざくかき混ぜて食べるというシンプルなものだ。ざっくり混ぜて一口、ここでまた鼻にツンとくる辛味に一瞬涙がジンワリ。

幼い頃は「さび抜き」の寿司を食べていた子供も、成長するとワサビ入りの寿司を頼むようになる。ワサビを好むのは大人になった証拠だろうか。とすると日本人は江戸時代に「大人の味覚」に目覚めたのだろうか？今後日本人はどのような味との出会いがあるか楽しみである。

追記

平成28（2016）年に初稿を出版してから8年、国内の本わさびの生産量は減少の一途をたどっているという。特に水わさびは平成18年～09年の間に6割近く生産量が減少した（農林水産省「特用林産物生産統計調査」）。この原因としては、わさび農家の高齢化や後継者不足に加え、主要産地が地球温暖化などにより栽培環境が整わなくなった点などが考えられる。ワサビ好きとしては「ワサビに未来はあるのか？」と少し心細い。

（写真 21）酒粕と混ぜ合わせる

（写真22）わさび漬（自家製）

築地市場
（写真23）市販のワサビ根茎

謝辞
安曇野のワサビについて、お話を聞かせた頂いた松本一男様に感謝申し上げます。

訪れた所

・国分寺万葉植物園、真姿の池湧水群
・東京都立農業高校神代農場　調布市深大寺南町 4-16-23　見学可能な公開日はインターネットまたは電話で確認のこと（現在は月 2 回）。
・大丹波川のワサビ田　JR 青梅線川井駅から車でおよそ 20 分。
・東京都中央卸売市場筑地市場（現在は豊洲市場に移転：東京都江東区豊洲 6 丁目）

参考資料

(1) 菅　洋『有用植物』法政大学出版局（2004）
(2) 中村啓信 監修・訳注『風土記上より「播磨国風土記」』角川ソフィア文庫（2015）
(3) 山根京子『わさびの日本史』文一総合出版（2020）
(4)『中世台所事情―中世の街・鎌倉―』神奈川県立金沢文庫編集・発行（1991）
(5) 寺田良安 著、島田勇雄 他 訳注『和漢三才図絵』（東洋文庫 527）平凡社（1991）
(6) 宮尾茂雄「かてもの」New Food Industry vol.49（1）（2006）
(7) 石栗正人 絵と文『みちのく山形の植物入門』（2001）
(8) 高嶋四郎 他『標準原色図鑑全集 第 13 巻 有用植物』保育社（1983）
(9) 静岡わさび農業遺産推進協議会ホームページ「静岡水わさびの伝統栽培」事務局（静岡県経済産業部農業局農芸振興課）
(10) 小原善一「岩手県における林間畑わさびへの取り組み」（「特産種苗」第 20 号）（公財）日本特産農作物種苗協会（2015）
(11) 宮古市ホームページ「畑わさび栽培に興味のある方は連絡ください」川井わさび生産者振興協議会（更新日 2023 年 10 月 11 日）
(12) 伊藤勝人「長野県におけるワサビ振興」（「特産種苗」第 20 号）（公財）日本特産農作物種苗協会（2015）
(13) 宇留賀浜雄『穂高わさびの歴史と栽培・加工法』信州山葵農業協同組合（1977）
(14)『江戸・東京ゆかりの野菜と花』JA 東京中央会企画発行、農山漁村文化協会発売（1992）、『江戸・東京農業名所めぐり』同（2002）
(15) 奥多摩町ホームページ 広報おくたま「奥多摩わさび塾～「奥多摩わさび」の継承～」（2021 年 6 月号 No.810）
(16) 岩崎信也『江戸っ子はなぜ蕎麦なのか？』光文社（2007）
(17)『全集日本の食文化 第 5 巻』より三雲泰子、石川寛子「江戸料理本にみる香辛食品利用の調査研究」雄山閣（1998）、原著は山脇学園短期大学『紀要』第 24 号（1986）
(18) 平野雅章 編『日本料理秘伝集成 第六巻』より「江戸流行料理通全」同朋舎出版（1985）
(19) 粟島行春 訳註『医心方 食養編』東洋医学薬学古典研究会（1990）（川上行蔵『完本日本料理事物起源』岩波書店（2006）より引用）
(20) 小川敏男『漬物と日本人』NHK ブックス、日本放送出版協会（1996）
(21) 農山漁村文化協会 編『図解 漬け物お国めぐり 春夏編』農山漁村文化協会（2002）
(22) 柳原敏雄『漬けもの風土記 東日本編』中央公論社（1995）
(23) 寺島良安尚順 編『和漢三才図会 99 巻』（江戸時代）国立国会図書館デジタルコレクション
(24) 毛利梅園 書画『梅園草木花譜』国立国会図書館デジタルコレクション
(25) 東京大学 電子展示『捃拾帖』（拡張版）
(26) 第 5 回内国勧業博覧会（1903 年大阪）褒賞受領 萬漬物佃煮食材罐詰類 賜宮内省御買上栄陸海軍御用金銀銅牌受領 静岡名産 元祖 田丸屋本店、東京大学 電子展示『捃拾帖』〈拡張版〉

ミョウガ

奈良時代からある ミョウガの粕漬け

「今年の初採りですから」と、毎年7月下旬になるとミョウガをお隣の家から頂戴する。ミョウガは日当たりの良くない我が家の塀際にも群生しているが、何故かなかなか花穂が出てこない。水不足に猛暑とこの年も過酷な夏を迎えた。刻んだミョウガ、おろしショウガ、大葉を少々、それに削り節をたっぷりかける冷や奴が食欲のない夏場の好物だ。毎日のように豆腐を買いに行く家人は、「おたくのお父さん世話ないね」と近所の豆腐屋のおかみさんに言われるそうだ。今回はミョウガを巡る散歩に出かけたいと思う。

ミョウガ植物誌

ミョウガ（*Zingiber mioga* Roscoe）は、本州から沖縄まで自生するショウガ科ショウガ属の多年生植物である（**写真1**）。ショウガ科の植物は主として熱帯地方に約50属1200種が分布する[1]。ショウガ属の香辛料ショウガ（*Zingiber officinale*）は、熱帯アジア原産で広く国内でも栽培されている（**写真2**）。ショウガ科ハナミョウガ属の月桃《ゲットウ》（*Alpinia zerumbet*）は沖縄地方の代表的なハーブで、その葉で餅を包んで蒸した月桃餅は冬の寒さによる体力低下を防ぎ、邪気を追い払うといわれている（**写真3**）[2]。高菜漬のウコン塩やカレーパウダーに使われるウコン（Tur-meric ターメリック *Curcuma longa*）はショウガ科ウコン属の植物である（**写真4**）。いずれも土の中の「根茎」から茎が生え、地上に伸びて葉をつける。花は根茎から出る別の茎につくのが共通した特徴といわれ、薬用、香辛料、食用などに使われている[1]。ミョウガと名がつくヤブミョウガ（*Pollia japonica*）はツユクサ科ヤブ

若い茎と根茎、自宅８月
（写真１）ミョウガ

千葉県八街、９月
（写真２）ショウガ畑

沖縄県石垣島、３月
（写真３）月桃（ゲットウ）

ミョウガ属の多年草でミョウガとは縁がないが、これも日陰を好む多年草で、わが家の夏の常連である（写真5）。

ミョウガは中国の古い文献には記載があるが、現在は中国でも欧米でも栽培されておらず、日本独特の香辛野菜といわれている[3]。古い時代に中国から渡来し、野生化したもので[1]、蘘荷《メガ》（女我、芽香）→メウガ→ミョウガと発音が転じたものといわれている[4]。

軟化栽培した若茎「ミョウガタケ」（京都では京みょうが、桃山みょうが）が昔から珍重され、京都市伏見区桃山が発祥の地といわれる[5]。この地域は地下水が豊富で水温が年中15℃前後と冬でも暖かい。この湧水を迂回させて、ワラなどで屋根を作り、暗黒状態に置くとタケノコのようにニョキニョキと新しい芽が出るそうだ[5]。3～4月中旬になると京都市中央卸売市場では、長さ30㎝、太さ1～1・5㎝のものが出回る[6]。しかし、桃山では市街化が進み栽培戸数が減少しているので、京都産は少ない。東京では江戸から大正時代にかけて、新宿区早稲田周辺でミョウガがたくさん栽培され、薬味として愛用されてきた。早稲田ミョウガ（軟化ミョウガ）は根茎から発生する茎葉を軟化伸長させたもので、江戸職人ならではの芸術品といわれていた[7]（図1）。

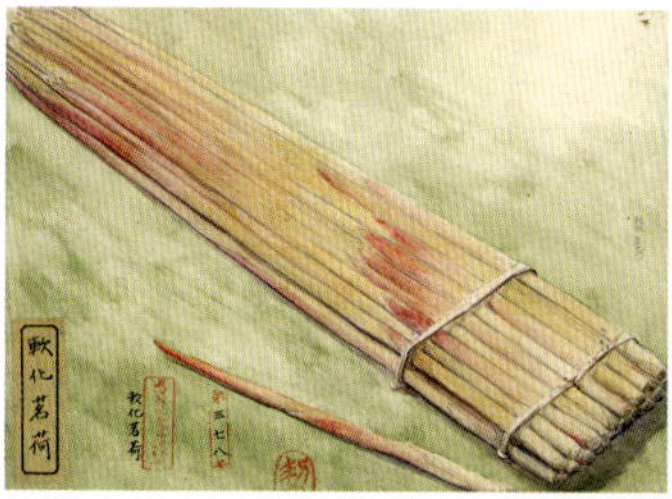

軟化ミョウガ（（公財）東京都農林水産振興財団所蔵）

（図1）早稲田ミョウガ

小石川植物園、9月

（写真4）ウコンの花

自宅、8月

（写真5）ヤブミョウガ

茨城県産8月

（写真6）ミョウガタケ

（写真7）ミョウガタケの甘酢漬

現在、東京中央卸売市場には宮城県産や茨城県産の入荷が多い（写真6）。白から紅色に染まる新芽のグラデーションが美しく香りもよく、酢の物などに使われる（写真7）。

通常、ミョウガといわれる茎の下に生える花穂は、6〜8月の夏ミョウガと8〜10月に出回る秋ミョウガがある。ミョウガの独特の香りの主成分は1,8シネオールとβピネンで(8)、香りと辛みは食欲増進効果があるといわれている。

ミョウガ探しの散歩

ミョウガ探しの散歩に出かけた。ミョウガは地上部が枯れる冬の間は、どこにあるかわからない。5月連休明けになると、筆竹のようなミョウガの新芽が落ち葉の間から顔を出す。そのころ自宅近くの神社で催される植木市では、ヒョロヒョロしたミョウガの新芽を「ミョウガタケ」といって10本くらい束ねて150円で売っていた。これは京都や仙台辺りで栽培される本格的な軟化栽培ではなく、堆肥をやや厚めに播いたミョウガ畑に生えた路地ものだそうだ。先端の緑色の部分を切り落とし、ひと皮剥くとやや色白のミョウガタケだ。

6月、入梅の頃に北鎌倉の明月院に行った。境内を埋めつくすアジサイは雨に濡れて風情があった。本堂の裏手、奥の院庭園は碧の谷戸に菖蒲田が華やかである。山からの湧水に沿ってミョウガの群落があり、寺院の庭園というよりも隠れ里のひっそりとした小庭という風情があり、素晴らしい（写真8）。近くにある海蔵寺の山門脇の竹林にもミョウガが下草のようにびっしり群生していた（写真9）。

7月になると、自宅や近所の庭先、道路際のミョウガがグングン伸び始め、早いところでは花穂をつけ始める。いわゆる「夏ミョウガ」で暑さの厳しい時期、ちょうど食欲の低下する頃に採れる。

10月下旬に高知市で伝統食品研究会があった。市内蓮池町通から高知城の天守閣（写真10）が見える追手門まで延びる追手筋では、毎週日曜に朝市（日の出から日没まで開催）が開かれる（写真11）。高知市公式ホームページによると、元禄3（1700）年以来、300年以上の

鎌倉、6月
（写真8）明月院奥の院のミョウガ

鎌倉、6月
（写真9）海蔵寺わきのミョウガ

（写真 10）高知城

（写真 11）高知市の朝市

高知市朝市
（写真 12）朝市の露店で並ぶ漬物

高知市朝市
（写真13）朝市で販売されていたミョウガ

歴史があるそうだ。花や植木、野菜や漬物（写真12）、金物類や骨董品など品揃いが豊富で見て歩くだけでも楽しい。採りたてのツヤツヤ輝くミョウガも並んでいた（写真13）。行儀よく形がそろっているのを見ると、専用の畑で栽培されたものかもしれない。

倉本さんのミョウガ

　7月下旬、杉並区久我山で農業を営む倉本守章さんを訪ねた。畑の南側には玉川上水が流れている（写真14）。倉本さんの話では、「ミョウガは山の陰、畑の隅、人家の裏など日当たりの悪いところに自然に群生している。5月頃地面《じづら》すれすれのところで切って「ミョウガタケ」として出荷する農家もある。落ち葉や堆肥などを寄せ、盛り土するところもあるが、他の地域のような軟化栽培はしていない。ミョウガはこの時期（7～8月上旬）だけの出荷なので、ホウレン草などのように何度も収穫できるものと違い、「都市農業」として考えると効率が悪い。フキも野フキで、梅の木の下に自然に生えているものを早春はフキノトウ、フキになるとキャラブキなどに使うので欲しいといわれ、出荷することもあるが、特別に栽培しているわけではない。」と話しておられた。

　倉本さんのミョウガは石灯籠の下や大きな石の陰で風のとおるところに群生していた（写真15）。週の初めに採ったので、今は花をつけたものがチラホラ顔を出しているだけだった。畑の東側にも群生していたが、日当たりが良すぎるせいか、ややまばらだった。

倉本さんは、機械の設計をされていたが、55歳で退職して農業を始めた。農家だったので、幼い頃は畑が遊び場だった。父親が農業をやっているのをいつも見ていたので自分にもできるだろうと思っていた。父親はオールド農業なので、自分は新しい方法も知りたいと、東京農業大学の専門コースで勉強されたとのことだ。

農業をやっていると3回楽しみがある。種が発芽するとき、大きく育って収穫するとき、食べたときに美味しいといってもらうとき、だという。毎年同じで良いと思ったら楽、少しでも改良したいと思うと大変でもあり、心の葛藤がある。杉並の農家では敷地面積が限られているので、次から次へといろいろな作物を栽培している。植え付けの時期が異なり、それぞれ肥料が違う場合もあり、手間がかかる。杉並の農家は庭先販売も多く、多品種の野菜を取り扱うのでまさに「八百屋」だ。

7月末になるとトマト、キュウリ、ズッキーニなどの夏野菜がそろそろ終わる。ナス、ツルナ、インゲン、モロヘイヤ、ピーマンなどは収穫の最盛期だ。その間にミョウガも出荷する。これから植えつけるブロッコリーやカリフラワーの苗を日陰で育て始める。八つ頭やサトイモが大きな葉を広げていた。近くの保育園児や小学生が見学に来るので野菜には名札を立てている（写真16）。種類も多く、サトイモやオクラの花が咲き、さながら野菜の植物園といったところだった。杉並で農業を続けられる楽しさと大変さを教えて頂いた。

ミョウガの漬物史

ミョウガの栽培の歴史は長いが、漬物としても古くから利用されていた。最も古い記録は長屋王家木簡に残る「醤津名我」である（図2）。長屋王（684？～729）は、壬申の乱（672）を勝利に導き天武天皇の即位に尽力した高市皇子《たけちのみこ》の息子にあたり平城京初期の有

玉川上水わきで
（写真 14）倉本さん（右）と一緒に

倉本さん宅、8月
（写真 15）石灯籠脇のミョウガ

見学に来る園児のために野菜に名札をつけた（倉本さん宅、8月）
（写真 16）倉本さんの畑

力者の一人であった。平城宮近くに広大な邸宅を構え権勢を誇っていたが、藤原氏との政権抗争に敗れて自害させられた（長屋王の乱）。昭和63（1988）年、邸宅跡の発掘調査により、3万5000点以上の木簡が発見された。「加須津毛瓜、醤津毛瓜、醤津名我、加須津韓奈須比」（瓜の粕漬、瓜の醤油漬、茗荷の醤油漬、茄子の粕漬）の4種類の漬物が進物として長屋王家に贈られたことを示す木簡（進上状）が出土し、これが漬物の存在を示す最初の記録とされている。

『正倉院文書』は、天平期を含む8世紀の神亀4（727）年から宝亀7（776）年までの約50年間にわたって作成された東大寺写経所の帳簿類である。『延喜式』は延喜5（901）年から延長5（927）年に編纂された平安時代初期の法典である。いずれも当時の食生活を知ることのできる大変貴重な資料で、ミョウガ漬の記載もある[(9)]。奈良～平安朝では醤漬、塩漬あるいは糟漬が作られていた。奈良時代、塩は貴重な食材で米1升よりも塩1升の方が高価であった。塩漬は冬の生菜不足に対処するための保存食の役割を果していたといわれている[(10)]。

ミョウガの甘酢漬は、文献的には『庭訓往来』（1350年頃）に「茗荷酢漬」とあり、酢漬けとしては最も古いもの

「醤津名我」
出典：奈良文化財研究所所蔵
（図２）長屋王家木簡

出典：『和漢三才図会』巻九十四湿草類［72］江戸時代（国立国会図書館所蔵）
（図３）蘘荷

（表１）奈良朝、平安朝および江戸時代のミョウガの漬物

文献	材料の名称		材料の量			漬け方
			菜	塩	その他の材料	
長屋王家木簡	ミョウガ	名我	不明	不明	不　明	醤漬
正倉院文書（奈良朝）	ミョウガ	蘘荷	３斗	３升	不　明	塩漬または糟漬？
延喜式（平安朝）	ミョウガ	蘘荷	６斗	６升	汁糟２斗４升	糟汁を加えた塩漬？
漬物塩嘉言（江戸時代）	ミョウガタケ	茗荷茸	不明	不明	生姜、蓼、紫蘇、青柚、未熟の実 山椒、蕃椒、唐辛子	百味加薬漬（塩漬して貯蔵）
漬物塩嘉言（江戸時代）	ミョウガ	茗荷の子	不明	不明	干し大根、昆布、生姜、 塩押茄子、つと麩（ちくわ麩より柔らかい生麩） 梅干等	阿茶蘭漬（あちゃらづけ） 酒、醤油、梅酢による 当座漬（浅漬）

だ[11]。江戸時代になると料理本が登場する。天保7（1836）年漬物問屋小田原屋主人が著した『漬物塩嘉言』は漬物の指南書で、ミョウガの漬物が二品紹介されている[12]。ショウガ、ミョウガタケ、タデなどの薬味を塩漬けにして保存しておくと、生の材料がないときに間に合わせになる（百味加菜漬）。各種材料と混ぜ、干大根、ショウガ、ミョウガ、レンコン、ウドなどの季節の品を加えて醤油、梅酢、唐辛子などに漬けこんだ「阿茶蘭漬」は惣菜にもなる。ミョウガ入りの漬物を表1にまとめた。

昭和初期の家庭漬には、梅酢漬（白梅酢）、紅漬（赤梅酢に2～3カ月漬け込む）、糟漬、芥子漬、糠味噌漬などがある[13]。『和漢三才図会』によるとミョウガの絞り汁は目薬に利用されていたようだが、これは刺激が強すぎるのではないかと思われた。人家に植えて蛇除けにすることもある[14]（図3）。いずれにしても昔も今も人家のそばにミョウガ在りということだ。

茨城県下妻市産
（写真17）ミョウガ

（写真18）ミョウガ甘酢漬

ミョウガの甘酢漬

7月も終わりの頃、茨城の親類からミョウガが届いた（写真17）。そこで早速ミョウガの甘酢漬を作ることにした。軽く水で洗った後、ミョウガを縦に半割にするとミョウガ特有の香りが漂ってくる。塩を振り、さらに塩水を加えて一晩下漬けする。

翌日、ミョウガを軽くしぼったところにリンゴ酢、砂糖、水を合わせ、一煮立ちさせて冷やした甘酢を加える。甘酢を加えたミョウガを冷蔵庫で数日漬け込むとうっすらと桜色を帯びたミョウガの甘酢漬ができあがる（写真18）。さわやかな香りとさっぱりした味は食欲のない盛夏向きの漬物である。

茗荷宿

「ミョウガを食べ過ぎると物忘れする（茗荷ぼけ）」と昔からよくいわれている。周防の国の民話（現在の山口県吉敷郡）に「茗荷の宿」という話がある[15]。

『昔、欲の深い夫婦が宿屋を営んでいた。あるとき身なりの良い客人が泊まった。うんと儲かる方法はないかと算段し、「茗荷をえっと（たくさん）食べると、物忘れするようになるちゅうことじゃから、茗荷の料理一本槍で、客人が持っちょる胴巻きまで忘れさせることにすりゃええじゃないかいの」と、ちょうど出盛りの茗荷の子を畑の隅から採って茗荷料理の支度にかかった。暑気払いの料理「茗荷の重喰《かさねぐ》い」と称して「茗荷の串焼き、酢のもの、煮付け、茗荷汁、茗荷飯と茗荷料理のフルコース」を用意した。翌日出発した後の部屋を調べると胴巻どころか何も忘れ物がない。そんなはずはないと宿屋の夫婦と番頭は大騒ぎ。「しもうた。こりゃ大事じゃ（大変なこと）。あんまり茗荷を食べさせたんで、客人たちは宿賃はらうのを忘れて行ってしもうたわい。」』

ということで宿屋の夫婦は宿賃をもらい損ねてしまう。

東京暮らしの中で、庭に自生する茗荷を採って料理に使う。私の住む阿佐ヶ谷～荻窪界隈は、昔は畑地であり、関東大震災の後に被災した方が都心から移り住み、住宅地へと少しずつ変わったと祖母が話していた。我が家も昭和初期に引っ越してきたそうだ。大規模な宅地開発ではないので、庭の土は、昔、畑だった頃の記録を宿している。その証拠が植えたわけでもないのに、ニョキニョキ生えてくるミョウガのような気がして、何故か愛おしく思えてくる。

謝 辞

いつも杉並野菜のお話を聞かせて頂き、今回は特にミョウガのお話を聞かせて下さった倉本守章様に感謝申し上げます。

訪れた所

・東京薬科大学薬用植物園　東京都八王子市堀之内 1432-1
・沖縄県石垣島
・東京大学大学院理学系研究科小石川植物園　東京都文京区白山３－７－１
・明月院　神奈川県鎌倉市山ノ内 189
・海蔵寺　神奈川県鎌倉市扇ガ谷 4-18-8
・高知市日曜朝市（追手筋）　高知駅下車、徒歩
・倉本農場　京王井の頭線久我山駅下車、徒歩

参考資料

(1) 大橋広好 他 編『日本の野生植物１』平凡社（2015）
(2) 宮尾茂雄「伝える心・伝えられたもの―月桃―」*New Food Industry* 58（2）（2016）
(3) 高嶋四郎 他『標準原色図鑑全集第 13 巻 有用植物』保育社（1983）
(4) 渡辺　正「延喜式の漬物」日本風俗史学会会誌８巻１号 p.38 ～ 45（1968）
(5) 田中大三『京都の伝統野菜』誠文堂新光堂（1991）
(6) 田中耕造『京都市場長のおいしい内緒話 誰も教えてくれなかった京野菜と魚の常識』講談社（2004）
(7) (公財) 東京都農林水産振興財団ホームページ 農林豆知識「細密画」
(8) 富高弥一平『やさいの本　日本の香辛野菜』誠文堂新光社（1990）
(9) 青葉　高『野菜の日本史』八坂書房（1991）
(10) 関根真隆『奈良朝食生活の研究』吉川弘文館（1969）
(11) 川上行蔵 著、小出昌洋 編『日本料理事物起源』岩波書店（2006）
(12) 江原絢子 訳 解題『漬物塩嘉言』『日本農業全書 52　農産加工３』農山漁村文化協会（1998）
(13) 編輯者東光書院編輯部『家庭漬物の漬け方辞典』東光書院（1934）
(14) 寺田良安 著、島田勇雄 他 訳注『和漢三才図会 16』（東洋文庫 527）平凡社（1991）
(15) 松岡利夫 編集『日本の民話 46　周防・長門の民話第二集』未来社（1969）

チョロギ

お正月には欠かせない チョロギ漬け

大学の授業は講義と実習の繰り返しで、それに自分の研究が加わると帰りも遅くなる。冬休みに入り、恒例の大掃除の手伝いや金団《きんとん》用のサツマイモの裏ごしなどを手伝っているうちにお正月になった。

お節料理の主役は黒豆だ。弱火でじっくり煮るので、台所のコンロを長い時間独占する。小鉢に盛られ、色鮮やかなトッピング、チョロギを載せると仕上がりだ。お節には縁起物の「チョロギ」が欠かせない[1]。チョロギを俵に見立て縁起をかついだともいわれている[2]。黒豆とチョロギの出会いはいつ頃だったのだろう。今回はチョロギを巡る散歩に出かけたいと思う。

チョロギとの出会い

２０１６（平成28）年6月、東京薬科大学で薬用植物園を担当されている三宅克典先生の「樹皮を用いる薬用植物」と題した公開講座と植物園の見学会があった。私は以前から「にらぎ」と呼ばれる楡《ニレ》の樹皮の粉を利用した古代の漬物に関心をもっている。「にらぎ」は『延喜式』などに登場するが、実態がつかめず、長年の難しい宿題のようにいつも頭を離れない。講演は樹皮の生薬としての利用が主であったが、北米のニレ（*Ulmus rubra*）の樹皮には粘液が多く消炎作用があり、消化管粘膜の炎症や潰瘍を鎮める効果があるという貴重なお話を伺った。

多摩丘陵の起伏を活かした広大な園内（写真1）には、生薬の原料となる貴重な植物が栽培されていた。甘草《かんぞう》は生薬と

（写真１）東京薬科大学薬用植物園

写真１と同

（写真２）ウラルカンゾウ

Stachys affinis、写真１と同

（写真３）チョロギと説明板

しても幅広く使われているが、甘味料としても食品加工に利用されている。国内での栽培が難しく、中国などからの輸入も円滑にはいかず、原料の確保が問題になっている（写真２）[3]。説明板もあり（写真３）、学生や先生方がわかりやすく解説してくださるので、日頃知らないことの多い薬用植物への関心が一気に沸いた（写真４）。わが家にあるユキノシタ、ツワブキ、ドクダミ、オオバコやヨモギなどにも薬効があることを知り興味深かった。大学からお土産に「チョロギ」の苗を頂いた。秋には芋虫のような「チョロギ」ができるだろうか。それを楽しみに、さっそく庭に植えた。

写真１と同
（写真４）薬草の説明を受ける

　植物園には、チョロギの仲間がもう１つあった。「ワタチョロギ（*Stachys byzantina*）」はヨーロッパ原産のハーブで、全体が柔らかい毛で覆われフワフワした感触から「羊の耳」ラムズイヤー（Lamb's ears）と呼ばれている[4]。ちょうど赤紫色の小さな花が咲きかわいらしい（写真５）。民間薬として新鮮な葉をけがや虫に刺されたときの湿布として利用していたそうだ。

Stachys byzantina、写真１と同
（写真５）ワタチョロギ

チョロギの生物史

　チョロギ（*Stachys affinis*）は、シソ科多年生植物で、英名Chinese artichokeと呼ばれている。アジア原産あるいは中国原産とされ、地下の根の先端にできる３cm程のくびれのある塊茎を食用とする（写真６）。塊茎はデンプンを含まずスタキオース（スタキオースは天然に存在する非還元性のオリゴ糖で２分子のガラクトース、１分子のフルクトースとグルコースが連なった四糖類）が含まれ、消化に良いといわれている。

12月
（写真６）チョロギ塊茎

　ヨーロッパには19世紀頃に持ち込まれた。生で食べたり、茹でたり、蒸したり、刻んでガーリックバターで炒めて食べられているが、現在「美食家の最高のごちそう」とまで称賛されている。ただし、イギリスではマーケットや園芸店では買うことが

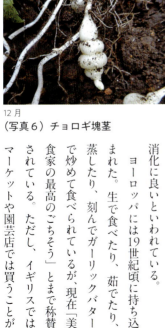

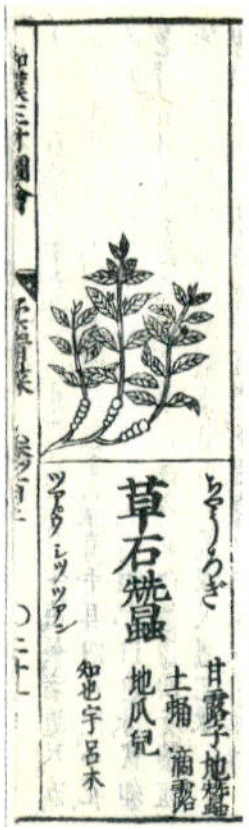

（図1）草石蠶（ちょうろぎ）(18)

できないので、「美味しいチョロギを手に入れたいなら、自分で育てるのが一番」だそうだ(5)。

チョロギは風邪や咳止めに用いられたようだ。江戸時代の百科全書、『和漢三才図会』（1712）では、草石蠶《ちょうろぎ》は、甘露子、地蠶、土蛹、滴露、地瓜児などとも呼ばれ(6)、「草石蠶は野中に生えるが、また栽培もする。（略）塩水に入れておくと黒くならない。醤漬や蜜蔵にするとよく、蔬菜にもなり、果《くだもの》に充てることもできる。」（図1）。薬効は、根を搗いて粉末にして酒で服用すると「五臓を和やかにし、気を下し精神を清らかにする。（略）思うに、草石蠶は近年見られるようになった。」とあることから、日本には江戸時代に持ち込まれたものなのだろうか。

植物学者の青葉高によると、16世紀頃に渡来した野菜にチョロギの名前があるという。実物が日本に持ち込まれたのはそれより後のことで、『農業全書』（1697）では山野菜の一つとして、飢餓を助ける糧《かて》になると栽培を勧めている(7)。

チョロギは「甘露子」「千代老木」「長老芋」と呼ばれることからもわかるように、昔から縁起のよい植物とされてきた(8)。大分県の竹田地方では1600年代から各家庭で栽培され、お祝いの料理やお茶うけに重宝がられているそうだ。韓国語の「チョロンイ（ミミズの意）」から転じて「チョロギ」と呼ぶようになったともいわれている(8)。

竹田地方を治めていた岡藩（初代城主中川秀成は文禄3（1594）年に6万6000石で岡城に入封。藩は慶長5（1600）年、関ヶ原の戦いで東軍に属したため徳川家康より所領を安堵され、廃藩置県（1871）まで存続した。チョロギは、豊臣秀吉の朝鮮出兵（文禄・慶長の役）（1592〜93、1597〜98）に加わったときに朝鮮から持ち帰ったといわれている。JAおおいた管内の竹田市農協（現在は竹田市豊肥事業部）は昭和45（1970）年から梅酢漬を「長老喜」という商標で特産物として売り出し、今につながる大ヒット商品となっている(8)。

現在チョロギは、北海道、大分県や東北地方などで栽培され、11〜12月に収穫されてお正月用に加工されている。漬物以外の用途も広がり、竹田市の小学校では平成19（2007）年からチョロギの栽培を始め、収穫してフライや吸い物などに調理する食育活動に取り組んでいる。農林水産省の地産地消給食等メニューコンテスト審査委員特別賞の「味彩弁当」には、チョロギの甘酢漬が使われていた（農水省ホームページ）。伝統野菜やブランド野菜として注目されている。

成都のチョロギ

「チョロギ」は中国では、「草石蚕、甘露児、地蚕、宝塔菜、螺螄菜《らし》」などと呼ばれる(9)。宝塔菜とは、寺社の宝塔に形が似ていることによるそうだ。何年か前に訪れた北京の天壇《てんだん》公園にある祈年殿に、確かに似ている（写真7）。祈年殿は明~清の時代、皇帝が年始に天を祀り、五穀豊穣を祈った祭壇である。現在の建物は火災で焼失後、1896年に再建された。

「チョロギ」は古くから中国全土で栽培されている。生産量は少ないが、形状が珍奇でかわいいので好まれ、煮食、炒食や漬物、特に泡菜《パオツァイ》に使われている(10)。

私は毎年9月に四川省成都にある四川大学食品系科学院で特別講義を行っている。四川大学は学生数およそ5万人、教員5千人というマンモス大学で、中国全土から学生が集まり、構内にある学生寮で生活し、勉学に励んでいる。休み時間には図書館近くにある庭園のベンチで読書にふける姿をよく見かけた（写真8）。

中国の「チョロギ」は日本のものより大きなものもあり、大人の小指程のものもあった（写真9）。くびれの数は多いもので5~6環、少ないもので3~4環が良質とされている。成都の食堂ではチョロギの泡菜（漬物）がテーブルの上に大きなガラスの器に入れて置かれていた（写真10）。スーパーマーケットでは、チョロギや山椒などを混ぜた泡菜が専用容器に入れた状態で売られていた（写真11）。泡菜は中国特有の発酵漬物で四川省眉

中国北京市、天壇公園
（写真７）祈年殿

中国四川省成都市
（写真８）四川大学構内庭園

中国湖北省産
（写真９）チョロギ塊茎

食堂、中国四川省成都市
（写真10）チョロギの泡菜

山市が本場である。泡菜は、専用の壺（泡菜壺）に香辛料（生姜、唐辛子、花山椒など）と野菜、食塩水を入れて乳酸発酵させた漬物である。家庭でも作られているが、消費量が多く漬物工場でも大量に生産されている。私が訪れた工場には品質管理部門があり（写真12）、品質チェックと衛生管理が行われていた。製造室には泡菜壺（写真13）が、何百と並び壮観であった（写真14）。チョロギの泡菜は乳酸発酵しているので、やや酸味があり、シャキッとした食感をともない美味しい。チョロギの味噌漬（醤宝塔菜）は揚州の代表的な漬物で、歯切れの良さとさっぱりした味に人気があるが、患者さんの食欲を促すとして病人食としても親しまれている[10]。

野菜市場、中国四川省成都市
（写真 11）泡菜の瓶詰

泡菜工場、中国四川省成都市郊外
（写真 12）品質管理部門

写真 12 と同
（写真 13）外気と遮断するため水盤に水をはった泡菜壺

写真 12 と同
（写真 14）泡菜壺が並ぶ製造室

お節料理、黒豆の大黒煮とチョロギ

「お節」という言葉を調べると、言海では「御節（御節供）」は正月及び五節句などの節目に特に用いる飯菜《はんさい》の名でごぼう、蓮根、芋、ニンジン、くわい、その他その時々の供えを雑して煮る」[11]、広辞苑では「正月や節句のごちそうに用いる煮しめ料理」[12]とある。お節料理には新しい一年の健康と幸せを願う気持ちが込められている。田作りは「お米が豊作であるように」、昆布巻きは「よろこんぶ」、黒豆は「まめでおたっしゃに」（まめに元気に働けるように）と教えてくれた祖母は、黒豆を煮るときには台所のガス台を使わず、板の間に七輪を出して、底がやや丸いアルマイトの鍋を使って炭火でじっくり煮ていた。

藤原俊成、定家を遠祖とする和歌の家、京都冷泉家のお正月の祝膳には「ごまめ、かずの子、たたきごぼう、黒豆、くわい」が盛られていたという[13]。明治42（1909）年発行の料理本にも、1月1日の献立として「黒豆とごぼう、氷こんにゃくを一緒に鍋に入れて柔らかくなるまで煮て、醤油と砂糖を加え、豆にツヤがでるまで煮込む煮豆」の紹介があり、庶民の家庭でもお節料理に黒豆が作られていた[14]（図2）。昭和7（1932）年発行の女性誌には黒豆の大黒煮に「東京ならばこれに「ちょろけ」、凍り蒟蒻の賽《さい》の目切り勝栗等を混ぜるのを習慣としている。[15]」と「ちょろぎ」が登場する。いっぽう戦前でも黒豆だけは晦日、大晦日に重箱をさげて漬物屋（戦前は煮豆なども商っていた）に買いに行ったという話もある[16]。ちょっと贅沢に老舗の味を楽しんだのかもしれない。黒豆には紅や白のチョロギがのっていたそうだ。いつの頃のことかはっきりわからないが、昭和初期にはおめでたい食材として黒豆と共にチョロギを盛り付ける現在の風習が定着していたようだ。

素人料理年中惣菜の仕方、口絵
（図２）お正月の祝膳[19]

８月、自宅
（写真 15）元気に育つチョロギ

11 月、自宅
（写真16）５㎜程に膨らんだチョロギ塊茎

11 月、自宅
（写真 17）チョロギを掘り出す

チョロギを育てる

6月に東京薬科大学からチョロギを頂いたときは10cm足らずの苗だった。半日蔭の乾燥しない場所を好むとあり[8]、我が家に向いていたようで順調に生長した（写真15）。背丈は30cm程度で、直立するというよりはやや匍匐《ほふく》しているようにみえた。

7～9月頃には淡紅紫色の穂状の花が咲くとあるが、青紫蘇が赤紫の花をつける頃になっても、花は咲かなかった。地下に塊茎ができているか心配になり、11月半ば浅く地面を掘ってみたところ、5㎜位の小さな艶やかな真珠のような輝きを持った粒が見えたので（写真16）、安心して埋め直した。12月半ば過ぎ、葉がやや黄色く枯れ始めたので、思い切って掘り出した。地下茎にいくつもの白い塊茎が数珠球のようにぶら下がっているのを見たときは、うれしかった（写真17）。5㎜弱の小粒から2cm程までバラバラだったが、3株合計すると170粒の塊茎が得られた（写真18）。掘りあげた塊茎はすぐ水洗いした方が変色を防ぐというので水洗いし、くびれ部分は歯ブラシでこすって土を落とした（写真19）。

11月、自宅
（写真 18）収穫したチョロギ塊茎

ブラシで水洗いし、ピカピカに輝く
（写真 19）塊茎

チョロギを漬ける

収穫したチョロギは水洗した後、30秒ほど沸騰水中で湯通しを行った。その後、冷水に浸し水切りした後、あらかじめ作っておいた甘酢に漬けた。チョロギ10kgに対して梅酢9リットルを使うのが一般的と書いてあったが[8]、手元にある梅酢では足りず、残念ながら赤くは染まらなかった。梅酢を加えて2、3か月冷暗所に置いて漬けるチョロギの紅漬《べにづけ》が一般的なようだ[17]。黒豆に赤いチョロギのトッピングという当初の目的は果たせなかったが、白いチョロギも黒豆とのコントラストが良くきれいにみえた。梅酢の香りとコリコリ感があり、甘い黒豆とさっぱりしたチョロギは相性がよく、美味しく仕上がった（写真20）。

酢漬
（写真 20）黒豆とチョロギ

9月、自宅
（写真 21）チョロギの花

子供の頃から「チョロギ」という言葉には不思議な響きを感じていた。甘い黒豆はちょっと苦手だったが、酸っぱくコリコリした食感のチョロギだけは摘んで食べていた。お節料理は新しい年への期待、五穀豊穣や幸せへの祈り、健康への願いなどが込められている。

ほんの小さなことだが、庭にチョロギを植えたことで、作物が育ち、収穫し、食べられることの嬉しさとありがたさを感じた。それ以来、チョロギは取りこぼした塊茎から春には新たな芽を出し、花が咲き（写真21）、巻貝のような塊茎をプレゼントしてくれるようになった。梅干し作りのおかげで梅酢もたっぷりあるので、2~3か月漬けて「紅漬」もできるようになった（写真22）。

縁起物チョロギ（長老喜）に込められた願いのように平和な世の中が永く続くことを願っている。

（写真 22）チョロギの紅漬

訪れた所

・東京薬科大学薬用植物園　八王子市堀之内 1432-1、植物園開園は原則平日月曜～土曜日
・中国北京市天壇公園
・四川大学　中国四川省成都市
・成都市郊外の漬物（泡菜）工場

参考資料

(1) 菅　洋『有用植物　ものと人間の文化史 119』法政大学出版局（2004）
(2) 能戸忠夫『たべもの植物記』山と渓谷社（2008）
(3) 宮尾茂雄「伝える心・伝えられたもの―甘草屋敷―」*New Food Industry* 48（9）（2006）
(4) 主婦の友社 編著『最新芝生＆グランドカバー』主婦の友社（2011）
(5) サイモン・アケロイド 著、内田智穂子 訳『ボタニカルイラストで見る野菜の歴史百科』原書房（2015）
(6) 寺島良安 著、島田勇雄 他 訳注『和漢三才図会 18』（東洋文庫 532）平凡社（1991）
(7) 青葉　高『野菜の日本史』八坂書房（1991）
(8) 農耕と園芸編集部『祝い事に使う珍草 チョロギ、ふるさとの野菜―日本野菜誌―』誠文堂新光社（1979）
(9) 宮尾茂雄 監訳『中国漬物大事典』幸書房（2005）
(10) 田中静一 他 編著『中国食品事典』書籍文物流通会（1970）
(11) 大槻文彦『言海』六合館（1927）
(12) 新村　出 編『広辞苑第六版』岩波書店（2008）
(13) 冷泉貴実子『冷泉家の年中行事と食生活』（全集日本の食文化第 12 巻）雄山閣（1999）
(14) 安西古満子『四季毎日三食料理法春の部』博文館（1909）
(15) 婦女界新年号附録『日本料理、西洋料理、支那料理お正月の料理集』婦女界社（1932）
(16) 白川　晃『ちょろぎ』帖面舎（1973）
(17) 東光書院編集部『家庭漬物の漬方辞典』東光書院（1934）
(18) 寺島良安尚順 編『和漢三才図会 105 巻中 79 巻』江戸時代、国立国会図書館デジタルコレクション
(19) 花の屋胡蝶 著『素人料理年中惣菜の仕方』（11 版）静観堂（1894）

中国宋代の漬物

東京夢華録《とうけいむかろく》にみる中国宋代の漬物

連日の猛暑もいつの間にか和らぎ、やや甲高いセミの声に代わり秋の虫の涼やかな合唱が響くようになった。

そんな中で、一冊の本と出会った。宋の時代（北宋〈960～1127〉、南宋〈1127～1279〉）の書物『東京夢華録《とうけいむかろく》』（1147年頃）である[1][2]。これは、北宋の官吏だった孟《もう》元老《げんろう》（生没不詳）が「北宋時代、12世紀初頭の古き良き都、東京《とうけい》を懐かしく思い」著したものだ。東京《とうけい》とは、北宋の首都「汴京《べんけい》（現在の河北省開封市）」のことをいう。

『東京夢華録』の一節に酒楼（酒店）の記述がある。当時、街の中心部を流れる運河の一つ汴河《べんが》に架かる州橋のたもとには、張家という有名な酒店が二軒あり、「炭張家」「乳酪張家」と呼ばれていた。そこでは「亦不賣下酒、唯以好淹藏菜蔬、買一色好酒（酒の肴も売らず、ただ気の利いた野菜の漬物だけを突き出しに、好い酒一色を売った）」とある[2]。机上にはどんな漬物が並んでいたのだろうか。今回の漬物散歩は、およそ900年前の北宋の都「東京（汴京）」を訪ねてみたいと思う。

寛平6（894）年に遣唐使が廃止されて以来、日本と中国の正式な外交は途絶えていた。しかし、瀬戸内や九州の豪族たちは密かに宋と交易し、「唐物」とよばれる陶磁器、香料、書籍や銅銭などを輸入し、日本からは金、水銀、米、刀剣、漆器などを輸出することで利益を得ていた[3]。平忠盛（1096～1153年）、清盛（1118～81）親子も宋との貿易に積極的に関わり、莫大な財産を築いた。その経済力を背景に「この一門にあらざらん人は、みな人非人なるべし（平家の一族でない者は、人間ではない）。」[3]と栄華を誇ったと『平家物語』にある。しかし、一時期絶大な権勢をふるった平家は、文治元（1185）年に壇ノ浦の戦いに敗れて滅亡し、建久3（1192）年には源頼朝（1147～99年）が征夷大将軍になり、新しい武士の時代が始まった。

宋と日本

北宋時代（960～1127）の167年間におよそ70回、宋船の日本への来航があったと記録されている[4]。さらに、南宋時代（1127～1279）になると、南宋の都、臨安（現在の浙江省杭州市）は、江南大運河の終点（起点）に位置し、西は西湖《せいこ》（**写真1**）、東は銭塘江《せんとうこう》から杭州湾（東シナ海）につながる物資流通の拠点であり、日本との交易も活発に行われていた。

　京都で最も古い禅寺、建仁寺（写真2）の開山である栄西（1141〜1215）などの僧が中国（南宋）に渡り、また、鎌倉建長寺（写真3〜5）の開山である蘭渓道隆《らんけいどうりゅう》（大覚禅師）（1213〜78）など中国僧の日本への帰化もあった。鎌倉の寿福寺（亀谷山寿福金剛禅寺）は、栄西を開山として1200年に創建された。鎌倉幕府三代将軍、源実朝（1192〜1219）もたびたび訪れ（写真6）、栄西に仏法を学んだという[5]。実朝には宋への強い憧れがあったと伝えられている[5]。中国に渡るための唐船を鎌倉の由比ガ浜で建造させたが、ついに浮かぶことなく沈没し、宋に渡る夢は果たせなかった。数年後には暗殺され、27歳という短い生涯を閉じた。寿福寺には実朝と母北条政子の墓と伝えられる五輪塔（供養塔）がまつられている。

　栄西は宋から茶の種子を持ち帰り、国内で茶樹の栽培を始め、『喫茶養生記』を著し、茶の効用を広めたことで「茶の中興の祖」といわれている（写真7）。実朝に茶をすすめ、二日酔いを醒ましたという逸話ものこっている[5]。

　禅宗の影響により日本の食文化にも変化がみられた。食を修行の一つとする禅の教えから、修行僧の朝食は「粥と大根漬けと梅干し」といわれた。梅干しが食膳に登場する最も古い記録は、鎌倉時代のものである[6]。梅酢などを利用した酢漬類などもこの頃から作られるようになった。製塩、味噌造りなどが本格化し、「みそうす」（味噌水）なども食されるようになった。塩納豆（唐納豆）や麩など

雷峰塔（らいほうとう）は975年建造の仏塔、1924年倒壊後2002年再建）（中国浙江省杭州市）
（写真1）西湖と湖の向う岸の雷峰塔

京都市
（写真2）建仁寺三門

鎌倉市
（写真3）建長寺三門

1255年鋳造（建長寺）
（写真4）梵鐘

大豆加工食品も禅宗の伝来とともに伝えられた[7]。

宋の時代は中国食文化史における大変革の時代でもあった。土地の開墾と生産技術の発達により農業生産力が拡大し、食生活は急速に豊かになり、現代の形に近くなる。都市には人口が集中し、貨幣経済が発展した。宋銭は鎌倉時代、日本国内でも流通していた。宋代に出版された代表的な料理本は10種類以上あり、その中の『居家必用事類全集』[8]『東京夢華録』[1][2]『夢梁録』『武林旧事』などにはおよそ400種の料理や食品に関する記載がある[4]。

北宋の首都、東京《とうけい》

12世紀の初め頃、北宋後期の「東京」の繁栄と人々の暮らしを描いた風俗画に『清明上河図』[9]がある。北宋の宮廷画家張擇端《ちょうたくたん》の作品で全長5m、幅24cmほどの画面には、荷を運ぶ人、船を操る人、橋の上から船の航行を見物する人、商人、街門でなにやら話をする人など700人あまりといわれる登場人物が生き生きと描写され、徽《き》宗皇帝に献上された。現在は北京故宮博物館の所蔵で中国の神品と

前栽は宋代の前庭様式を踏襲（建長寺）
（写真５）仏殿前の前栽と柏槇の古木

惣門（外門）(鎌倉市)
（写真６）亀谷山寿福金剛禅寺

平成３年植樹（建仁寺）
（写真７）平成の茶苑

中国陝西省西安
（写真８）西安古城壁

シルクロード東の起点といわれた（写真８と同）
（写真９）西門（安定門）

汴河を往来する船と船着き場での荷下ろし（左）、アーチ型の木造橋（アーチ状から虹橋と呼ばれた）

（図１）州橋[15]

城門から市街地に続くメイン道路（御街）、白袋を担いだ馬かロバの隊列が通る

（図２）城内[15]

御街の両側に商店が続く、店の裏には青い太湖石を置いた広い庭園のお屋敷（酒店？貴族の邸宅？）がある。２階建ての客間には人々が集う

（図３）酒店[15]

中央に書物を積んだ本屋、隣は衣服や反物を扱う呉服屋か。傘売りの姿もある

（図４）繁華街の商店[15]

され、めったに公開されることがない。平成24（2012）年1月に東京国立博物館で展示され、連日超満員の盛況だったそうだ。残念ながら私は実物を見ていないが、図説を眺めているだけでも楽しい[9]。東京国立博物館のホームページには『清明上河図』の一部が親しみやすい解説とともに載っている[10]。

当時は徽宗皇帝（在位1100～25）の時代で、東京はおよそ120万人が暮らす世界有数の商業都市であった[11]。唐の時代の長安と同じような城郭都市であり、二重の城壁の内側に宮城があった。写真は数年前に著者が訪れた西安（かっての唐の都、長安）に残る西安古城壁と城門である（写真8、9）。現存する中国最古の城壁といわれ、明の時代（1368～1644）に8年がかりで造られたものだ。外周およそ13㎞、高さは12ｍ、城壁の上部は幅が15ｍほどある。城壁の上を人が歩くことができ、レンタサイクルで一周する観光客もいた。

西安の城門（楼閣）は開口部が円形のアーチ状だが、北宋の張択端が描いた『清明上河図』では街への入口である城門（城楼、内城）の開口部は台形で、宋代までの城門の特徴だという[9]。『東京夢華録』によると、東京は、朱雀門から宮城に向けて一直線に延びる幅200歩あまり、長さ300ｍの御街《ぎょがい》（天子のお通りになる大通り）には、中央に蓮のある掘割、岸辺にはモモ、スモモ、ナシ、アンズが植えられ、春から夏にかけて色鮮やかな

刺繍のようであったという(2)。

私が現在見ている図1から図4は、張択端の作品を祖本として明代に描かれた『清明上河図巻』（東京国立博物館所蔵）である(12)。明から清の時代には、張擇端『清明上河図』の模本が数多く制作され市場に出回った。しかし、宋というよりも明や清の時代の生活風俗を反映したものという(9)(12)。

『清明上河図巻』（東京国立博物館所蔵）には都の運河には荷物を積んだ船が往き来し、船着き場で積荷を下している（図1）。大きな木造アーチ型の橋（虹橋）の上には屋根付きの店や露店が軒を広げ、買い物客や通行人で賑わっている。城門（楼門）をくぐると周辺の農村から運びこまれる米や野菜、燃料（木炭）を積んだ馬またはロバの隊列や人々で道は常にあふれている(9)（図2）。御街には商店が広がり、店の奥には大きな青白い太《たい》湖石《こせき》（中国の蘇州、太湖周辺から切り出された穴の多い複雑な形の奇石。徽宗皇帝は造園のために多くの石を集めさせた）をおいた広いお屋敷（貴族の邸宅か酒店か？）がある。2階の欄干のある部屋には客人があつまり、宴が催されているようだ（図3）。

唐の時代には禁止されていた夜市《よいち》（夜間営業の店舗）も開かれていた。図巻には傘売り、本屋、呉服屋、染め物屋などさまざまな店が描かれている（図4）。

都は気候的に寒く、冬は野菜が不足するため、宮中から庶民にいたるまで、野菜を貯蔵して一冬の食用に充てていた。そのため、蔬《そ》菜類の貯蔵法や加工法が発達し、各種漬物類が作られたといわれている(8)。

酒楼と酒

酒楼（酒店）とは「小座敷があり、料理を出すので、日本の料亭にも似る。あくまで料理より酒中心。風雨寒暑の別なく、昼間から夜通し軒並み賑わっていた。東京には正酒店（おやみせ）が72戸あった（略）。酒店の門口には綵楼歓門（かざり門、アーチ）を立て向かい合い、互いに刺繍をしたのぼり（彩色した竿に錦の幌子（酒旆《さかばた》、酒屋の看板））をかかげて客を呼びこむため、日の光もかげるほどであった(2)。」中国の神品『清明上河図』には、綵楼歓門を立てた酒店の立派な店構えと小座敷の欄干にもたれて談笑する人々のくつろいだ様子が描かれているが(9)、明代の写本（清明上河図巻）には酒店の綵楼歓門は見られない（図3、4）。

北宋の時代、酒と酒麹の取り扱いは厳しく規制されていた。酒は官営および酒税を納める私営の醸造所で造り、「酒務」という役所が監督していた。酒の専売収入は塩のそれを上回っていたといわれている(2)。

酒造りにはもち黍《きび》とコーリャンが用いられたが、宋代の頃にはもち米の割合が

中国雲南省
（写真10）麗江の酒店

多くなり、それにともなって都に供給されるもち米の量も膨大なものになった[9]。酒は漉すか、搾るかして使っていたが、宋代になると、搾ってから火入れする技術が発明され、火入れ酒と火入れをしない酒の両方が出回るようになった。火入れ酒のことを煮酒とも呼び、保存がきくので、貯蔵食品を作るには煮酒が多く用いられた[8]。

煮酒の口切は清明節の後、4月初めにあった。火入れをしない酒は9月初め、中秋節の前に行われた。新酒ができ酒店に新しい錦の酒旆（新酒の幟）が立つと、人々は争って飲みに行った。昼過ぎになり、どの店も酒がなくなると、看板を下ろしたという[2]。

東京の酒店では、夕べともなると燈火が燦然と輝いていた[1]。私が何年か前に訪れた雲南省麗江でも夕暮れになると水路に面した酒店には赤いランタンが灯り、燈火のきらめきと酒を囲む人のざわめきで溢れていた。このような情景は、今も昔も変わらず、人を惹きつける（写真10）。

宋や元の時代の野菜漬物

『東京夢華録』には、辣菜《ラーツァイ》（唐辛子入りの漬物）、生姜大根、黄瓜《きゅうり》生漬、杏や梅の生姜漬など多彩な漬物が登場する[1][2]。もう少し詳しく知るために中村喬先生の著書『中国の食譜』を参考した[8]。その中の『山家清供《さんかせいきょう》』（林洪著、南宋）には103種、『居家必用事類全集』（著者不明、元代）には220種、『中饋録《ちゅうきろく》』（呉氏著〈推定〉、南宋）には75種の料理、食品、菓子類や飲み物が記載されている。野菜の漬物をみると、醋（酢）漬、塩漬、香味漬（調味香辛料を加えて漬ける）、芥子《からし》漬、粕漬、醤《ひしお》漬、麹漬などが作られていた[8]。中村先生は「醤」を「みそ」と訳されているが、私はもう少し液体部分の多い「ひしお」に近いものではないかと考えている。

宋代の漬物加工には麦麹と豆麹がよく使われていた[8]。特に豆麹は豆黄《とうこう》、黄子《こうじ》と呼ばれ、塩と水を加えて発酵させ豆醤《トウジャン》を作った。日本では清酒や甘酒などに米麹、味噌や醤油には麦麹と豆麹がある。三河味噌は豆麹味噌であり、味噌の部分と溜《たま》り（液体）に分かれるのが特徴だ[6]。

漬物の原材料（漬材料）には、菘菜《はくさい》（白菘、白菜）、芥菜《からしな》、萵苣《ちしゃ》（レタス）（図5）などの葉もの野菜や蘿蔔《すずしろ》（ダイコン）、胡蘿蔔《こらふ》（ニンジン）、茄子、越瓜《しろうり》、冬瓜、胡瓜（黄瓜）などの蔬菜類、薑《しょうが》、大蒜《にんにく》、蒜菜（ノビル）、韮《にら》などの香味野菜、筍、茭筍（マコモダケ）、蓮根や蒲笋（蒲の若い芽）、仏手柑《ぶっしゅかん》・香櫞《こうえん》（図6）（ミカンの仲間、成熟果実の皮を漢方薬として使用）・梨・梅などの果実類と多彩であった(8)。

漬物の調味加工には「料物」と呼ばれた調合香辛料が頻繁に使われた。その一つ天厨大料物《てんちゅうだいりょうぶつ》は、蕪荑（ニガニレ、朝鮮の楡《にれ》）の仁（実）（図7）、ショウガ科の植物（薑の生・乾、高良薑《こうりょうきょう》など）、川椒（ミカン科サンショウ）や花椒（ミカン科カホクサンショウ）、肉桂（クスノキ科の常緑樹、シナモンは樹皮をはがし、乾燥したもの）、蒔羅《じら》（セリ科イノンド、ディル）（図8）、茴香《ういきょう》（セリ科、フェンネル）（写真11）、橘皮（陳皮）、杏仁などを混ぜて粉にし、水に浸してから蒸して餅のように丸めて乾燥させる。調和省力物料《ちょうわしょうりょくぶつりょう》は馬芹（セリ科シャク）、胡椒、茴香、肉桂、花椒などを合せた簡易なもので(8)、現在の五香粉のようなものだろうか。調味液、漬け方により同じ素材でも味の違うさまざまな漬物ができあがる。バリエーションの多彩さを示す一例として、ナスを使った漬物の概略を以下①～⑦に記載した。

〔漬け方概要〕

① 糖醋茄（酢漬）

若いナスを乱切りにして湯通し、水気を切って塩で一晩漬けてから日に干して乾かす。針ショウガとシソを混ぜ、砂糖と酢を煮立たせて浸し、器に入れておく。

翌果は莢に入った種（仁）
出典：図5と同
（図7）翌果をつけたニガニレ

出典：（明）李時珍 撰、李建中 図『本草綱目』第2冊（附図巻之上、下）胡承竜（1590序）国立国会図書館デジタルコレクション
（図5）萵苣（チシャ、レタス）

セリ科イノンド、ディル
出典：図5と同
（図8）蒔羅

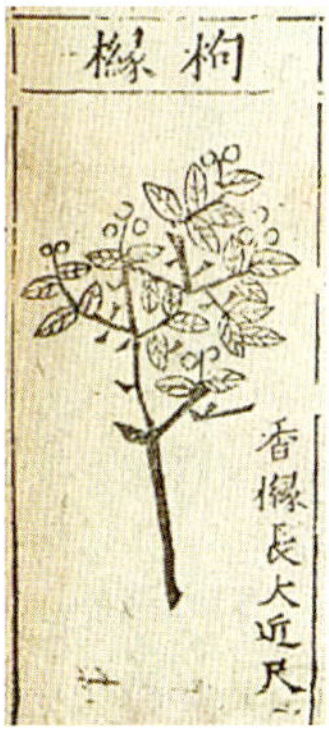

出典：図5と同
（図6）香櫞（コウエン）

小石川植物園
（写真11）ウイキョウ

ウリも同じ方法でできる。

②蒜茄児（ニンニク漬）

煮立てた酢水で湯引きして水気を切った後、搗き砕いたニンニクと塩を先ほどの酢水のゆで汁に合わせ、ナスと混ぜて瓶に漬け込む。キュウリやトウガンのニンニク漬も同じ方法でできる。

③食香茄児（香味干し）

ナスを薄切りにして塩少々で一晩漬けてから、その漬け汁を煮立てて湯がき、陰干しにする。酢を煮立てて冷まし、その酢で砂糖、針ショウガ、シソ、ディル、ウイキョウなどの香辛料を調えて干したナスに混ぜる。さらに日に干し、乾いたら貯蔵する。ウリ、ダイコンなどでも香味干しを作ることができる。

④芥末茄児（からし漬）

ナスを拍子切りにして天日干しする。油を多めに引き、塩を加えてこれを炒め、平鉢に移して冷ます。乾芥子（からしこ）をまんべんなくふりかけて混ぜ、壺に入れて貯蔵する。

⑤糟茄児（糟漬）

ウリ、ナス、ショウガなどの材料と、火入れ酒で酒糟と塩を溶いてよく混ぜ合わせ、瓶に入れる。口を笹の葉で塞ぎ、その上を泥で封じる。

⑥醤瓜茄（醤漬）

醤黄（麹菌の菌糸が発育したもの、豆醤か麦醤かは不明）を瓶に一層入れ、上にウリ、ナスを一層ならべ塩をまいて醤黄を入れる。いっぱいに詰めたら七昼夜強い天日にさらしたまま漬けておくと良い醤《ひしお》ができ、ナス、ウリも美味しくなる。日本の「金山寺味噌」に類似した作り方と思われる。

⑦酒豆豉

豆の黄子（醤黄子、豆麹）とウリ、ナス、ショウガ、橘皮、塩などを混ぜ、瓶に固くつめる。酒をそそいで紙と笹で覆ってしばり、泥で封をして49日間露天にさらし、熟成させ、乾くまで干す。大豆に炒り麦と麹菌を混ぜ、発酵させてから塩水を加え、天日で干す日本の「寺納豆」と基本的には同じような漬け方と思われる。

小石川植物園
（写真12）ニラの花

その他、ニンジンをさっと茹でて水気を切り、細ネギ、ディル、ウイキョウ、塩、紅麹などと合せて2時間程おいてから食べる浅漬なども作られていた。ニラの花が実をつけ始めた頃（写真12）に摘んで、1斤（およそ600g）当たり塩3両（およそ100g）を加えてよく搗き、磁器の器に漬け込む「ニラの花塩漬（醃韮花法）」などの花の漬物も作られていた。

漬け込む前に茹でる、湯がく、下味をつけるなどひと手間をかける工夫、天日干や、貯蔵（熟成？）時間をかけること、蒲などの野草類を用いること、多彩な香辛料が頻繁に使われる点などの特徴がある。残念ながら味はわからないが、非常に興味深く思われた。さらに、漬物をそのまま食べるのではなく調理に使う場合もあり、まさに現代に通じている。

日本で漬物の料理本『四季漬物塩嘉言』が出版されたのは、江戸時代後半の天保7（1836）年である。漬物文化史の上では中国は大先輩であり、宋代の漬物事情は、日本の漬物のルーツを辿る上でも貴重な史料といえる。

なお、肉類や魚を使った漬物も数多く作られていた[8]が、今回は省いた。

東京《とうけい》はその後の金（1115～1234）による侵略と度重なる黄河の氾濫により跡形も無く消えてしまった。書物を手がかりに当時の漬物の推測を試みたが、残念ながら詳細はわからない。数ある漬物の中で、どのようなものが都人には好まれたのだろうか。現在、北京には、宋の時代よりも300年あまり後の明代に創業した「六必居（Liù bì jū：リュウビジュ）」[13]という醤菜《ジャンツァイ》の老舗がある（写真13）。それらの漬物の中には、宋代の伝統を継いでいるものがみられるかもしれない。

中国、北京市
（写真13）六必居

「唯以好淹藏菜蔬　買一色好酒」

「二軒の張家」は、汴河と御街の交差する州橋のたもとという一等地（現在の東京（とうきょう）に例えれば日本橋川の支流の運河（亀島川）と皇居に向う永代通りが交差する茅場町駅周辺か？）にあった。贅をこらした酒の肴が溢れ、美しい妓女が侍り、流しの歌姫などが出入りする酒店が乱立する東京（とうけい）にあって、そんな連中は締め出し、野菜の漬物を肴に旨い酒を提供していた「張家」とはどんな酒店だったのだろう。常連の客はどのような人物だったのだろうか。政治的、経済的には衰退期に入り、北方からの脅威に曝された不安定な北宋末期に生きた彼らは、ここでどんなことを語り合ったのだろうか。

美食の街の喧騒をよそに、美味しい漬物でじっくり酒を味わう。今の東京（とうきょう）にもそんな店があってもよいと思う。酒の肴には何が良いのだろうか、初秋という今の季節を感じさせる新生姜の甘酢漬か、重厚な奈良漬か、漬物の王道である古漬沢庵だろうか。およそ900年前の東京（とうけい）ではどうであろうか。興味は尽きない。

本稿をまとめるにあたって、中村喬先生の著書『中国の食譜』を参考にさせて頂いた。不十分な点があれば私の責任である。お気づきの点があれば教えて頂きたい。また、当時と現在では蔬菜類の名称や品種に相違もあるかと思われる。明代の『本草綱目』附図(14)を参照したが、この点についてもお気づきの点があれば、是非ご教授願いたい。

訪れた所

・杭州市西湖（せいこ）　中華人民共和国浙江省杭州市西湖区
・西安古城壁　中華人民共和国陝西省西安（省都）にある明代に建築された古城壁
・東山建仁禅寺　京都市東山区大和大路通四条下る小松町
・巨福山建長興国禅寺　神奈川県鎌倉市山ノ内８
・亀谷山寿福金剛禅寺　神奈川県鎌倉市扇ガ谷１-17-７
・六必居（Liù bì jū）　中華人民共和国北京市前門大街大柵欄、明代嘉靖９（1530）年創業とされる北京で最も歴史が長い味噌・漬物の専門店
・東京大学大学院理学系研究科附属植物園（小石川植物園）　東京都文京区白山３-７-１

参考資料

⑴ 孟元老 著、入矢義高・梅原 郁 訳『東京夢華録―宋代の都市と生活』（東洋文庫 598）平凡社（1996）
⑵ 孟元老 著、松枝茂夫・飯倉照平・村松一弥 他 訳注『東京夢華録』（中国古典文学大系記録文学集第 56 巻）平凡社（1969）
⑶ 古川清行『人物と文化遺産で語る日本の歴史シリーズ 第３巻 平安京に栄えた人々』みずうみ書房（1987）
⑷ 田中静一『一衣帯水（いちいたいすい）－中国料理伝来史』柴田書店（1987）
⑸ 岡松和夫『実朝私記抄』講談社（2000）
⑹ 川上行蔵『完本日本料理事物起源』岩波書店（2006）
⑺『全集日本の食文化 第３巻』より畑　明美「日本人と豆食文化」雄山閣（1998）
⑻ 中村　喬 編訳『中国の食譜』（東洋文庫 594）平凡社（1995）
⑼ 楊新 他 著、関野喜久子 訳『図説 清明上河図』科学出版社東京（2015）
⑽ 東京国立博物館 HP：神品「清明上河図」とは、1089 ブログ「ようこそ日本へ『清明上河図』前編（2012.1.2）・後編（2012.1.4）」清明上河図のデジタル画像と解説。『清明上河図巻（せいめいじょうかずかん）』張択端（ちょうたくたん）筆　北宋時代（12 世紀）中国故宮博物院蔵、東京国立博物館の展示期間：2012年１月２～24日
⑾『伊原弘編「清明上河図」と徽宗の時代』より齊藤忠和「兵士と農民」勉誠出版（2012）
⑿ 東京国立博物館 HP：1089 ブログ「東博本『清明上河図巻』と明代蘇州の書画文化」東京国立博物館展示：明本『清明上河図』と明清の絵画（2013年12月３～23日）
⒀ 宮尾茂雄 監訳『中国漬物大事典「中国醤腌菜」』幸書房（2005）
⒁（明）李時珍 撰、（明）李建中 図『本草綱目』第２冊（附図巻之上、下）胡承竜（1590 序）（国立国会図書館デジタルコレクション）
⒂ 東博本『清明上河図巻』（張択端『清明上河図』の複製本〈模本〉、明の時代〈17 世紀〉に制作された１巻絹本着色）（東京博物館列品番号：TA-79）「国立文化財機構所蔵品統合検索システム」を加工して作成

砂糖漬け（ジャム）

雨の日にはマーマレード

雨の日が続いている。3月から4月頃の長雨は菜種梅雨、6月から7月は梅雨（黴雨《ばいう》、麦雨《ばくう》）の季節だ。幼い頃の雨といえば、楽しみにしていた遠足や運動会が「雨天中止」になり、がっかりした思い出がある。しかし、「晴好雨奇《せいこううき》」という言葉のように、雨の日にはそれなりの良さがある。家で過ごす時間も長く、ジャムを作るのに最適だ。今回は夏みかんのマーマレードや梅ジャムなど、甘味の話をしたいと思う。

砂糖は最初「薬」だった

人と砂糖の出会いがいつ頃のことか、はっきりとはわかっていないが、紀元前2000年頃までさかのぼることができる。古代ローマではサトウキビの産地インドから砂糖が運ばれてきたが、あまりにも高価で、薬用として扱われた。7世紀には、唐の太宗（在位626〜649）がベンガル地方（現在のバングラデシュからインド西ベンガル州のインダス川下流のデルタ地帯、今もサトウキビ生産地）に人を派遣して砂糖の製法を学ばせた。ラクダの商隊は、砂漠を越えてインドからヨーロッパまで砂糖を運んでいた(1)。

中世ヨーロッパでも砂糖は主に、薬用に用いられた。11世紀アラビアの医学者イブン・スィーナーは「砂糖菓子こそは、万能薬である。」という言葉を残している。12世紀のビザンティン帝国の医師は「熱さまし」として「バラの花の砂糖漬」を処方した(2)。

ヴァスコ・ダ・ガマ（1460?〜1524）により、15世紀末にインド航路が発見されると、ポルトガルなどヨーロッパ諸国による海上貿易が始まった。やがてサトウキビは海を渡り、南米やカリブの島々などの植民地で大規模に栽培されるようになった(1)。17世紀後半になると、「砂糖革命」といわれるように砂糖の生産量が増大した。サトウキビは現地の工場（セントラールと呼ばれた集中工場）で搾汁し、絞り汁を煮つめて、茶色い結晶、原料糖に加工された。それをヨーロッパのリバプール、ブリストル、アムステルダムなどの港町にある精製糖工場に運び、純白の砂糖が作られた。砂糖の価格が下り、果物の保存に砂糖が利用できるようになると、プラム、ラズベリー、クワの実などのジャムが作られるようになった(2)。

1797年、スコットランドのダンディの食料品店主ジェーム・キーラーは、嵐にあい港に避難した難破寸前の船から積荷のセルビア産オレンジを大量に購入した。しかし、苦くて酸味が強くそのまま食べることができなかった。そこで、妻のジャネットが砂糖で煮詰めてジャムにした。それまでは、皮をすりつぶしたオレンジの砂糖漬はあったが、ジャネットは、皮を細かく刻むレシピをアレンジした。これが「オレンジ果皮のスライス入りマーマレード」の始まりといわれている(1)。その後彼らはキーラー社を設立、マーマレードはイギリス人と共に世界中に広がっていった。1980年、南極で遭難したスコット隊(1912)の補給基地からマーマレードの缶詰が発見されたが、中身は完璧な状態を保っていたという(1)。

サトウキビと砂糖

サトウキビ(甘蔗、*Saccharum officinarum*:英名 Sugar cane)は、イネ科サトウキビ属の多年性植物で、太陽エネルギーを利用した光合成によりブドウ糖を作り、そのブドウ糖をショ糖に変えて茎に蓄える。このショ糖を結晶化したものが

小浜島

(写真1)海風に揺れるサトウキビ畑

手で刈りとる(小浜島)

(写真2)収穫作業

手早く葉を切り落として茎だけにする(小浜島)

(写真3)サトウキビの収穫

小浜島

(写真4)竹富島小浜製糖工場

サトウキビは圧搾器で搾汁する(石垣島)

(写真5)搾汁

搾り汁を大鍋で煮つめて黒糖を作る(石垣島)

(写真6)黒糖作り

砂糖である[3]。

3月初旬に石垣島や小浜島を訪れたことがあった。ちょうどサトウキビの収穫期を迎えていた（写真1〜3）。サトウキビは刈り取ったまま放置しておくと、ショ糖分が減り品質が低下するため、刈り取り後なるべく早く近くの製糖工場で原料糖にする（写真4）。観光地の土産店ではサトウキビを圧搾し（写真5）、大鍋で煮つめて昔ながらの黒糖を作っていた（写真6）。

日本には、天平時代の勝宝5（753）年に唐の僧鑑真が「蔗糖」（サトウキビから作った砂糖）を伝えたといわれている[4]。奈良の正倉院（写真7）に伝わる東大寺献物帳の一つ『種々薬帳《しゅじゅやくちょう》』（756）には蔗糖が貴重な薬剤として記録されているが、現物は残っていない[5]（図1）。

その後、国内産砂糖に関しては長い空白の時代が続く。江戸時代、一説によると元禄年間に奄美大島でサトウキビの栽培と砂糖作りが始まった。島津藩は「黍検者」という役人を奄美大島などに派遣して藩の専売とし、砂糖を財源にすることで莫大な財力を蓄えることができた[2]。

将軍徳川吉宗（1684〜1751）の後押しもあり、江戸砂村（現在の江東区大島）でもサトウキビ栽培が行われた。

吉宗のお膝元でも、紀州有田郡小豆《あず》島村《しまむら》の雑賀《さいか》屋新田に甘蔗を植えたところ生育が良く、砂糖を製造して、国益を助けたとある（図2）。

明治時代になると、当時日本の統治下におかれていた台湾から安価な原料糖が輸入されるようになり、国内各地のサトウキビ栽培の多くが衰退した。現在は沖

檜材を用いた寄棟・本瓦葺の高床式、毎年秋の正倉院展にあわせて外部のみ公開（奈良市）

（写真7）正倉院正倉

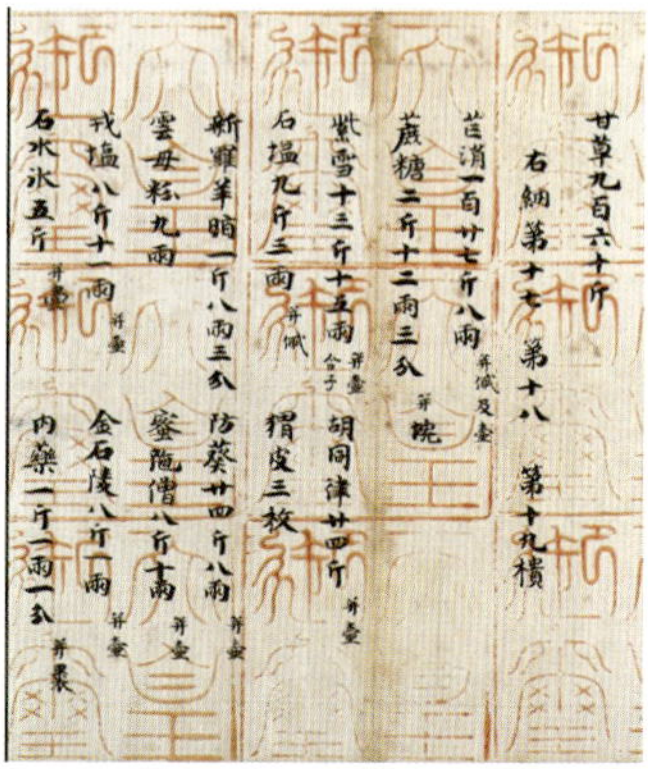

種々薬帳第1〜2紙にある「庶糖」の記載
出典：宮内庁正倉院宝物

（図1）種々薬帳

（図2）甘蔗（サトウキビ）栽培[25]

縄県、鹿児島県、香川県、徳島県でサトウキビ栽培が行われ、良質の黒糖や和三盆糖が作られている[6][7]。

台湾にはかつて多くの製糖工場があり、基幹産業として国を支えていた。しかし、現在操業している製糖工場は雲林県の虎尾糖廠（虎尾製糖工場）と台南市の善化糖廠の二ヶ所になった[8]（写真8、9）。

漬物の甘味料には昔から熟柿や干した柿皮、米こうじや甘酒、味醂などが使われていた。しかし、高価な砂糖は漬物にはなかなか利用できなかった[9]。江戸時代に始まった砂糖入り高級漬（砂糖漬）には、梅砂糖漬、梅干砂糖漬、甘露梅（梅のしそ巻の砂糖漬）、甘露漬生姜、甘露漬ふきのとう等があり、その後文旦、金柑、蜜柑などの柑橘類の砂糖漬は、茶菓子、酒肴として珍重された（図3）[9]。

現在では漬物の甘味料として砂糖が使われるが、浸透圧の影響により素材が収縮し、歯切れなどが悪くなる場合もあるので、使用方法には注意が必要である[10]。

砂糖で漬ける

糖蔵、塩蔵などは、いずれも水分活性（食品中の水分のうち、微生物が利用できる自由水の割合を示す指標）を低くすることで微生物の増殖を抑制し、食品を長く保存する加工技術である。食塩や砂糖の水溶液中の濃度と水分活性を比較すると、砂糖よりも塩の方が低い濃度で水分活性を低くすることができる（表）。水分活性が0・90以下になると大部分の細菌は増殖抑制される。

前身は1907年創業の大日本製糖虎尾製糖場（台湾雲林県）

（写真8）雲林県虎尾製糖工場

畑から工場までサトウキビを運んでいた（虎尾製糖工場）

（写真9）五份車

「島の司」（砂糖漬）鳴門漬ラベル（辨天堂天野松之助製造）
出典：電子展示『捃拾帖』（拡張版）東京大学大学総合図書館

（図3）鳴門蜜柑漬

（表）食塩・ショ糖濃度と水分活性（25℃）[11]

水分活性（water activity）	食塩濃度（%）	ショ糖濃度（%）
0.995	0.872	8.51
0.900	14.2	58.4
0.850	19.1	67.2

もう一つの食品保存に関する大切な概念が、浸透圧である。濃い塩水と水を半透膜（水は通るが砂糖や塩は通らない膜）により隔てると、水は半透膜を通過し塩水側に移動して、同じ濃度になろうとする。このときの水が移動しようとする力（圧力）を浸透圧（MPa）という[12]。野菜の浸透圧は1・0MPa以下のものがほとんどであり、塩水濃度2％の浸透圧は1・72MPaなので、2％以上の塩水に野菜を漬けると、浸透圧の差により野菜の細胞内の水分が細胞の外に移動し脱水される。同様に微生物も高濃度の塩や砂糖の溶液に接すると、細胞膜を通して細胞内から水が外へ出ていくことから原形質分離をおこし増殖が抑制されるため、食品は腐りにくくなる[13]。

水分活性や浸透圧など塩や砂糖の機能を利用して、日本では新巻鮭、塩イクラ、塩辛、漬物などの塩蔵品や、砂糖漬、果汁濃縮物、ジャム、羊羹《ようかん》などの糖蔵品を作ってきた。

通常の砂糖漬は糖の濃度が50％以上と高く、大量の砂糖を使用する保存技術である。砂糖が貴重品で高価な時代には、果実の砂糖漬など砂糖菓子は権力者の力と富の象徴でもあった。ハチミツ、果実や樹液などを煮つめたシロップを保存料として使っていた歴史は、砂糖よりもはるかに長い[1]。

ジャムのはなし

ジャムは、果実や野菜に糖類などを加えて煮詰め、果実や野菜に含まれる多糖類のペクチンと酸の作用でゼリー化したものだ。日本ではイチゴ、リンゴ、アンズ、ブドウ、ブルーベリーなどが代表的なジャムである。マーマレードは、JAS規格では柑橘類の果実を原料としたもので、柑橘類の果皮が認められるものをいう[11]。東京家政大学の教員仲間のフランス人の話では、6～8月頃、家の近くの森にある野生のイチゴやベリー類などを摘んでジャムを作るのだそうだ。「ラズベリージャムは色もきれいで美味しい。ルバーブジャムは繊維が豊富で身体に良く家庭で手軽にできる。フランス領ラ・レユニオン島のバニラポッドを加えて、手早く煮つめるのが美味しく作るコツ」とのお話と一緒に、手作りのルバーブジャムを頂いた。できあがったジャムはビン

ルバーブジャムの表面をパラフィンで密封する
（写真10）封入

に入れた後、溶かしたパラフィンで封入する（写真10）。昔からカビが生えないように行われてきた方法だが、今ではパラフィンはあまり使われないそうだ。

古代ギリシャではマルメロ（中央アジア原産、カリンの近縁種）でジャムを作り、古代ローマ人は果実をつぶしてハチミツやスパイスを加え、加熱してジャムを作っていた(1)。15世紀末、ポルトガル産のマルメロ（ポルトガル語でMarmelo）を使った砂糖煮（Marmalade：マルメラーダ）がイギリスにもたらされたが、マルメロの実はナイフで切るにも硬かったので、スコットランドの料理人たちがマルメロの代わりにセビリヤ産オレンジを使い、加える水の量を調節し、ゆるめのジャムにしたという(14)。このMarmaladeがマーマレード（marmalade）の語源とされている(15)。

日本ではいつ頃からジャムが作られたのだろうか。明治5（1872）年、大蔵省勧農課が設置した内藤新宿試験場（現在の「新宿御苑」の地）では、明治8年にはモモ砂糖煮缶詰が、明治10年にはイチゴジャムが作られた。明治28年の第4回内国勧業博物館には、鳴門蜜柑の果肉・皮の全体を使った「鳴門ジャム（缶詰）」が出品され、有功二等賞を受賞したという記録が残っている(16)。このことから明治20年代には、国産マーマレードが作られていたと思われる（図4）。鳴門ジャムは淡路島洲本にあった新岡鳴門園という蜜柑農家が作ったものだ。宣伝文によると、色は透明琥珀色で品質が良く、航海旅行や平時にも便利でお酒のおつまみにもお茶請けにもよいとあり、海外への輸出を考慮してか、英文の説明文が付いていた(16)。

明治38（1905）年出版の村井弦齋『食道楽』によると、「西洋では病人見舞によく手製のジャムを贈りますが、ジャムはパンに付けてもカステラへ付けても何にでも用いられて病人には調法です。蜜柑は皮共に薄く切って暫く砂糖に漬けて煮るのと皮を剥いて身だけ漬して煮るのと二つの法があります。つまり皮共に煮たものはあとで裏漉しにしますし、皮を剥いて煮るものは即ち無花果の様なものは形を崩さない様にします。〈原文の

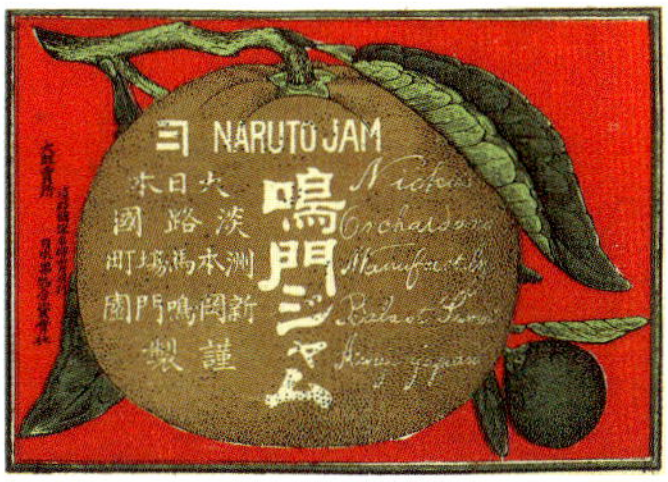

新岡鳴門園製造
出典：電子展示『捃拾帖』(図３と同)
(図４) 鳴門ジャム(缶詰)ラベル

漱石が晩年の９年間を暮した「漱石山房」があった敷地の一部
(写真 11) 新宿区立漱石公園

まま〉」[17]、とあり、明治後半には、家庭でもマーマレードやジャムが作られていたことがわかる。

文豪夏目漱石（1867〜1916）はジャムが大好物で、1カ月に8缶もジャムを食べていたという（**写真11**）。当時はまだ国産のジャムは量産されておらず、漱石のお気に入りは輸入イチゴジャムだった可能性が大きい[18]。ちなみに、夏目家の夕食は一汁二、三菜に香のもの（糠漬、沢庵漬）の「和食」だったという。

マーマレードを作る

夏みかんは5月になると白い花が咲き、甘く清楚な香りが漂ってくる（**写真12**）。秋から冬にかけて、大きく実ったみかんは青緑色から黄金色に変わっていく（**写真13**）。我が家の夏みかんは去年、今年と豊作だった。毎日せっせと食べたが、それでもまだ残っていた。あまり長く木におくと果汁が抜けてパサパサしてくるので摘果し、マーマレードを作った。マーマレードは最初に、果皮や果肉からペクチンを抽出するため半日がかりの作業になる。

自宅
（写真 12）夏みかんの白い花

自宅
（写真 13）黄金色のみかん

皮を千切りした後、皮とワタは流水にさらす
（写真 14）果皮の処理

〔原材料〕（250mlビン4本分）
夏みかん10個／グラニュー糖800g／水1L

〔作り方〕
①夏みかんはよく洗って4等分にする。
②果皮をむく。果皮は内側の白い部分（ワタ）をそぎとり、両端を切りおとし、幅1㎜程度に薄切りにして、流水にさらしてにがみをとる（**写真14**）。
③果肉は内皮（袋）から取り出し、流水にさらす。
④鍋に水を入れ、切り落とした両端の皮やワタと③の内皮を加えて中火で煮る（ペクチンの抽出）。
⑤煮たったら火を弱めて、そのまま煮つめる。ザルでろ過し、煮汁だけナベに移す。
⑥煮汁に②の薄切りにした果皮と③の

果肉、砂糖の半分を加えて中火で煮る（写真15）。

⑦煮立ったら火を弱め、アクをすくいとりながら柔らかくなるまで煮つめる（写真16）。

⑧残りの砂糖を加えて、さらに弱火で煮つめる。とろみが出て沸騰したら火をとめる。

⑨熱湯消毒した保存ビンに、口切いっぱい満たして堅く蓋を閉めて、逆さにして荒熱をとる。長期保存するときはビンごと100℃で5分間加熱する。

⑩製造年月日を書き入れて冷暗所に保管する。開封後は冷蔵庫に保存する。

できあがったマーマレードは、やや柔らかめのドロッとした仕上がりだった（写真17）。柑橘系の爽やかな香りとややにがみが残り、4歳の孫には残念ながら不評だった。

果皮と砂糖の半分を加えて中火にかける
（写真 15）煮る

火を弱め、アクをすくいながら煮つめる
（写真 16）煮つめ

トロリとした仕上がりのマーマレード
（写真 17）完成

梅の実三姉妹
―梅干し、梅シロップ、梅ジャム―

5月半ばを過ぎると、あちらこちらの梅の実が大きく膨らんできた。まだ青いが、梅酒や梅シロップ（砂糖漬）を作るにはちょうどよさそうだ。昨年も梅を分けて頂いた杉並区清水の農家さんにお電話をすると、梅酒にはちょうどよい頃なので採りにいらっしゃいとのお返事だった。土曜日の午後、約千坪ほどの果樹園（梅、カリン、柿など）に梅拾いに行った。

まだ青く硬く傷のないものが良いという。梅は昭和30年代にお父様が植えたもので、樹齢およそ60年になる。以前は600kg程の梅の実が採れたが、枝の伐採などの手入れも行き届かず、今では200kgほどしか採れない。大かたは近所の方が拾って、梅酒や梅干しを作るというお話だった。

杉並区清水
（写真18）梅拾い

　地表には適度に下草が生えているので落ちた梅もあまり傷つかない（写真18）。これが舗装道路やコンクリートの駐車場だと、せっかくの梅の実に擦り傷や切り傷ができてしまう。まだ青いもの、少し黄色くなったものを拾っていると、小梅がたくさん落ちていた。ちょうど梅干しを作るのに手頃な親指ほどの大きさで、少し色づき始めていたのでそれも拾い集めた。後で伺うと梅林のほとんどが白加賀という関東地方で広く栽培されている品種であるが、それだけだと受粉しにくいので小梅も植えているという。例年、梅の熟期は6月半ばなのに、当年は半月から1カ月近く早いという。

　6月に入ると、いよいよ本格的な梅雨が始まった。近所の梅の木では、オレンジ色からやや紅色の大きな実が葉の間から見えるようになった。ここ数年ほとんど実をつけなかった我が家の梅も大豊作で、10kgあまりの梅の実が収穫できた。漬物関係の展示会があったので梅の出来具合を尋ねたところ、群馬県は大豊作、和歌山県の南高梅はやや不作とのことだった。気候のせいか、地域差が大きいようだ。

　少し熟れてふっくらしたものは塩漬、まだ青くやや固めのものはシロップ（砂糖漬）、黄色からオレンジ色に完熟した柔らかめの香りのよい梅は梅ジャムにした。作業中は梅の爽やかな香りが我が家の台所にただよっていた。この1カ月あまりは梅雨の合間に実を収穫し、雨の日には「梅仕事」に精を出した。

【梅干し】

　梅は日本人にとって身近な植物であり、薬効も知られている。梅エキス（生の青梅をすりおろし、乾燥したもの）、梅酢、梅酒は下痢に効果があるといわれている[19]。日本各地では、種を取った梅を塩と酢で漬けてから細かくきざみ、紫蘇を加えてよくもみ、ハチミツとざらめで味つけした減塩の梅漬「きざみ梅」[20]、青梅粕漬[21]なども作られている。近年は漬物も「減塩」がキーワードだ。

【梅シロップ】

　梅シロップは、青梅と同重量の砂糖をビンの中に交互に積み重ねるように入れ、最後に粉砂糖をふりかけて、砂糖に梅が埋まるように漬けて密閉する。ビンごとときどきゆり動かす。1カ月ほどで梅エキスが出てくる。それから1～2カ月、ちょうど夏には飲み頃になる。昔、祖母が毎年作ってくれたことを思い出す。氷水で割った梅シロップは、私の大好物だった。

〔梅ジャム〕

梅ジャムは、マーマレードに比べると短時間ででき、手間もあまりかからない。

ペクチンはいろいろな果実や野菜に含まれる成分で、未熟の果実にはプロトペクチンとして存在し、熟すにつれ酵素（ペクチナーゼ）の作用によりペクチンに変化する。さらに果物が過熟な状態ではペクチン酸になり、かえって凝固性がなくなりゼリー化しにくくなる。ジャムを作るときは、強火で短時間で仕上げないと香りが逃げて色が変わるだけではなく、ゼリー化しにくくなる。

よく熟した完熟梅の種を取り除いた果肉に対し60%になるよう砂糖を3回に分けて加え、トロトロになるまで煮つめる。梅の香りとほどよい酸味を持つジャムができあがる。

実が赤く色づいた
（写真19）ヤマモモ

（写真20）ヤマモモのシロップ

晴好雨奇《せいこううき》

梅仕事が一段落した頃、庭のヤマモモが赤く色づき、そうこうするうちに落ち始めた（写真19）。ヤマモモは酸っぱく、そのままでは食べられず砂糖漬にした（写真20）。ヤマモモ（1・6㎏）をよく洗い、水をきっておく。ビンにヤマモモと砂糖（1・8㎏）を交互に入れる。実が柔らかいので、ビンにつめて数時間後には果汁が少し出始め、1カ月ほどで透明感のある淡紅色のヤマモモシロップができあがる。

冒頭の「晴好雨奇」は、晴天でも雨天でも眺めがよく、それぞれに趣を異にすることをいう[22]。中国北宋時代の蘇東坡の詩「飲湖上初晴後雨（湖上に飲す初めに晴れ後に雨ふる）」の一節に由来する。

「水光瀲灎晴方好
山色空濛雨亦奇」
（水光瀲灎《れんえん》として晴れて方《まさ》に好し
山色《さんしょく》　空濛《くうもう》として　雨も亦た奇なり）

「さざ波立ってきらきら光る湖水、西湖は晴れていてこそすばらしい。雨にけむる山々、雨の西湖もまた格別だ」[23]。

蘇東坡（1037〜1101）（写真21）は、11世紀後半の北宋時代の高級官僚で文筆家としても名高いが、言い伝えによると非常にグルメな人物であった。茘支《ライチ》や揚梅《ヤマモモ》などの果物を好み、中国の代表的な漬物「泡菜《パオツァイ》」が好物で、自分でも漬けていたそうだ(24)。かつての蘇東坡親子の邸宅の跡は「三蘇祠」という大きな園庭のある博物館になっている（写真22）。蘇東坡の故郷である中国四川省眉山市は「四川泡菜」のふるさととして有名であり、立派な中国泡菜博物館（CHINA PAOCAI MUSEUM）がある（写真23）。

酒にはあまり強くなかった蘇東坡は、雨の日にはせっせと泡菜の漬け込みをしていたかもしれない（図5）。イギリスでは寒い季節のマーマレード作りは男性の仕事だという(14)。長雨のおかげで、私もマーマレードや梅ジャムなどで食卓を彩り、夏バテ防止の妙薬もできた。完成品の糖度を簡易法で測ってみた。いずれもかなり高糖度である。美味しいからと舐め過ぎると、後が怖そうだ。

まだ当分は雨空が続きそうだ。木々は枝を伸ばし、緑はますます濃さをましている。

眉山三蘇祠博物館（中国四川省眉山市）
（写真 21）蘇東坡の像

父親の蘇洵（そじゅん）や弟の蘇轍（そてつ）と暮らした宅跡地に造られ三蘇祠内 1898 年再建（写真 21 と同）
（写真 22）披風榭

中国四川省眉山市（2017 年）
（写真 23）中国泡菜博物館

中国泡菜博物館（CHINA PAOCAI MUSEUM）（中国眉山市）
（図 5）眉州泡菜風情図

砂糖漬け(ジャム)

訪れた所
・小浜島、石垣島のサトウキビ畑
・正倉院　奈良市雑司町129、正倉院展（奈良国立博物館、奈良市登大路50）
・雲林県虎尾製糖工場　台湾虎尾鎮安慶里中山路２號
・梅林　東京都杉並区清水２丁目
・三蘇祠　中国眉山市東坡区紗縠行
・中国泡菜博物館（中国眉山市）

参考資料

(1) スー・シェパード 著、赤根洋子 訳『保存食品開発物語』文藝春秋社（2001）
(2) 川北　稔『砂糖の世界史』(岩波ジュニア新書276）岩波書店（1996）
(3) DM 三井㈱ホームページ「お砂糖ができるまで」より
(4) 菅　洋『ものと人間の文化史 119 有用植物』法政大学出版局（2004）
(5) 鳥越泰義『正倉院薬物の世界』平凡社 (2005)
(6) 宮尾茂雄「伝える心 - 黒糖 -」(「*New food industry*」50(7)）食品資材研究会（2008）
(7) 宮尾茂雄「伝える心 - 和三盆糖 -」(「*New food industry*」50(8)）食品資材研究会（2008）
(8) みんなの台湾修学旅行ナビ https://taiwan-shugakuryoko.jp/「虎尾糖廠 虎尾製糖工場」より
(9) 小川敏男『漬物と日本人』NHK 出版（1997）
(10) 宮尾茂雄『改訂版 漬物入門』日本食糧新聞社（2015）
(11) 菅原龍幸 他 編著『三訂 食品加工学』建帛社（2015）
(12) 谷井潤郎他「似て非なるもの 塩と砂糖の不思議 Q&A ＜塩と砂糖の機能＞」海水総合研究所 研究報告 第16号（2014）
(13) 田中宗彦「食品加工・貯蔵における塩の機能と役割」日本海水学会誌 52(6) (1998)
(14) クラリッサ・ハイマン 著、大間知 知子 訳『オレンジの歴史』原書房（2016）
(15) ピエール・ラスロー 著、寺町朋子 訳『柑橘類の文化誌』一灯舎（2010）
(16) なるとじゃむ(缶詰)説明文(淡路国洲本馬場町新岡鳴門園)、電子展示『捃拾帖』(拡張版）http://kunshujo-i.dl.itc.u-tokyo.ac.jp/ 東京大学総合図書館
(17) 村井弦齋『増補註釈 食道楽』報知社出版部（1905）
(18) 河内 一郎『漱石、ジャムを舐める』新潮文庫（2008）
(19) 正山征洋 編著『薬草の散歩道』九州大学出版会（2003）
(20) 農山漁村文化協会 編・発行『図解 漬け物お国めぐり 春夏編』(2002)
(21) 安部エミ『おばあさんの漬物』葦書房（1993）
(22) 新村　出 編『広辞苑 第６版』岩波書店（2008）
(23) 銭鐘書 著、宋代詩文研究会 訳『宋詩選注２』(東洋文庫 727）平凡社（2004）
(24)「お袋の味 四川の泡菜」中国画報 2012年11月９日号（2012）
(25) 高市志友 他『紀伊國名所圖會 初編』(三之巻上)河内屋太助他出版(1811~38) 国立国会図書館デジタルコレクション

ザワークラウト

キャベツとザワークラウト

令和3（2021）年は、新年を迎えても新型コロナウイルス感染症の拡大が続いていた。不要不急の外出自粛、マスクの着用、手洗いなどを励行しながら散歩を続けていた。杉並区や中野区内を歩いていると、都会の住宅地でも緑の広がる畑地に出会うことがある（写真1）。夏はトマトやナス、ズッキーニ、冬だと長ネギ、ブロッコリー、白菜、ダイコンそしてキャベツなどのみずみずしい葉が元気よく育っている。採りたて野菜の庭先販売もあり（写真2）、太いダイコン1本、大きなキャベツ1個を抱えながら帰るのも散歩の楽しみの一つである。今回は冬が旬の野菜、キャベツとその発酵漬物、ザワークラウトのお話しをしたい。

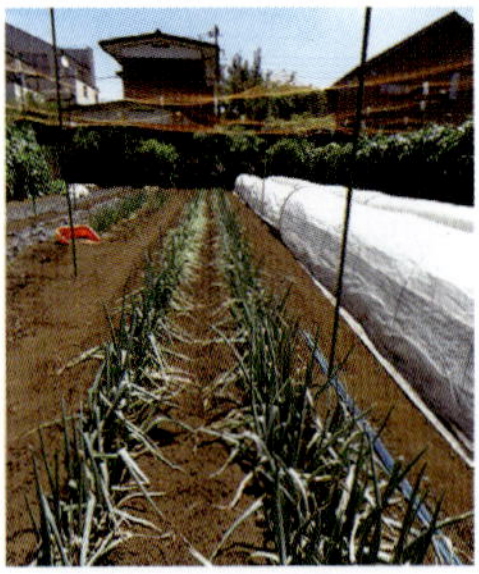

ネギが二畝、元気に育っている（杉並区、7月）
（写真1）住宅に取り囲まれた野菜畑

畑の一画にある
（写真2）杉並農産物直売場

キャベツ（甘藍《かんらん》〈和〉、*Brassica oleracea*〈学名〉）

キャベツはアブラナ科葉菜類の一年草で、4000年以上前から栽培されている[1]。原種は、ヤセイカンラン（*B. oleracea*）といわれ、ケール、ブロッコリー、カリフラワー、コールラビ、ハボタンなどと共通の祖先で、地中海沿岸から北海、大西洋沿岸に分布する[2]。寒い地方でも良く育ち、保存がきくことからヨーロッパでは主要野菜となっている[1]。キャベツは和名を甘藍といい、日本に初めて渡来したのは宝永年間（1704〜11年）とされている[3]。

内藤新宿試験場から三田育種場へ

明治時代になると、民部省（明治初期の官庁で地理・土木・駅逓など民政事務を担当、のち大蔵省に継承）、農商務省などの主導により西洋式農業の導入が熱心に勧められた。そのため西洋式の農具や植物の栽培、牧畜用の試験用地が必要になった。明治5（1872）年、内藤新宿にあった高遠藩下屋敷跡地（現在の新宿御苑）に、内藤新宿試験場が開設された。**図1**で「金鱗堂尾張屋清七板」と擦られた辺りの広い敷地が内藤駿河守下屋敷だ。翌年には隣接地を買収合併して17万坪あまりに拡充された。明治8年には日本で初めての西洋式温室が完成し、リンゴ、オリーブなどの外国産果物が実り、ジャムやピクルスなどの加工品も造られるようになった。**写真3**は、明治26〜大正3（1914）年頃に建てられ、平成22（2010）年の埋蔵物発掘調査で出土した温室の遺構である。

明治7（1874）年には、三田四国町（現在の港区芝3丁目付近）の旧島津藩下屋敷跡地4万坪を内藤新宿試験場附属試験地とし[4]、明治10年には三田《みた》育種場《いくしゅじょう》として開場した。内藤新宿は土質が悪く、麦、棉《わた》、藍《あい》などの試作に不適当であったことが理由の一つとされている[4]。また、7年間のフランス留学を終え、明治9年に帰国した旧薩摩藩士、前田正名《まさな》（1850〜1921）が、フランスから持ち帰ったブドウ苗木、蔬《そ》菜、果物、穀物などの有用な種苗を植えるのに、内藤新宿試験場では狭すぎるので、同郷の内務郷（大臣）大久保利通《としみち》（1830〜78）を通して三田育種場を新設したともいわれている。

内藤新宿試験場の栽培研究事業は、すべて官営種苗会社である三田育種場に移された。前田正名は「米を中心とした従来の五穀栽培の重視から、適地適作の多彩な作物を栽培し、豊かな農業をめざす」という政府の方針を率先し、三田育種場では水田周辺に楮《こうぞ》、櫨《はぜ》などの紙、蝋など加工原料となる樹木を植樹、果樹やブドウの栽培などを行う農場の構想を描

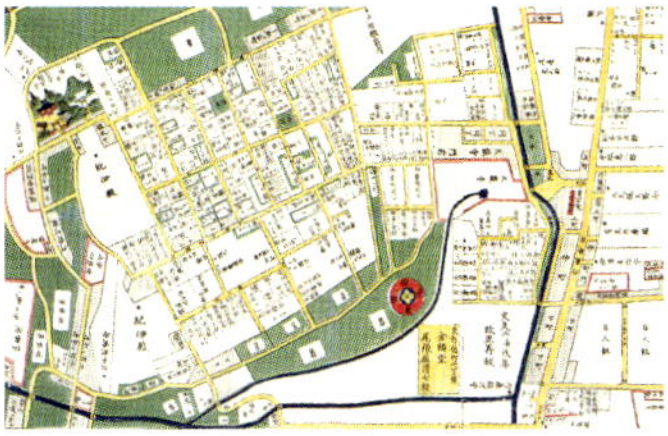

地図右側（北側）は玉川上水、甲州街道を挟んで内藤新宿の本陣、旅籠などが建ち並ぶ

（図1）内藤新宿千駄ヶ谷絵図（一部）[21]

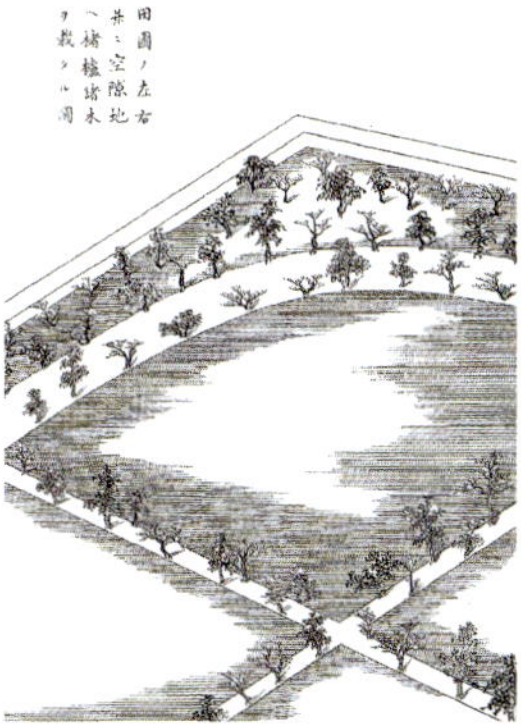

農場の水田周囲や空地には楮、櫨などの樹木を植える

（図2）前田正名の構想[22]

基礎石部分の上に切石、煉瓦が積まれた構造が残っている

（写真3）新宿御苑にある温室の遺構

いた（図２）(5)。三田育種場の『内外野菜図』（１８８４）（図３）、『舶来穀苗要覧』（１８８５）（図４、５）を見ると、当時輸入された野菜の種類、品種が多岐にわたることがわかり、興味深い。また、内外の種苗の試験栽培と共に、種や苗の有償配布が行われた（図６）。外国種の野菜類の栽培を奨励し、フランスの種苗会社にならい、近郊の農家に良種の栽培を委託して種子を採取して買上げる計画を立ちあげるが、これに応じる農家はなく、実施に至らなかったと記録されている(4)。農場の半分は果樹園で、フランス産のものを多く栽培していた。穀菜園では国内種１２４種、外国種２０４種の蔬菜が栽培され、種子交換会を実施するなど、在来種苗の改良・普及にも力を入れていた(6)。

しかし、国の投資に見合うだけの成果が上がらず、明治19（１８８６）年、民間に払い下げられた。その後、地域の市街化とともに規模を縮小していったが、いつ完全に姿を消したのかは明らかになっていない(7)。

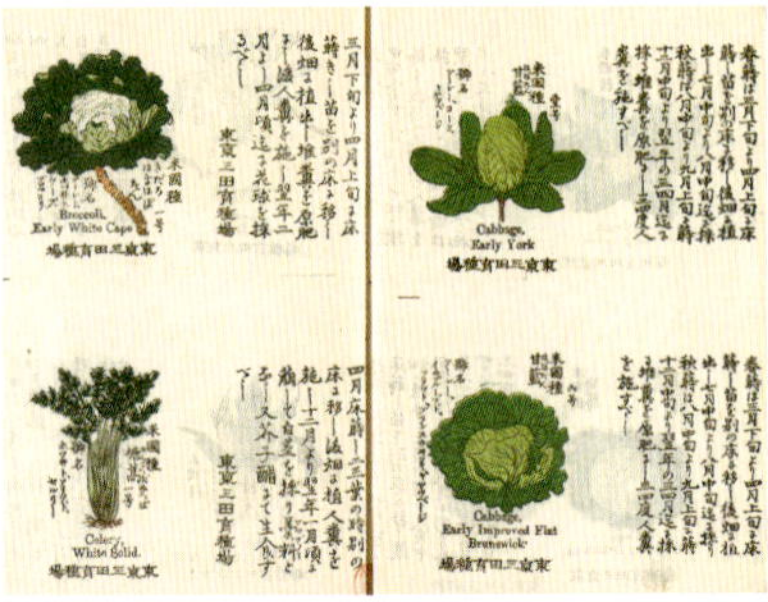

（図３）内外野菜図(23)

（図4）『舶来穀菜要覧』表紙(24)

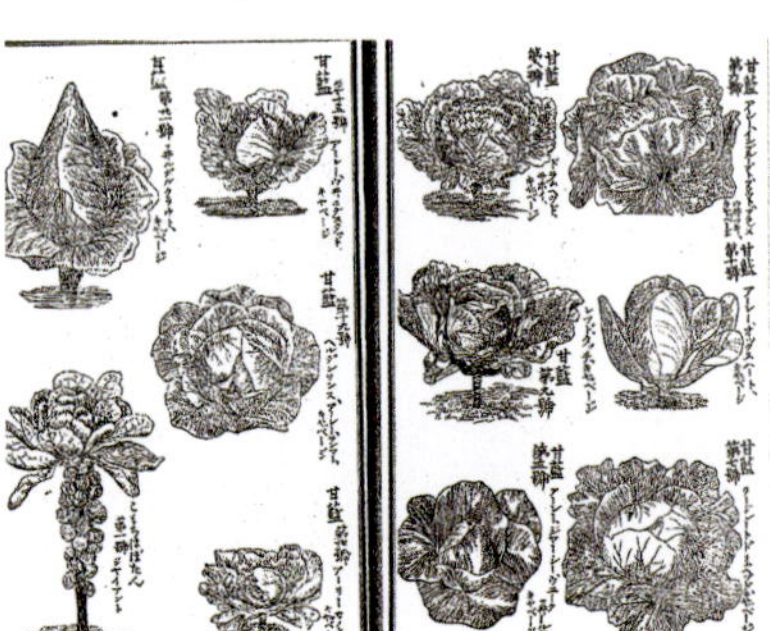
（図５）各種甘藍の絵図(24)

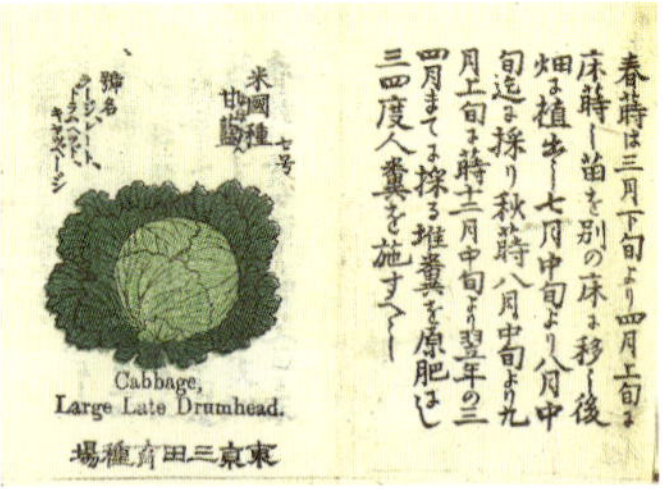

出典：『捃拾帖 25』東京大学総合図書館所蔵
（図６）三田育種場の種袋、甘藍

重要文化財。天皇や皇族が新宿御苑内の温室を鑑賞する際の休憩所として 1896 年に建てられ、後にクラブハウスとして使用
（写真４）旧洋館御休所

一方、内藤新宿試験場は明治12（１８７９）年、宮内庁所属の「新宿植物御苑」と名称が改められ、皇室に献上する

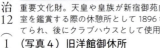

野菜・果物や農産物、花卉《かき》の栽培、また、園地としての整備が行われるようになった[8]。現在も残る洋風建築の休憩所（旧御休所）（写真4）は、明治29年に建てられ、ゴルフコースがあった時代にはクラブハウスとして利用されたものだ。昭和20（1945）年5月の空襲でも焼け残り、皇室庭園としての面影を今に伝えている。

中野区にあった当時を記録した油絵、現在、東京都農林総合研究センター所蔵
（図８）東京府立農業試験場の俯瞰画

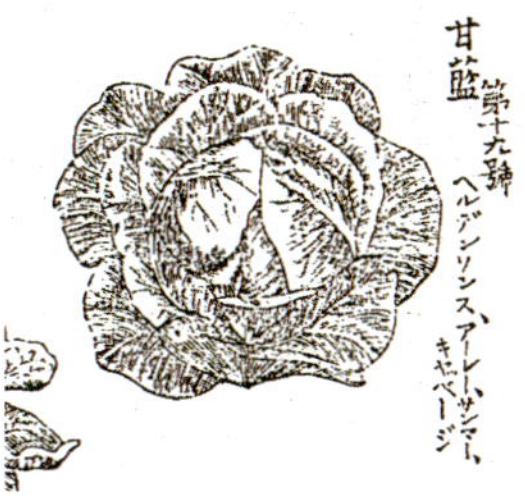

中野甘藍の親と推定されるキャベツ
（図７）アーリーサンマーキャベージ[24]

中野甘藍の誕生

明治政府は海外からの蔬菜の導入に熱心であったが、気候や風土が異なる日本での栽培、普及は容易ではなかった。中でもキャベツは涼しい気候を好む野菜で、国内でも東北地方や北海道など限られた地域でしか栽培できなかった。明治19（1886）年頃、西洋野菜の将来性に注目していた東京葛飾区細田の篤農家・中野藤助氏は、三田育種場から種を入手して栽培法の研究を始めた。欧米では春に種を蒔き、夏に収穫していたが、明治35年頃に、秋蒔き春採り用のキャベツの新品種育成に成功し、「中野甘藍」と命名した。元になった品種は、米国産のアーリーサンマーだろうといわれている[9]。三田育種場の『舶来穀菜要覧』（1885）には、キャベツ24品種が載っている[10]。その一つ「ヘンデルソンス、アーレー、サンマー、キャベージ（Henderson's Summer）」（図7）は、米国産の極めて早生の新種で、大いなる堅き葉球を結ぶとある。

見渡す限り一面キャベツ（2013年11月）
（写真５）渥美半島のキャベツ畑

中野甘藍（中野早生）の選抜には、当時中野にあった東京府立農事試験場（豊多摩郡中野町〈現中野区中央〉に明治33年創設、現在の東京都農林総合研究センターの前身）金町分場なども協力したといわれている（図８）。中野藤助氏が育成した「中野甘藍（中野早生、中野早春

など)」からは、多くの品種が生み出されて全国に栽培が広がっていった(11)。

現在、キャベツは冬から春にかけては愛知県（写真5）や千葉県などの温暖な気候の土地で、夏から秋にかけては群馬県や長野県、北海道など冷涼な土地で栽培され、品種や産地を変えて1年中市場に出回っている。

ところで、明治中頃の一般家庭では、どのような「西洋野菜」が使われていたのだろうか。『台所重宝記』（1905）によれば、セロリー、アスパラガス、キャベツ、花キャベツ（カリフラワーか）、アテチョ―（アーティチョークか）、ルバー（ルバーブか）などを主に塩ゆでして白ソースをかける、あるいはスープにするといった単純な食べ方だったようだ(12)。西洋野菜の栽培法の普及、生産量の増加とともに、料理法もその後、さまざまにアレンジされていく。このような西洋野菜の導入期、西洋料理の萌芽期に「中野甘藍」が誕生したことは意義深い。

2021年12月

（写真6）東京都立農芸高校の実習用野菜畑

杉並キャベツ

杉並区は東京都23区の西側に位置し、面積3406haのうち、農地面積は36・24haで農家戸数は119戸、23区の中では5番目の広さがある（令和6年4月現在）。私は杉並散歩のお供に、地図代わりにもなる『ふれあい農業すぎなみ農産物直販マップ』（杉並区・杉並区農業委員会発行）を携帯している。年末年始には、少し足を延ばして善福寺公園を目指した。途中にある東京都立農芸高校は、令和2（2020）年に創立120周年を迎えた伝統校で、園芸科学科、食品科学科、緑地環境科の農業専門の3学科がある。広い農場では冬に白菜、キャベツ、ブロッコリー、コールラビ、ニンジンなどが栽培されている（写真6）。その一角には色とりどりの葉ボタンの花壇がある（写真7）。葉ボタンも元をたどればキャベツの仲間だ。毎週金曜日は野菜や花卉、果物など農産物の販売を行っている。

東京都立農芸高校の農場の一角

（写真7）葉ボタンをあしらった花壇

高校敷地の南側の道を西に向かうと、

キャベツやネギ、ブロッコリーを栽培する畑がある（写真8）。草取りをされている方にお話を伺ったところ、令和3年の秋は猛暑日が続き、キャベツの苗の多くが枯れてしまったそうだ。例年ならば今の時期は、キャベツがもっとあるはずなのだが、苗が枯れたところはそのままになっていると残念そうだった。知り合いの農家の方も、売り物になるようなキャベツは採れなかったと話していて、農業は天候次第と改めて思った。

青梅街道を渡ったところに大きな木々に囲まれた井草八幡宮がある。善福寺川沿いのやや高台に位置し、境内脇の坂道を下ると善福寺川に突き当たる。善福寺公園は「野鳥の聖地」とも呼ばれ、湧水があり、善福寺川の水源とされている（写真9）。言い伝えによると文治5（1189）年、源頼朝が奥州征伐に向かう途中、この地で飲料水を求めるために土を掘ったが、干ばつでなかなか水が出ない。自ら弓の筈《はず》で土を7か所掘ると、しばらくしてその7か所に水が湧き出た。水の湧き出るのを「今や遅し」と待ったことから「遅《おそ》の井《い》」と命名された（案内板より）。現在、湧水は涸れ、新たに井戸を掘り、ポンプで汲みあげて「遅の井の滝」として復元している（写真10）。

高台の上にある杉並浄水所は、昭和7（1932）年に竣工し、東京都水道局の区部にある施設の中では、地下水を原水とした珍しい浄水所である（平成28年から使用停止中）（写真11）。

（写真8）住宅地の中にあるキャベツ畑

毎冬カモが越冬する
（写真９）善福寺公園の上の池

善福寺公園
（写真 10）遅野井の滝（復元）

管理棟とろ過槽（現在は使用していない）
（写真 11）東京都水道局杉並浄水所

ザワークラウト（Sauerkraut〈独〉）
シュークルート（Choucroute〈仏〉）

ザワークラウトは、キャベツと食塩で漬けられるドイツの代表的なキャベツの発酵漬物であり、それを使った料理も指す。Sauer（酸っぱい）、kraut（キャベツ、野菜の葉や茎、薬草）という名前の通り酸味のある漬物である。香辛料として一般的にキャラウェイシードを使うことが多いが、クミンシードやディルシード、ジュニパーベリーシードを使うこともある。

ザワークラウトは、かなり古くからヨーロッパ各地で作られていた[13]。ドイツ（神聖ローマ帝国およびオーストリアを含めて）やフランスなどを含む現在のヨーロッパ統一の父とされるカール大帝（７４２?～８１４）も好物だったと伝えられている[2,13]。

ザワークラウトの起源は、世界最古の料理本とされる古代中国の『斉民要術《せいみんようじゅつ》』（北魏時代〈３８６～５３４〉に賈思勰《かしきょう》が著した農書）にさかのぼる[14]。同書の菹法（漬物の作り方）に、容器を密閉し、嫌気的な条件にすれば乳酸発酵が進むのに都合が良いと書かれていることから、乳酸発酵の条件をすでに知っていたと思われる[15]。その後中国では泡菜《パオツァイ》、淹菜《イェンツァイ》、醤菜《ジャンツァイ》などのさまざまな漬物が発展し、現在も多くの人に好まれている。

13世紀半ば、モンゴル軍がロシアや東ヨーロッパ侵攻時に兵糧として携帯していた発酵漬物がヨーロッパに定着し、ザワークラウトになったという言い伝えもあるが定かではない[2,14]。

ザワークラウトは、ビタミンCに富み、大航海時代に水夫たちに恐れられていた「壊血病」の予防に役立った[2,13,14]。キャプテン・クック（ジェームス・クック、イギリスの海軍士官、海洋探検家：１７２８～79）は、１７７０年代の航海中、新鮮な野菜、麦芽、レモンやオレンジの加熱エキス、ザワークラウトを大量に積み込んで乗船員に与え、壊血病による死者を一人も出さなかったといわれている。航海中船員にザワークラウト５００gを週に2回、あるいはそれ以上配給した。長期貯蔵しても効果は変わらなかったと航海日誌に記されている[2]。その後、イギリス海軍では水兵にライムの果汁などを与えることで壊血病の予防ができるようになったが、壊血病の原因はわからなかった。20世紀になってビタミンCを人工的に合成できるようになり、壊血病の予防治療が行われるようになった。

ザワークラウトを日本に紹介した一人は、福羽逸人《ふくばはやと》（１８５６～１９２１）である。著書『蔬菜栽培法全』（１８９３）に、ドイツとフランスではキャベツを細切りにして食塩と和したシュークルートが盛んに作られているとある[16]。肉類に添えたり、スープに和したりと多くの調理法があり、ドイツでは大量に製造し、ヨーロッパ各国に輸出されていた。日本でも東北地方や北海道で同様のものを製造すれば、販路が期待できる（原文では「販路必ず開けん」）と述べている。福羽氏は「新宿植物御苑」の発展にも寄与した人物で、明治25（1892）年に国産初の「福羽イチゴ」を作ったことでも知られている。「とちおとめ」や「あまおう」など多くのイチゴは「福羽イチゴ」から品種改良されたものだ。

ザワークラウトに適したキャベツの一つ
出典：福羽逸人『蔬菜栽培法全』博文館（1893）
（図９）シュウカンタル又はダルサス

ザワークラウトを作る

福羽氏によると、「シュークルートは日本でいえば、漬物なり。キャベツの種類は葉球が大きく葉が薄く平滑なシュウダルサスなどが適している（図９）。樽の上に干ダイコンを造るときに使うカンナ状のものを置いて細切し（図10）、樽いっぱいに詰めて、食塩を和し、その上を圧迫し水分の上がるのを待ち、水を捨てる。そののち、樽を密閉し、そのまま輸送する」[16]。作り方の基本は、今も変わらない。

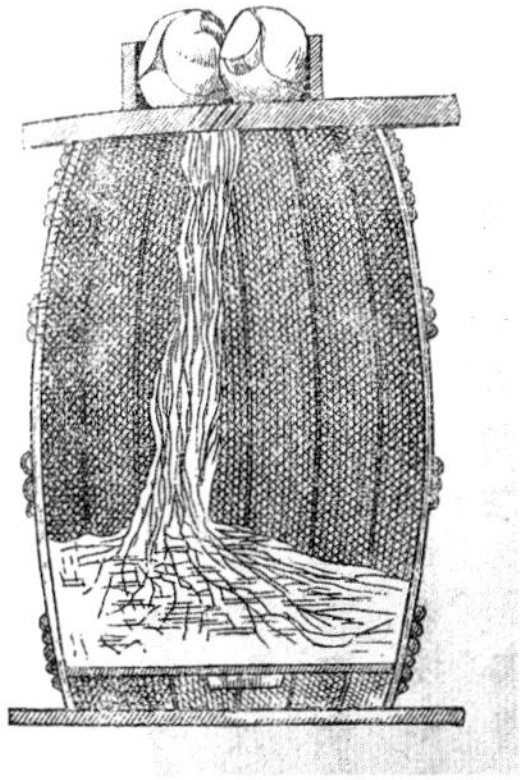

キャベツを千切りにし木樽で発酵させる
出典：図９と同
（図10）ザワークラウト製造法

まず手洗い、包丁やまな板、保存用ガラスビン（容量約１L）などの調理器具は熱湯やアルコールで消毒するなど衛生面に気をつけることは料理の基本である。

〔材料〕
・キャベツ……１個（大体1kg）
・塩……20g（キャベツの重さの２％）
・香辛料（ブラックペッパーシード、キャラウェイシード、ディルシード、ジュニパーベリーシード、唐辛子、ニンニクなど）……適量
・重石

〔作り方〕
① キャベツの外葉をはずし、水洗いしてから４～６分割にする。芯を取り除いて幅２～３㎜の千切りにする。
② 千切りにしたキャベツをボウルに移し、必要量の塩をかけてもみながらよく混ぜ、静置する。15分ほど置くと、しんなりしてくる。

マッシャーや調理用の麺棒等を
使ってガラスビンに詰め込む
（写真12）ビンに詰める

③香辛料を加えてよく混ぜ、ビンへぎゅうぎゅうに詰める。隙間があると空気が入りうまく乳酸発酵が進まないので、マッシャーや調理用の麺棒等を利用して強く押し込む（写真12）。

④重石を載せ、空気を遮断する（写真13）。

⑤発酵が始まるとガスが出始めるので、時々ガス抜きをする。ガスの出方が徐々に少なくなり、酸っぱい香りがしてきたら、発酵が進んでいる証拠である。

⑥1週間ほど（冬期）でキャベツが緑色から黄色くなるとほぼ完成である。泡が出なくなり、酸味がついてきたら冷蔵庫で保存する（写真14）。冷蔵庫で約1週間熟成させるとさらに味がなじんでくる。

室温に置くと発酵が始まり気泡
が出始める。
（写真13）発酵

⑦冷蔵庫に入れて1カ月程度で食べ切る位が美味しい（写真15）。

冬を乗り切る発酵漬物

長野県開田高原の知人が「すんき（漬）」を送って下さった。開田高原は、気温がマイナス15℃以下、積雪30cmで雪の白一色とのこと。さっそく味噌汁にすんきを入れてみた。ちょっとツンとする酸味とともにうま味が増し、数年前に訪れた開田高原の広々とした明るい草地を思い出した。すんきは、木曽地方の在来カブの葉や茎を、塩を使わずに乳酸発酵させた漬物で、冬の保存食である[17]。

ドイツでは秋になると、家庭でザワークラウトを大量に仕込み、冬中楽しんだそうだ[18]。浅漬はサラダなど、古漬けは漬

キャベツの色が黄色くなり、気
泡が出なくなる
（写真14）完成

フランクフルトソーセージと一緒にさっそ
く試食
（写真15）できあがり

け汁と一緒にソーセージや肉類と煮込んでスープにして、味の変化を楽しむという。母が昔、白菜漬を樽いっぱい漬けていたことを思い出す。韓国のキムジャン[14][19]もそうだが、その地域にある野菜を使った冬越しのための保存食、常備食つくりは昔から冬の到来に備える大切な営みでもあった。青菜の不足する長い冬を生き抜く伝統的な食文化、人の知恵には共通するものがあり、作業とその心も受け継いでいきたい。残念ながら母の白菜漬の真似はできないので、ここ数年はキムチやザワークラウトに精を出している。

「甘藍」の名前の由来は、どこからきたのだろうか。キャベツのことを中国や台湾（写真16、17）では甘藍、高麗苞、巻心菜などと呼び、日本ではキャベツとして親しまれている。

江戸時代、宝永（1704～11）～正徳（1711～16）年間に甘藍（おらんだな、諸葛菜、現在のケールに近いものとされる）が日本に持ちこまれた（図11）[20]。やがて食用というより観賞用に品種改良され、はぼたんが誕生した[21]。「はぼたん」が「甘藍」と呼ばれていたことから、明治時代に結球性のキャベツが輸入されたとき、「甘藍」の字が当てられたということだろうか。

台湾淡水の種苗店（2011年11月）
（写真16）甘藍の苗

台湾台北市市場（2016年3月）
（写真17）高麗苞

諸葛菜、おらんだなともいう
（図11）甘藍[20]

謝　辞

「図８　東京府立農業試験場の俯瞰画」の本書への掲載をご許可頂いた（公財）東京都農林水産振興財団東京都農林総合研究センターに感謝申し上げます。

訪れた所

・新宿御苑　東京都新宿区内藤町 11
・東京都立農芸高校　東京都杉並区今川 3 -25- 1
・東京都立善福寺公園　東京都杉並区善福寺２、３丁目
・東京都水道局杉並浄水所　東京都杉並区善福寺 3 -28- 5
・台湾台北市淡水、淡水市場

参考資料

⑴ サイモン・アケロイド 著、内田智穂子 訳『ボタニカルイラストで見る野菜の歴史百科』原書房（2015）
⑵ レベッカ・ラップ 著、緒川久美子 訳『ニンジンでトロイア戦争に勝つ方法』原書房（2015）
⑶ 高嶋四郎 他『標準原色図鑑全集第 13 巻　有用植物』保育社（1983）
⑷ 農林省農務局 編『明治前期勧農事蹟輯録』大日本農会出版（1939）
⑸ 前田正名述『三田育種場着手方法』（1877）
⑹ 國　雄行「内務省勧農局の政策展開―内藤新宿試験場と三田育種場」（1877-81 年）首都大学東京大学院人文科学研究科『人文学報』第 512 号歴史学編 44 号（2016）
⑺ 環境省ホームページ「新宿御苑」より
⑻ 港区ホームページ「来て見て郷土資料館 第 5 話 三田育種場出版資料」（2016）
⑼ 荻原　十「東京都下の蔬菜の栽培と品種の沿革」東京都農業試験場研究報告第 1 号（1953）
⑽ 竹中卓郎 編『舶来穀菜要覧』大日本農会三田育種場（1885）
⑾ JA 東京中央会企画・発行『江戸・東京ゆかりの野菜と花』（1992）
⑿ 村井弦齋『実地経験台所重宝記』報知社出版部（1905）
⒀ スー・シェパード 著、赤根洋子 訳『保存食品開発物語』文春文庫（2001）
⒁ メグ・マッケンハウプト 著、角　敦子 訳『キャベツと白菜の歴史』原書房（2019）
⒂ 宮尾茂雄 監訳『中国漬物大事典』幸書房（2005）
⒃ 福羽逸人『蔬菜栽培法全』博文館（1893）
⒄ 宮尾茂雄「漬物散歩　開田高原―すんきのある暮らし―」食品と科学 61（8）（2019）
⒅ 門倉多仁亜『タニアのドイツ式シンプル料理』NHK 出版（2013）
⒆ 宮尾茂雄「漬物散歩―キムチとトウガラシ―」食品と科学 61（5）（2019）
⒇ 岩崎常正（岩崎灌園〈1786 ～ 1842〉『本草図譜　巻 19 湿草類』刊写入交り、巻 19 写本（江戸時代）国立国会図書館デジタルコレクション
㉑『江戸切絵図』（1862）国立国会図書館デジタルコレクション
㉒ 前田正名述『三田育種場着手方法』（1877）国立国会図書館デジタルコレクション
㉓ 東京三田育種場 編および出版『舶来甘藍』（1884）国立国会図書館デジタルコレクション
㉔ 竹中卓郎 編、大日本農会出版（1885）国立国会図書館デジタルコレクション

すんき

無塩漬物「スンキ」の里を訪ねて

昭和58（1983）年11月上旬、当時の東京都農業試験場の場長、小川敏男氏とともに、典型的な山間部の風情を有する「すんき」の里を初めて訪ねた。「すんき」は、長野県の木曽御嶽山を中心とする山麓部の王滝、開田、三岳《みたけ》村などで、数百年も前から、特殊な製法を用い代々受け継がれている無塩の乳酸発酵漬物である。

中央高速道を西に向かって走り、北那インターで高速道路と別れ、塩尻に向かう国道を走り木曽谷に入った。木曽谷は、開放的な感じのする伊那谷と異なり、確かに「山の中」の雰囲気が漂い、「すんき」の里を予感させるに十分であった。11月にもなると木曽地方は冷え込む日も多いのだろう、山々の麓には、落日を浴びて緋や黄金色に染まった木々が佇んでいた。中津川に向かって南下する国道沿いには、漆器を商う店や工房も数多く見られ、また家具を制作しているらしい工場も散見された。木曽福島の辺りであろうか、「家は、材木で作りましょう」というような標語の立て看板が、昔から続く木曽の産業と木材との強い結びつきを感じさせた（図1）。

国道沿いに北へ向かって流れる奈良井川を離れると、今度は、南方に流れる木曽川沿いを走り、ほどなく目的地である王滝村に通じる道の分岐となる木曽福島に着いた。江戸時代、約270年間、木曽福島は中山道の要衝として「入鉄砲」

（図１）奈良井宿名物「お六櫛」[14]

関所は木曽川を見下ろす高台にあった

（図２）江戸時代の木曽福島の関所[15]

（図３）江戸時代の木曽福島の関所[16]

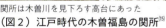

上の段用水（木曽福島市）
（写真１）中山道の「水場」

「出女」を取り締まる重要な関所だった（図2、3）。また、幕府直轄領の飛騨地方を治める代官・郡代のおかれた高山に通じる飛騨街道（現在は国道361号線、江戸時代は江戸街道）と中山道の分岐点に当たる交通の要所だった。今も宿場町の面影が残る（写真1）。

　王滝村は、木曽福島からさらに山奥深く、車で40～50分のところにある。途中に王滝川をせき止めてできた人造湖（御岳湖）があり、水面に対岸の山々を映し、秋の風景にふさわしい静かな眺めであった。木曽の森林資源は、江戸時代から明治2（1869）年まで尾張藩が管理していた。その後、開田高原西野～長峰峠～日和田の一部が宮内省に編入され、宮内省御料局は20年に一度の伊勢神宮の式年遷宮御用材などに利用するため、木曽ヒノキの保護育成を行っていた。王滝村を中心に御嶽山周囲14万町歩あまりの「御料林」が拡がっていたというから、かつては林業、それに馬産の村だった。

　私たちの目指す宿は王滝村役場を通り過ぎ、神々しい雰囲気に包みこまれた木曽御嶽山三合目にある「たかの湯」（当時）である。昔の人々が、木曽福島から神の山である御嶽山（標高3067m）を目指し、一歩一歩念じつつ登ったことを思うと、何やら申し訳ないような気がした。山道の途中には夥しい数の石碑と、いくつかの鳥居が見られた。

　宿は小ざっぱりとしており、シーズンオフのせいか泊り客は我々を含めて十数人であった。翌朝知ったことだが、私たち以外は信仰登山を目的に投宿された方々で、そろって白装束に身を包み、山頂（御岳神社奥社）に向かわれた。

　長い車の旅から解放され、部屋でくつろいでいると、沢の流れのささやきが聞こえてくる。部屋のテレビからは、折りしも日本シリーズの真っ盛り、音声は聞こえるが画面の方はサッパリで、如何にも山の中らしい。

　夕食は、そろって一階の食堂で済ませることになった。お隣の食事内容が気になり、そろそろのぞくと、ほとんど変わらないので一安心。そう、ほとんどなのである。実は、私たちの方には一品余計についていた。御年輩の多い泊り客の中で、如何にも青年風のジーパンスタイルの私を見て、厨房のおばさんが気を利かせて、あるいはみかねて、差し入れして下さったのだろうかと思案しながら、その一品に箸をつけた。一見、野沢菜風の漬物であったが、かつお節を軽くふりかけてあった。これが「すんき」との最初の出会いであった。

宿の予約をするときに、「すんき」のことを勉強したいからと、前もって話しておいたので、宿のご主人が親切にも、「すんき」を用意してくれたようだ。明日は、いよいよ「すんき」の本番がみられる。風呂で汗を流して蒲団に入ると、山の気配に圧倒されたのか、20時頃には寝てしまった。

翌朝、夕食に引き続き朝食にも「すんき」が用意されていた。「すんき」の味噌汁である。一見、菜葉の味噌汁のようだが、味わってみるとほのかな酸味が口の中に拡がり、「すんき」の歯ざわりも良く、美味しく頂いた。

朝食も済みロビーで一息ついていると、「すんき」を作って下さるご婦人が来られた。さっそく旅館の厨房で、実際に漬け込むところを披露して頂いた。

「すんき」を漬ける

「すんき」の原料野菜は、木曽地方在来の赤カブの仲間、王滝蕪《おおたきかぶら》や開田蕪で、丸い部分は茎の一部（胚軸）、外皮は鮮やかな紅色で美しい。「すんき」に用いるのは茎葉の部分で、包丁で切り落とした丸い部分は、塩漬や甘酢漬などにして食べる（赤かぶ漬も昔からの特産品）。茎葉の部分は、上部の方を適当に切りそろえておく。

次に、大鍋を使い沸騰水に茎葉をざっと浸し、冷却することなく、まだ熱いままの状態で、「すんき」専用の木桶に移し、漬種《つけだね》と湯通しした茎葉を交互に積み重ねて漬け込んでいく。この漬種を加えるところが「すんき」の最も大きな特徴であり、他の漬物と異なるところである。漬種は、前年に製造された「すんき」を乾燥させた「すんき干し」と呼ばれるものを水で戻したものである。「すんき干し」は、漬種として使用される以外に、年間を通して、味噌汁の具や油炒めなどにして食される。

このようにして一定量漬け込むと、漬け込み量の約2倍の重石を載せる。次に、ビニールなどで木桶の上部をすっぽりと包み込み、暖かい状態を保って一晩家の中に置く。

翌朝、戸外の漬物小屋に移し、木曽の低温下に置く。木曽の冬は寒く、このような低温下に乳酸発酵させることが、二番目のポイントである。海外では中国の白菜を用いる「北方酸菜」やカラシ菜系の野菜を利用するネパールの「グンドルック」などの無塩漬物があり、多くが寒冷地や高地で作られるのもうなずける。

熟成には約1カ月間かかるといわれているが、圧し蓋と重石をしておくと、1週間もすれば乳酸発酵によって酸味が形成され、コハク酸などの成分も加わって「すんき」特有の風味が醸成される。また、酸のおかげで塩分がなくても長く保存できる。「すんき」は、漬物としてそのまま食べるだけではなく、さまざまな料理に使われ、冬の木曽地方の食卓を彩る。ザワークラウト同様に、調理素材としての一面も有している[1][2]。

すんきとすぐき

すんきの特徴は、食塩をまったく使わないで漬けることで、このような無塩漬物は、すんきのほかには新潟県の「いぜこみ菜」あるいは「ゆでこみ菜」と呼ばれるものや福井県の「すなな漬」[3]が知られているが、生産量は極めて少ない。

京都には上賀茂地区特産の酸菜（すぐき菜）というカブを使った「すぐき」と呼ばれる漬物がある（図4）。7～8％の塩で漬け込み、漬液が上がった後、40℃程度に保温した室《むろ》の中で1週間ほど乳酸発酵させ、その後室から出して熟成させると酸味の強い「すぐき」ができる。

木曽の「すんき」の名前は、京都の「すぐき」からきたともいわれている[4]。

「すぐき」は茎葉とかぶの部分を食塩で漬け込むが、「すんき」は茎葉のみを無塩で漬け込む。暖かい室ではなく、氷点下に冷え込む木曽の風土の中で乳酸発酵がすすむ点などが大きく異なる。海から離れた山麓の村では、塩は大変な貴重品である。そこで昔の人が貴重な塩を使わない青菜の保存食として工夫したのが「すんき」である。

（図4）京都名産「すぐき」ラベル（いよ万）[17]

すんきの製造方法

昭和58（1983）年に初めて訪れたときと比べると、すんきの製造方法は変わってきた。ここでは平成22（2010）年12月に木曽御嶽山の麓で開催された「木曽町合併5周年記念 全国発酵食品サミット2010 in 木曽」の会場で公開されたすんきの製造方法の概略をお話しする（写真2）。

漬け込みの際に原料となるカブの茎葉を湯通しするのがすんき製造の特徴であ

会場近くから（2010年12月）
（写真2）早朝の木曽御嶽山

るが、そのままの形で湯通しする場合と刻んだものを湯通しする場合がある（写真3）。いずれも大鍋で沸かした湯に1～2分湯通しして（写真4）、ざるなどに移し変え、軽く湯切りをしてからまだ温かいうちに樽に詰めていく（写真5）。詰める際は、湯通ししたカブの茎葉を一層詰めた後、その上に「漬種」を載せていく（写真6、7）。漬種は、以前は「すんき干し」と呼ばれる前年に製造したすんきを冬の間、外気に晒して天日乾燥させた、いわばすんきの凍結乾燥状態のも

（写真3）王滝カブの茎葉を刻む

（写真4）茎葉を軽く湯通しする

ザルで湯を切り、温かいうちに樽に詰めていく
（写真5）樽詰め

前年につくり冷凍しておいたすんきを解凍
（写真6）漬種を加える

（写真7）よく混ぜる

45℃前後に温度が下がるのを待ち、茎葉を入れ、その上に漬種を加える（繰り返す）
（写真8）茎葉と漬種を入れる

樽に隙間なく詰めた後、ビニール袋から空気を追い出し、しっかり口を閉じる
（写真9）密封

重石をおき、樽ごと新聞紙などで包む
（写真10）保温

のだった。近年はすんきを冷凍しておき、それを解凍して刻んで利用する（写真8）。あるいはすんきの漬液の冷凍品を解凍して使うこともある。湯通ししたカブの茎葉と漬種を隙間なく詰めた後は、ビニール袋から空気を追い出して密封する（写真9）。重石をして樽ごと新聞紙などで包み保温する（写真10）。一晩家の中など暖かいところにおき、翌日外にある漬物小屋に移す。まもなく茎根から赤色が浸出してやや色づき、見た目も美しくなる（写真11）。1週間ほどですんきができる（写真12）。さらに1～2カ月ほど発酵させると飴色のすんきが完成する。

長野県在来カブとの出会い
—王滝カブ・開田カブ—

カブは日本では奈良時代以前に渡来し、広く栽培されている。農研機構（農業・食品産業技術総合研究機構）の在来品種データベース（2025年2月現在、44都道府県291品種）には、カブだけで50品種の登録がある。

長野県木曽地方には王滝蕪、開田蕪、三岳黒瀬《みたけくろせ》蕪、細島蕪、吉野蕪、芦島《あしじま》蕪の6品種の赤カブがあり、信州の伝統野菜に認定されている（2007年）[5]。上松町、南木曽町、木曽町、木祖町などで漬けられるすんきは平成29（2017）年度に日本地理的表示保護制度（GI）の登録産品となり、「すんきブランド推進協議会」が、会員であるすんき製造者の生産工程管理記録の確認を行い、伝統的な技術と味を守っている[6]。

王滝カブは、300年前の古文書に尾張藩への年貢として納めた記録がある[5]。

茎根から赤色が浸出して色づき、見た目も美しい（加村金正さんの奥様が漬けたもの）

（写真11）色づいたもの

1週間ほどで食べられる（五味沢ミチ子さんが漬けたもの）

（写真12）完成

また、元禄時代の句会の連句にも木曽の「酸茎」として載っているそうで、古くから漬けられていたことがわかる。開田カブは江戸時代に書かれた『木曽巡行記』（1838）に「末川の蕪は名物なり、味よし」と記載されている。開田高原の辺りはかつて末川村といわれ、そこが起源なので「末川蕪」と呼ばれていた（写真13）。三岳黒瀬カブはダム工事に伴って絶滅したと思われていたが、平成10（1998）年頃に一軒の農家が栽培していることが確認され、種子が継承されている。芦島カブは栽培農家が少なく、継承が危惧されている。王滝カブと開田カブは現在、多くの農家により自家採種されている。しかし、他の品種と交雑しないよう維持保全することはなかなか大変なことだ[7]。なお、王滝カブと開田カブは形態調査等により近隣地域で同祖的品種がわずかに変化したもので、近縁関係にあることがわかっている[8]。

平成30（2018）年秋、三度目の「すんきの里」探訪は木曽福島でレンタカーを借りて、王滝村から開田高原まで足を延ばすことができた。王滝村では長野県木曽農業改良普及センター神戸さん、王滝村役場経済産業課溝口さん、ひまわりマーケット代表者五味沢ミチ子さんにすんき畑（写真14）や王滝カブ（写真15）を見せて頂いた。掘り上げたカブはきれいに洗い、直ぐに茎葉とカブの部分を切り離す（写真16）。漬け方のお話などを伺いながら、漬けて1週間ほどたった美味しいすんきをごちそうになった（写真12）。

開田高原ではかねて見学したかった「山下家住宅（開田考古博物館）」を訪れた。江戸中期から大正初期にかけて栄えた大馬主の家で、「伯楽」と呼ばれる馬医を兼ねていた。馬医学に関する古書や明治期に初めて編纂された獣医学の教科書など、珍しいものが大切に保管されていた。建物は、慶応元（1865）年から2年にかけて建築された木造一部二階建の切妻造（本棟造）で、平成6（1994）年長野県宝に指定された（写真17）。

かつては飛騨街道の地蔵峠を越え木曽福島の馬市に馬を連れて行った
（写真13）開田高原末川

五味沢ミチ子さんの畑
（写真14）王滝カブの畑

写真14と同
（写真15）畑から掘り出し、水洗した王滝カブ

茎葉とカブの部分を切り離す。表面は紅色だが、内部は真っ白（写真14と同）
（写真16）王滝カブ

長く厳しい冬の間、馬と人はひとつ屋根の下で暮らした。土間にはうまやと馬の餌を温めるかまどがあった（写真18）。その隣の漬物蔵には大きな漬け樽（木桶）が残っていた（写真19）。すんきをはじめ、冬越し用の大量の漬物が貯蔵されていたのだろう。

館長の加村金正さんに、「すんき」を訪ねて木曽に来たことをお話すると、「木曽ではすんきは、婚礼の席（写真20）や葬儀の際にすんきそばとして供される馴染みの食材」と教えて下さった。ご自宅でも奥様がちょうど漬けているので、明日の朝取りに来るようにとの嬉しいお話があった。

翌朝は冷え込みが厳しく、宿舎近くの畑には霜が降り（写真21）、カブの葉が凍りついていた（写真22）。霜が降りるとカ

木曽の三大馬地主の一人
（写真 17）山下家住宅

土間を挟んで向かい側奥に厩（うまや：馬小屋）と馬用のかまど（写真 17 と同）
（写真 18）厩と馬用かまど

土間には漬物小屋があり、木桶が残っている。手前たて長の木桶はすんき用か？（写真 17 と同）
（写真 19）漬物小屋

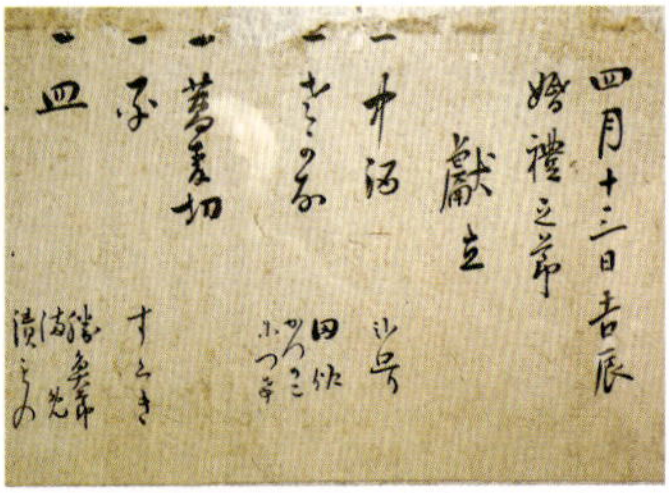

「お平」と呼ぶ平皿にすんきをよそった（4月 13 日〈明治時代か？〉）（写真 17 と同）
（写真 20）婚礼の献立

開田高原
（写真 21）早朝の開田カブ畑

開田高原
（写真 22）霜が降りた開田カブ

加村さんの奥様が届けて下さった、荷台奥の丸い容器にはすんきが入っている
（写真 23）開田カブ

ブ葉も甘くなり、すんきの漬け時だといわれる。加村さんから開田カブ（写真23、24）と漬けたばかりのすんき（写真11）を頂いた。

すんき汁（写真25）、すんき蕎麦（写真26）などを堪能して、すんきと赤カブをお土産に帰路についた。

すんきの微生物学と家庭の味

すんきの微生物叢《そう》について最初に研究を行った中山大樹氏は、当時「酒の博士」として有名な東京大学応用微生物研究所の坂口謹一郎《きんいちろう》（1897～1994）博士の下で研究をされていた。すんきが腐らないことから「防腐性の細菌」が存在すると考えて、乾燥すんきから *S. faecalis* と *Leuc. mesenteroides* の2種類の乳酸菌を分離した。*S. faecalis* は人体を起源とする contaminant と推定し、*Leuc. mesenteroides* をすぐきの主要菌と推定した[9]。引き続いて行った研究では *Lactobacillus* 属菌などの乳酸桿菌[10]や *Pediococcus*、*Tetragenococcus* 属菌[11]などの乳酸球菌を分離同定した。

最近の研究では、主要な乳酸菌は *L. fermentum*、*L. plantarum*-group、*L. delbrueckii*、*L.buchneri*-group などである[12]。さらに、メタゲノム解析などの手法によりすんきの菌叢はほとんど *Lactobacillus* 属乳酸菌で構成されていることがわかった[13]。

しかし、菌種構成や成分組成は試料（すんき）により異なり、構成菌叢は大きく3つのタイプに分けられ、成分の含有量も菌叢と関連することがわかっている[13]。

平成30（2018）年に訪れた王滝村で「すんき名人」と呼ばれた五味沢ミチ子さんが『すんきは樽や家庭によって味が違う。他の家庭で作っているすんきと合わせてみる、あるいは他所のすんきの漬け汁を混ぜると、すんきが元気になり美味しくなることもある』とお話しされていたことを思い出した[2]。まさにすん

王滝カブに比べてややズングリ
扁平な感じだが、区別がつかない
（写真24）開田カブ

（写真25）すんき汁

（写真26）すんき蕎麦

きは家庭の味であり、生き物なのだ。
発酵漬物は日本の各地域の風土に根ざした特産野菜や伝統野菜を原料として乳酸発酵させ、保存性を付与させたものである。このような伝統食品は原料である野菜の確保と製造技術が両輪となり、守り発展させていくことができる。これらを大切にすることが、貴重な我が国の食文化を伝承することにもつながる。

訪れた所

・たかの湯　長野県木曽郡王滝村 3168
・木曽福島会館（2017 年閉館）　長野県木曽郡木曽町福島本町
・王滝村村役場 長野県木曽郡王滝村 3623 と五味沢様ご自宅
・県宝「山下家住宅」　長野県木曽郡木曽町開田高原西野 2730

参考資料

(1) 宮尾茂雄「「すんき」の里を訪ねて」*New Food Industry* 26（2）（1984）
(2) 宮尾茂雄「「すんき」の里との再会」*New Food Industry* 61（5）（2019）
(3) 農文協 編『聞き書ふるさとの家庭料理 第 8 巻 漬けもの』（社）農山漁村文化協会（2003）
(4) 小川敏男『漬物と日本人』（NHK ブックス）日本放送出版協会刊（1996）
(5) 在来品種データベース「カブ」農研機構農業生物資源ジーンバンク　44 都道県 291 品種を掲載（農研機構・山形大学、情報公開日：2024 年 3 月 26 日）
(6) 長野県木曽農業農村支援センター「みんなの農業広場「木曽の赤カブ－家庭の食卓に欠かせない木曽地域の赤カブ」」（2023 年 1 月 25 日）月刊「技術と普及」全国農業改良普及支援協会（令和 3 年 1 2 月号）
(7) 小原涼太郎 他「長野県在来カブ品種‘開田蕪’における自家採種の現状」信州大学紀要 AFCNo.22（2024）
(8) 大井美知男 他「長野県在来カブ・ツケナ品種の表現型の変異と類縁関係の推察」信州大学農学部雑誌 36（1）（2000）
(9) 中山大樹「木曾のスグキの細菌に就て」日本農芸化学会誌 23（11）497（1950）
(10) 中山大樹、小池弘子「食塩を使わない漬物「スンキ」の乳酸菌群について（第 1 報）菌の分離および桿菌群の同定」醗酵工学雑誌 43 157（1965）
(11) 中山大樹、小池弘子「食塩を使わない漬物「スンキ」の乳酸菌群について（第 2 報）球菌群の同定」醗酵工学雑誌 43 799（1965）
(12) Endo,A, *et al.*　Letters in *Applied Microbiology.*"47　221（2008）
(13) 農研機構「無塩の伝統的発酵漬物「すんき」の乳酸菌叢と成分組成の包括的解析」
(14) 渓斎英泉『三十五 岐阻街道奈良井宿名産店之図』保永堂、国立国会図書館デジタルコレクション
(15) 福島の関隘（かんえき；狭い関所の意味）、秋里籬島 編ほか『木曽路名所図会 6 巻』のうち巻 3　河内屋喜兵衛他（1814）国立国会図書館デジタルコレクション
(16) 広重『木曽海道六拾九次之内福しま』錦樹堂、国立国会図書館デジタルコレクション
(17) 電子展示『捃拾帖』（拡張版）東京大学総合図書館デジタルコレクション

藤沢カブ・温海カブ
焼畑と温海カブの漬物

「焼畑」という言葉を初めて聞いたのは、中学校の社会科の時間だった。無肥料で原始的な農耕法であるように思っていた。その後、民族学者・佐々木高明氏の著書『照葉樹林文化とは何か』に出会い、焼畑は「森を伐採して作物をつくる照葉樹林文化を支えるもっとも重要な生業」[1]であり、中国、東南アジア、台湾、日本（西南日本・五木村など）と地域は異なっていても、火入れ後の焼畑で栽培される陸稲、アワなどの雑穀類やマメ類、サトイモなどのイモ類といった作物構成には類似性があることを知った。さらに興味深いことに、粽《ちまき》やおこわなどのもち米食、なれずし、納豆、麹酒などの発酵食品、茶葉の食用や飲用など食文化にも共通性があった[1]。しかし、遠い地域の話であり、また、国内で焼畑栽培が行われていたのは戦後の高度経済成長期頃までといわれていたため[1]、現在、焼畑が行われている地域があることを私は知らなかった。

朝日新聞の紙面（2010年8月）で、山形県鶴岡市郊外で焼畑栽培や藤沢カブなど山形在来作物の発掘、保護、育成に取り組まれている山形大学農学部・江頭宏昌先生の記事を目にした。焼畑で栽培されたカブは従来の畑で採れたものと比べて美味しいとお話されており、機会があれば是非訪れてみたいと思った。今回は焼畑と、そこで栽培されるカブと漬物を巡る散歩に出かけたいと思う。

焼畑を訪ねて

平成22（2010）年11月末に山形市で食品関係の研究会が開催された。午後

山形市内
（写真１）青菜を積んだバイク

山形市内
（写真２）荷台には干した青菜が山積み

毎年正月10日に市神様を中心にして「初市」が立った（同山形市内）
（写真３）最上十日市跡の碑

からの研究会まで時間があったので、山形駅の周辺を歩いてみた。駅に近い五日町の木造家屋の前にややしんなりとした山形青菜《せいさい》を山積にした小型バイクが停まっていた（写真1、2）。この後、青菜漬にするのだろう。青菜は明治37（1904）年に中国から導入された品種で、高菜の仲間だ。やや辛みのあるシャキシャキした青菜漬は、山形県伝統漬物の一つで、美味しい（農水省ホームページ：うちの郷土料理、次世代に伝えたい大切な味「山形県青菜漬」）。近くには、江戸時代城下町として賑わった頃の十日市跡の碑があった（写真3）。

研究会の翌日、鶴岡まで足を延ばした。焼畑栽培が行われている地域は、鶴岡市郊外ということだけで詳細はわからなかった。事前に市の農政課に問い合わせたところ、「個人的なことはお話できないが、山形県の在来作物を使った漬物、酢漬けなどを作っている漬物店、本長《ほんちょう》さんは、焼畑栽培の農家の方とも親しいので、お話などを聞くことができるかもしれない。」と紹介して下さった。

㈱本長は鶴岡から電車で一駅、羽前大山という酒造りが盛んな土地にある。地元の造り酒屋に勤めておられた先々代が明治41（1908）年、酒粕を利用した漬物の製造を始められ、みりん漬缶詰なども作っている（写真4）。社長（当時）の本間光廣さんには以前お目にかかったこともあり、今回突然伺った経緯を説明したところ、カブの収穫は10月からなので、今も残っているかどうかわからないとのことであったが、お忙しい中、時間を割いて焼畑栽培が続けられている藤沢

対米輸出もしていた㈱本長
（写真4）みりん漬缶詰

焼畑の様子や温海カブ、藤沢カブ等の在来作物を紹介
（写真5）㈱本長での展示

藤沢不動尊
（写真6）不動堂

切株が残る（藤沢地区）
（写真7）林間に広がる焼畑

地区に案内して下さった。
本間さんは山形の在来作物に関心をもたれ、藤沢カブ（*Brassica rapa L. var. rapa*）の焼畑栽培が復活し、軌道にのり始めた平成2（1990）年以降は、収穫されたカブを漬物に加工利用する道を開かれ（写真5）、現在も続けられている。

藤沢地区は湯田川温泉の近くにあった。途中、水田から細い急傾斜の山道に入るところで車を降りて、役の行者ゆかりの霊場、藤沢不動尊にお参りした（写真6）。さらに、沢沿いの道を登っていくと、山の斜面一区画の木々が伐採され、30㎝程の切り株があちらこちらに残り（写真7）、切り株のまわりを緑の葉が一面に覆っていた。11月末の寒さの厳しい時期にもかかわらず、緑の葉はツヤツヤして勢いが良い（写真8）。薄暗い林道を歩いてきたので、急に空が大きく開け、斜面には明るい日差しが注いでいた。斜面で育っていた元気な葉は藤沢カブのものであった。地上部が紅く色づき、地面から数センチ首を出していた（写真9、10）。林道から外れて作業用の細い坂道が畑まで続いていた（写真11）。急な斜面で、しかも雨の後でぬかるんでおり、歩くのも容易ではなかった（写真12）。

(写真8）葉を元気に広げた藤沢カブ

㈱本長
(写真10）漬物用に葉を落とした藤沢カブ

(写真9）地上部が紅色の藤沢カブ

(写真 11）カブ畑の作業用小道

本間光廣さん（左）と筆者
(写真 12）カブ畑

藤沢カブの由来・歴史

藤沢カブが、藤沢地区で栽培されるようになった時期は不明であるが、明治の頃にはすでにあったといわれている。昭和40年代頃までは藤沢地区の全ての農家が毎年焼畑で藤沢カブを栽培していたが、50年代以降は減少の一途をたどり、60年代には地元の農家、渡会美代子さんお一人で普通畑に一坪（3・3㎡）程、栽培するだけとなっていた。渡会さんから栽培を受け継いだ後藤勝利さんは、渡会さんと協力して種子の維持を行っていたとのことだ。そんな状態を案じて平成2（1990）年に、荘内日報が藤沢カブの危機的状況を新聞記事にした。その記事を見た鶴岡市内の漬物業を営む㈱本長の本間光廣さんが藤沢カブの商品化に関心を持ち、後藤さんの協力を得て平成5年には10aほどの焼畑栽培が復活し、甘酢漬けの新商品「藤沢カブ」が発売になった。

平成16（2004）年の生産面積と生産量は5～6反歩（50～60a）で4～5t、令和3（2021）年は農家2軒が共同で焼畑栽培を行っている。平均収量は一反あたり約800kgで、温海カブの1000kgと比較するとやや少ない。焼畑栽培で8月の上中旬に火入れ・播種し、10月頃から降雪前の12月頃まで収穫を行う。(2)

焼畑の1年

本間さんから焼畑の「火入れ」の様子を伺った。前年の秋に杉の木を伐採し、梅雨明け後「山ばらい」を行う。斜面に残った枝や葉を乾燥させた後、敷きつめて火床の準備を行う。8月10日前後に「火入れ」を行う。山の風が凪いだ午前2時頃から日の出までの間に、山の上から火をかけて山裾へと火を追って行く。下まで焼き下ろすには昼頃までかかるそうだ。責任者を中心に、全体に号令を出しながら、何人もの共同作業で行われる。勢いよく燃え上がる炎が相手であり、熟練の技が必要だ。本間さんと会社の従業員の方も前年は参加されたそうだ。「見物人の方が多いくらいでした。」と笑っておられた（写真13、14）。地面がまだ熱いうちに種を播き、カブを育てる。早いものは10月に入ると収穫できるようになる。

㈱本長提供
（写真 13）火入れ作業

作業が終わり木灰で覆われた斜面（写真 13 と同）
（写真 14）火入れ作業

冬が近づき、カブの収穫が進んで株の間から地面の黒土が見え始め、畑の中を楽に歩けるようになると、その年のカブの収穫は終了する。残ったカブはそのまま深い雪の下で春を待つ。4月末~5月に茎が伸びて（とう立ち）、花が咲くとカブ畑一面が黄色い花畑に変わるそうだ。「とてもきれいですから是非いらして下さい」とのお話だった。5月末にはカブの種を採り、また新しい1年が始まる。

　山仕事とカブの栽培は密接に関連している。カブを栽培したのち、杉などの苗木を植林する。何十年後かに大きく育った木は木材として出荷される。伐採を行った際に残る枝や葉は焼いて（かのやき）灰にすることで土壌の消毒、寄生虫防除が可能になり、木灰は肥料にもなる。農薬を使わずに作物栽培が可能となる。

　植林した山は子供や孫の世代へと引き継がれていく。林業と焼畑、50年から100年位の周期を考えているという。

カブは優等生

「寒い夏はカブの種を播け」という言い伝えが鶴岡にはあると本間さんが教えてくださった。米が不作のときはカブを育て、飢饉に備える。カブは8月に種を播いても10月には収穫でき、ソバと並んで生育の早い作物である。その年の稲の作柄があまり良くないと予想された時点で種を播いても冬には収穫できる。焼畑に粗放的に広く栽培されたカブは、無肥料無農薬無除草無中耕栽培で凶作にもよく耐えてきた作物であり、救荒作物としての優れた面が、庄内地方に残る多様なカブの品種（温海カブ、田川カブ、宝田谷カブ、藤沢カブなど）を生み出し、今日まで伝えられてきたのだろう。

　カブは日本原産ではなく、かなり古い時代に日本に伝えられた。奈良時代に書かれた『日本書記』の持統天皇7（693）年3月17日条には、「桑、紵《カラムシ》（イラクサ科の多年生植物、丈夫な繊維がとれるため古代から利用されていた）、梨、栗、蕪菁《かぶら》らの草木を勧め植えて、以て五穀を助けしむ」との詔が出され[3]、栽培が奨励されたとある[4]。「阿乎奈《あおな》」、「蔓菁《あおな》」、「河夫毘《かぶら》」と書かれた木簡が当時の遺跡から出土し、葉も根もいろいろに調理されたことがわかっている[5]。温海カブの起源をさかのぼると、鎌倉時代まで行きつく[4]。江戸時代、江戸の町では高値で取引されていたそうだ[6]。

　焼畑は二酸化炭素の放出で地球温暖化を促進するのではと思われがちだが、植林すれば数十年後には同等の二酸化炭素を回収できるので、大きな問題ではないと江頭先生は述べておられる[6]。南米などで進行中の収益性が高い単一作物、例えばバイオエタノールとして需要の高いトウモロコシなど、ジャングルを焼き払う大規模栽培とは全く発想が違う。木や農作物、それを生み出す土を慈しむ持続可能な栽培法である。しかし、国産杉材の価格低迷により材木が売れず、伐採地（焼畑候補地）も激減し、また、焼畑人口の高齢化により、焼畑栽培は存続が難しくなっているのが現状である[6][7]。

温海《あつみ》カブに出会う

山形県庄内地方、温海温泉に近い山間の集落では昔から「温海カブ（*Brassica rapa L. var. rapa*）」が焼畑農業で栽培されてきた。これを平地で作るとカブ本来の性質が出ないので、この栽培法が守られてきた[4]。この地域での焼畑栽培はいつ頃から行われてきたのだろう。焼畑農耕文化は縄文時代の後・晩期に日本列島、西日本の照葉樹林帯に伝来したとされ[8]、「稲作以前の日本農業の形」を伝承しているといわれている[4]。九州、四国、中部地方の山村でかつて営まれていた焼畑の主要作物はアワ、ソバ、ダイズ、アズキ、ヒエ、サトイモなどで、カブが栽培されていたという記述は見あたらない[1][8]。一方、東北地方とくに山形県の焼畑（昔は「かの畑」といった）では広くカブの栽培が行われ、焼畑専用のカブ（かのかぶ）として自家採種し、普通畑（常畑）には作付しなかった[9]。

延宝年間（１６７３〜81年）には、焼畑（かの畑）があったという古文書が残っている[9]。

（写真 15）田川地区の焼畑

『松竹往来』（庄内藩士角田儀右衛門 著、１６７２年、庄内の村や城下町の特産物・動植物などの記録）に「温海蕪」の記載があることから、３００〜４００年前にはすでに温海の特産物であり、江戸時代の寛政・文化（１８００年前後）の古文書にも、カブ1個が4文に相当（18個で米一升に相当）していたことが記されている[2]。

鶴岡市農政課の方のお話では、「庄内では江戸時代に平場は全て水田になり、米作りが行われていた。山間部、米を作れないところに他の作物、カブなどを栽培していたとも言える。」とのお話だった。

（写真 16）田川カブ

藤沢地区から、江頭先生が「焼畑ロード」と名づけた国道３４５号線を車で走ってみた。国道沿いには山林を切り開いた焼畑がところどころに見えた（**写真15**）。畑の際まで入ると、種採り用に残された直径5㎝位の丸々とした鮮やかな赤カブが残っていた（**写真16**）。田川地区と標識にあったので、「田川カブ」だろうか。途中から温海温泉方面に右折し、一霞地区をめざした。知人のお父様、本間時夫さんが温海カブを栽培しているというので、立ち寄らせて頂いた。長い間山仕事に従事しておられ、焼畑栽培で温海カブを作っておられたが、数年前に腰を痛めてから、平地での栽培を行っている。山で焼畑栽培をしていた頃は、時期が来ると息子さんたちが手伝いに来られたそうだ。傾斜の畑が管理できなくなっても、枝や葉を山から持ってきて平地の畑に播き焼いている。そうすることで、「虫やバイキンを防ぐことができる」という。

お会いすると、夏の暑さと水不足でカブはまったくの不作とがっかりされていたが、それでも畑に案内して頂いた（写真17）。その年は家庭で作る漬物用だけで、出荷はしていないそうだ。川沿いの畑には真紅に色づいた温海カブがたくさん頭を出しており、好きなだけ採っていくようにと言ってくださった。ご自分でも「これは美人、自慢できるけれど、これはだめだね」「やっぱりきれいに赤くならないといけない」などとおっしゃりながら抜いてくださった（写真18）。土が柔らかいせいか、軽く引っ張るだけでカブが抜ける（写真19、20）。頂いた温海カブは東京に持ち帰り、教わった漬け方でさっそく甘酢漬けにした。葉や根を落として正味で6kgもあった。やや表面がしわくちゃな鮮やかな赤色に染まったカブが甕にどっさり漬かった（写真21、22）。現在は甘酢漬けが多いが、30年くらい前は味噌と塩（ときには麹や柿）で漬け込む「あば漬け」が主流だったそうだ[6]。カブの味噌漬けは、手入れを良くすると1年以上長持ちさせることができる[10]。

（写真17）一霞地区のカブ畑

（写真18）カブを探す本間時夫さん

（写真19）温海カブ

（写真20）温海カブ

11月29日（2010年）、自宅
（写真21）温海カブを漬ける

12月31日（2010年）、自宅
（写真22）温海カブ甘酢漬

次の収穫期までの1年間、保存食として大切に使っていたのかもしれない。

在来作物

山形には在来作物がたくさん残っている。だだちゃ豆、雪菜、民田《みんでん》ナス、鵜渡《うど》川原《がわら》キュウリ、東京で評判のオカヒジキなど、約157種ともいわれる在来作物の宝庫だ(6)(7)。そのうち在来カブは藤沢カブ、温海カブなど約20種類あり、丸カブや長カブ、白カブや赤カブなどさまざまで、一部は今も焼畑栽培が続けられている(6)。山形在来作物研究会編の『どこかの畑の片すみで—在来作物はやまがたの文化財—』の中に、「なぜ、山形県には多くの在来作物が残っているのでしょうか。在来作物を栽培している人々に聞くと一番多く返ってくる答えは『美味しいから』」とある。そして「焼畑でつくられた作物は体験的に、普通畑のものよりもおいしいといわれることがある。」(6)という。焼畑ロードの途中で立ち寄った茶店の方も、毎年カブをたくさん漬けて東京の知人に送り、喜ばれているそうだ。「このあたりの焼畑で作るカブでないと美味しくできない、きっとどこか違うのでしょうね。」と嬉しそうに話されていた。本間時夫さんのお宅にお邪魔したときも、車で甘酢漬けを取りに来られる方があり、ファンが多いようだ。ほどよい食感と、噛みしめたときのややツンとした独特の辛み、甘酸っぱさが心地よい。

何故美味しくなるのだろうか。長年にわたり木曽の人々の暮らしを記録された市川健夫先生によると、「ソバ作りと森林の関係は、極めて濃厚」であるが、明治時代から木曽御料林では焼畑耕作が禁止されたためにソバ畑には刈敷（クヌギ、ナラの若枝）やクマザサの灰を肥料として使っていた。「ソバのように品種改良をあまり経ていない作物は、化学肥料のみで栽培するとうまくいかない。（略）最近ソバの風味がなくなったのは、（略）新品種が作られるようになり、また有機質肥料があまり使われないからだ」と述べておられた(11)。在来作物にはそれに適した栽培法があり、それを伝承することが美味しさの秘密なのだろう。

「美味しい」という作物に対する信頼、地元の方や大学の研究者など多くの方の協力で続けられた焼畑と在来作物の栽培、問題はまだまだ山積みかもしれないが、素晴らしいネットワークができていることに感心した。

漬物の味は素材の良さに負うところが大きい。農作物そのものの持つ力が美味しい漬物を産み出してくれる。漬物を知るには、農作物を知ること、それを守り、育てようと努力される方の作物に対する愛情や知恵を知ることが大切である。農作物は人と土に支えられた自然の賜物であるとあらためて思った。

謝辞

ご多忙にも関わらず焼畑栽培のカブ畑に案内して頂き、興味深いお話をして頂いた㈱本長の本間光廣様、一霞地区本間時夫様に感謝申し上げます。なお、本文中写真13、14は本間光廣様からご提供頂き、掲載のご許可を頂いたものです。

訪ねた所

- 十日市跡碑　山形市十日町2-4、毎年正月10日に市神を中心にして立つ市を「初市」と呼んだ
- ㈱本長　山形県鶴岡市大山1-7-7
- 鶴岡市郊外の藤沢カブの畑
- 本間時夫さんのカブ畑（一霞地区）

参考資料

⑴佐々木高明『照葉樹林文化とは何か』中央公論新社（2007）
⑵農業生物資源ジーンバンク「温海カブ」、「藤沢カブ」品種情報より（国立研究開発法人農業・食品産業技術総合研究機構）
⑶木村茂光『ハタケと日本人』（中公新書1338）中央公論社（1996）
⑷菅　洋『有用作物、ものと人間の文化史119』法政大学出版局（2004）
⑸廣野　卓『食の万葉集』（中公新書1452）中央公論社（1998）
⑹山形在来作物研究会 編『どこかの畑の片すみで―在来作物はやまがたの文化財―』山形大学出版会（2007）
⑺山形在来作物研究会 編『おしゃべりな畑―やまがたの在来作物は生きた文化財―』山形大学出版会（2010）
⑻佐々木高明『日本文化の基層を探る　ナラ林文化と照葉樹林文化』（NHKブックス667）日本放送出版協会（1993）
⑼山口弥一郎『東北の焼畑慣行』恒春閣（1944）
⑽『家庭漬物の漬け方辞典』東光書院（1934）
⑾市川健夫『山と木の日本人　森に生きる木曽人の暮らし』（NHKブックス〈カラー版〉）日本放送出版協会（1989）

漬物缶詰

缶詰（MADE IN JAPAN）誕生と漬物缶詰の世界

漬物缶詰に興味を持つようになったきっかけは、美術館の資料室で手にした「缶詰ラベル博物館」（日本缶詰協会〈現・（公社）日本缶詰びん詰レトルト食品協会〉監修）(1)との出会いだった。水産物や蔬菜《そさい》水煮に混じって福神漬、みりん漬、ザワークラウトなどの漬物缶詰の色鮮やかなラベルが載っていた（図1）。ラベルは日本画風のデザインなのに、多くが英文併記であった。手元にある「缶詰ラベルコレクション MADE IN JAPAN」(2)よりも収録数が多く、印刷が鮮明だった。絵画のような艶やかなラベルをまとった漬物缶詰は、いつ頃作られ使われていたか、興味を覚えた。漬物缶詰の世界に誘われ、早速散歩にでかけることにした。

瓶詰・缶詰の発明者は菓子職人

瓶詰の製造法を発明したフランスのニコラ・アペール（１７５０～１８４１）は、プロの料理人といわれている(3)。パリに菓子店を開いた31才の頃、砂糖を使った果実の保存法に関心を持つようになった。その後、味や食感を損なわない食品の保存法の研究へと興味の幅が広がった。その結果、牛肉入り野菜スープの「瓶詰」を考案し、試作品をフランス海軍に送ったところ、美味しいと好評を得た。１８０４年には自身の瓶詰工場を建設した。製造にあたっては清潔と衛生に細心の注意を払い、新鮮で最上の食材を使うことにこだわりを持っていた(3)。

当時、ナポレオン戦争（１８０３～15）による海上封鎖が続き、フランスへの砂糖の供給が止まっていた。アペールは、フランス政府の懸賞募集「砂糖を使わないで食品を長期保存する方法の研究」に当選し、１８１０年に１万２０００フランの賞金を獲得した。彼が考案した瓶詰は、食品を詰めたガラス瓶を加熱して空気を追い出すことで長期保存を可能にし、「無気貯蔵法」とも呼ばれた(4)。しかし、ガラス瓶は少しの衝撃でも破損しやすい欠点があった。

その後、イギリスのピーター・デュ

第５回内国勧業博覧会３等賞受領
出典：藤田政治郎謹製（藤田罐詰㈱所蔵）
（図１）福神漬缶詰ラベル

ラン（1766〜1822）は、金属製の密封容器による貯蔵法を開発し、1810年イギリス政府から「動物及び植物性食品の保存法」の特許を取得した[3]。初期の金属容器（缶詰）はブリキとハンダによる手作業で作られ、職人1人当たり一日60缶位しかできなかった。

当時は微生物が空気のない環境でも自然に発生するという「自然発生説」が信じられていた時代で、貯蔵容器のなかの食品が腐敗しない理由は知られていなかった。フランスのルイ・パスツール（1822〜95）は、細いガラス管を細工した「白鳥の首型フラスコ」を用いた公開実験を行い、空気ではなく微生物の働きで腐敗することを実証した。空気中の微生物の存在を明らかにし、「自然発生説」が誤りであることを証明した[5]。

国産缶詰第1号は長崎生まれの「イワシ油漬」

日本で最初に缶詰を作ったのは、長崎の広運館《こううんかん》（長崎にあった外国語学校）に勤めていた松田雅典《がてん》（1823〜95）で、明治4（1871）年のことだ[4]。同館のフランス人教師レオン・デュリーが缶入り牛肉を食べるのを見た松田は、デュリーの指導でイワシ油漬缶詰を試作した。松田の強い要望で、明治12年には長

明治17年商標登録された缶詰ラベル
出典：北海道立文書館所蔵
（図3）日本北海道石狩川産さけ缶詰ラベル

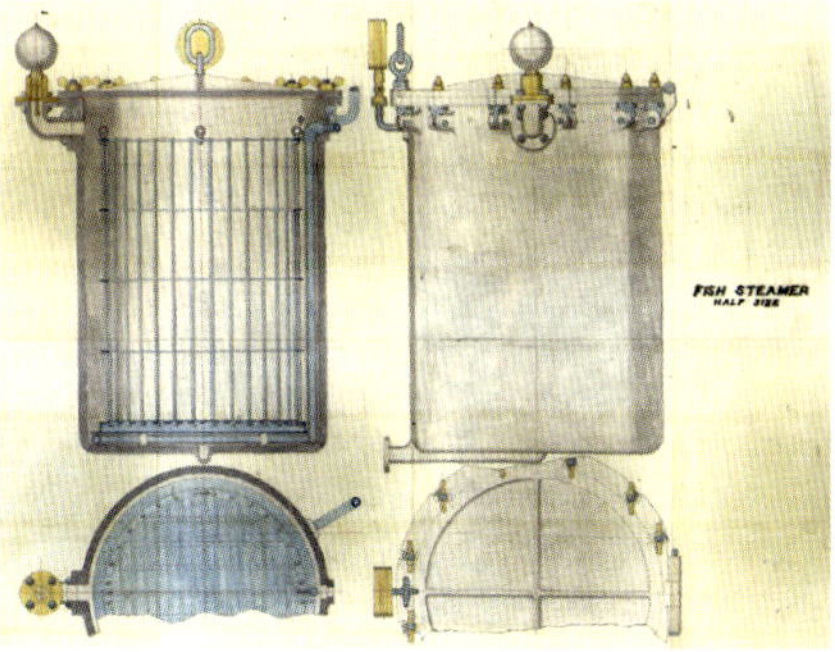

開拓使石狩缶詰所にあったもの、マノメーター付きの蒸気式圧力鍋と思われる（明治12年）
出典：図3と同
（図4）フランス型缶詰製造器画像

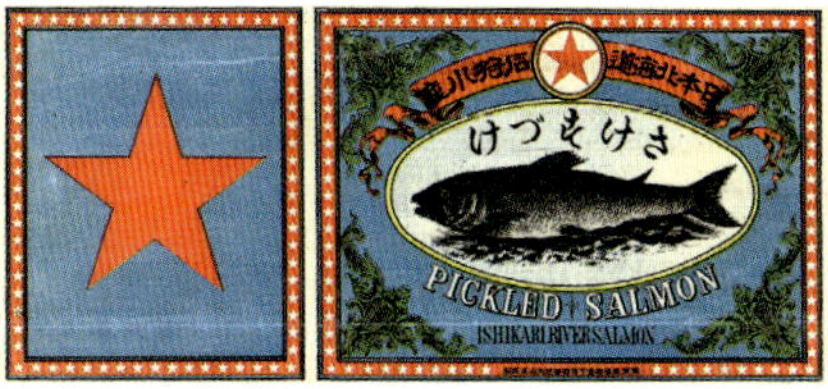

明治19年
出典：図3と同
（図5）北海道石狩川産さけすづけ（酢漬け）缶詰ラベル

出典：長崎罐詰製造所製（明治18〜19年頃）[24]
（図2）蒸熟牛肉ラベル

崎県立缶詰試験場が設置されて長崎県勧業課製牛肉缶詰（図２）などが作られ、東京まで販路を広げるなど評判は良かった。しかし、需要が少ないために民営化（松田製缶製作所）されると、経営状況は厳しくなった。缶詰業界の発展を見ることなく、松田は明治28年に亡くなった[4]。

日本で最初の水産缶詰は、明治10（1877）年、北海道石狩にあった缶詰工場（開拓使石狩缶詰所）で製造されたサケ缶詰である。同工場では二人のアメリカ人技師の指導を受け、同年10月から翌年3月までにサケ1万2092缶、カキ322缶、シカ肉9358缶などが製造された[6]（図３）。その後、フランス製の缶詰製造器が導入されて（図４）、加熱方法も改善され、サケ酢漬け缶（図５）なども作られた。

しかし、工場の営業成績は振るわなかった。明治15（1882）年に開拓使が廃止された後、明治19年に官営石狩缶詰所の操業は終了した[6]。

この時期、開拓使は北海道の農業振興にも力を入れ、明治3（1870）年、函館近郊の七重《ななえ》村（現在は七飯町）に七重開墾場（通称「七重官園」、明治8年七重農業試験場と改名）が設置された[7]。乳牛、羊、馬が導入され、大麦、ジャガイモ、キャベツなどの野菜や果樹の試験栽培が行われ、リンゴ、アンズ、洋ナシなどの砂糖漬缶詰の製造もおこなわれた。果実缶詰の製造開始の時期は定かではないが、明治14年の第2回内国勧業博覧会（上野）（図６）に出品する果実缶詰ラベルの試作品が残っている（図７）。

東京では明治5（1872）年大蔵省勧農課が内藤新宿試験場（現在の「新宿御苑」の地）を設置し、明治8年にモモ砂糖煮缶詰、翌9年にはトマト缶詰を試作した。

しかし、缶詰製品は日本の一般庶民まではなかなか浸透しなかった。開拓使では当初から海外向けの缶詰製品の開発に力を入れ、外貨獲得のための輸出品と考え

一部、『広重画』大倉孫兵衛出版（1881）
出典：国立国会図書館デジタルコレクション（インターネット公開）

（図６）上野公園内国勧業第二回博覧会

第２回内国勧業博覧会出品用に試作した製品ラベルデザイン（明治13年）
出典：北海道立文書館所蔵

（図７）北海道開拓使七重勧業試験場製りんご砂糖漬ラベル

ていた。当時の塩引きサケ1本は10銭、サケ缶の値段は1個20銭、白米1升7・65銭に比べて缶詰はとても高値だった。しかも、水煮缶詰だけではご飯のおかずにならないことなど、日本人の食生活には、缶詰はまだなじみがうすかった（2021年11月11日開催、缶詰の日講演会第一部「あなたの知らない缶詰の歴史」講師は石狩市いしかり砂丘の風資料館学芸員の工藤義衛氏）。

モースの羊羹《ようかん》缶詰

大森貝塚の発見者、東京大学のお雇い教師、エドワード・シルベスター・モース（Edward Sylvester Mors：1838～1925）は、明治10（1877）年6月から明治16年2月までの間に4回来日している。文明開化がすすむ日本人の暮らしをみたモースは、「この国のありとあらゆる物は、日ならずして消え失せてしまうだろう。私はその日のために日本の民具を収集しておきたい。」と考え[8]、日本民具3万点あまりを収集した。現在それらは、ピーボディ・エセックス博物館（マサチューセッツ州セーラム市）に収蔵されている。「モース・コレクション／民具編　モースの見た日本」という図録の中に「FUGETSUDO OSAKA 凮月堂」と刻印された羊羹の缶詰が載っている[8]。凮月堂は江戸時代から続く東京南伝馬町の御菓子調進所「凮月堂」のことで（図8）、明治時代以降は上野広小路、横浜、神戸、大坂などに支店をおいた。缶詰の大きさは18・5×12・5×3・33cmと小型で、コンビーフ缶詰のように小さな巻き取り鍵を回し、金属片を巻き取って開缶する。モースは、明治12年と15年に大坂を訪れており、そのときに購入したものかと思われる。

タグの下部に「細井工舗石印」と印刷があるが、石版印刷の工房か？

（図8）御菓子調進所「凮月堂」南伝馬町のタグ[24]

余談になるが「モースの見た庶民のくらし明治のこころ」という展覧会が平成25（2013）年に東京都江戸東京博物館で開催された（東京両国）。このときには羊羹缶詰の出展はなかったが、かつおぶしやかつおぶし削り器、トコロテン突き、海苔と海苔金属缶、瓶入りの金平糖などの食料品や日用品が展示され、100年以上前の世界から届いたタイムカプセルに出会ったような感激を覚えた。

江戸時代の漬物商

いよいよ本題の漬物の話に入る。時代

を遡って江戸時代のこと、味噌や香の物は、京都・大坂では家庭で作っていたが、江戸は住居も狭く地方からの単身赴任の男所帯も多くいたことから購入する場合が多かった。浅漬け、味噌漬け、糠味噌漬け等各種の漬物（香の物）を入れた桶を担い棒（天秤棒）につり下げて売り歩く「漬物屋」が町内を巡っていた(9)（図9）。煮豆、味噌、嘗物《なめもの》（なめ味噌、塩辛など）などの惣菜類も一緒に商っていた(9)。これらの行商の「漬物屋」は味噌や漬物類、煮豆などを小田屋吉右衛門や伊勢屋などの大店から仕入れていた(10)。問屋の店頭には漬物や味噌の樽が並んでいた。

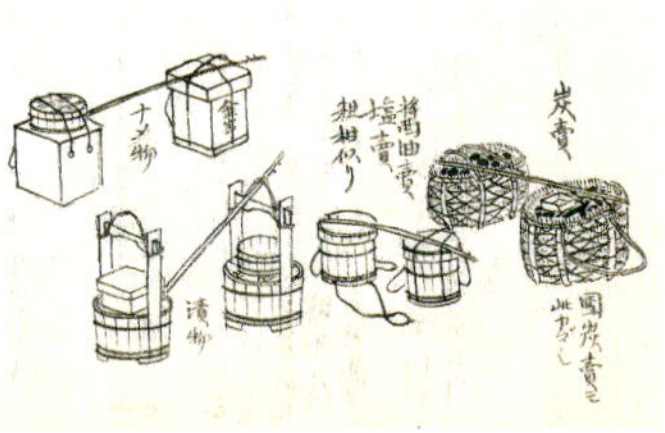

『守貞謾稿』巻之六、生業下

（図９）担い棒に漬物桶を下げた漬物売(25)

江戸末期には贈答用の漬物が登場した。江戸京橋北の「川村与兵衛」は、漬物を薄く切り、数種取り混ぜて折に詰めて売りだし、好評だった。蒸し菓子の折に似せ見栄えもよく、小折で１４８文ほどであった(9)。酒1升（1・8L）２００文、醤油1升83文(11)などの価格と比べても、手土産としては手頃な価格だ。贈答用なので持ち運びできるように、容器包装には工夫を凝らしたものと思われる。瓶や缶のない当時、汁気が多い漬物はどんな容器に詰めたのだろう。漬け汁を搾って竹皮に包んだり、竹筒などを利用したのだろうか。

国産漬物缶詰の誕生

漬物の缶詰はいつ頃から作り始められたのだろうか。日本で最初の缶詰商は、東京銀座に店を構えていた中川幸七といわれている。明治5～6（１８７２～73）年頃から牛肉缶詰の製造（試作）を始め、明治13～14年頃には各種缶詰を製造、販売していた(12)。東京日日新聞（明治14年12月19日付）の広告によると、「京都名産松茸水煮缶詰、松茸からし漬、ラッキョ酢漬類其他蔬菜水煮などや果物糖煮缶詰、水産缶詰」など手広い商いをしていたようだ(12)。中川幸七が東京府勧業課雑誌に投稿した「実験百果貯蔵法」は、

明るいガス灯に照らされた店内には各種缶詰が壁一面に置かれている

出典：井上安治 画、木版画（明治 15 年作成）（原画：横浜美術館所蔵、寄贈者：加藤栄一氏）

（図 10）銀座商店夜景

果実缶詰などの作り方の技術短報で、缶容器の煮沸消毒法などが図入りで掲載されている[13]。中川幸七は銀座3丁目に店を構え、1階では職工が並んで缶を作り、ハンダ付けしていた。店で肉詰めし、裏の台所で加熱殺菌をしていたという[12]。明治時代の木版画家、井上安治の作品『銀座商店夜景』（1882）には「国産果物貯蔵製元 中川幸七」の看板を掲げた商店には明るいガス灯が灯り、壁一面に缶詰がずらりと並んだ中川幸七商店が描かれている。ただし、この木版画からは、缶詰の製造作業などは見えない（図10）。

明治15（1882）年頃になると缶詰店も増え、新聞にも広告が載るようになる。それを見ると、東京芝区の諸缶詰製造売捌所「有同社」の取扱品目は、水産物、肉製品、蔬菜水煮、ジャム、マーマレードの他、玉葱ピックル、混合ピックル、筍カラシ漬などの漬物缶詰である[14]。

汁気の多い溜まり漬や福神漬などの取扱には、缶詰は便利だった。福神漬は、江戸時代から上野寛永寺の門前町である下谷池之端仲町にあった、酒悦（1675年創業）の十五代当主野田清右衛門が、明治10（1877）年頃に発明したとされる[15]。美味しいと評判になり、全国各地で作られるようになる。現在も福神漬の缶詰を販売しているが（写真1）、福神漬缶詰を作り始めた時期は定かではない。

家庭向け『漬物のおけいこ』（明治38年刊）[16]（図11）には、福神漬の作り方とその缶詰が「永年保存法」として紹介されている。「（今戦地にある）軍人がたの便りを承《うけたまわ》りまするにも、牛《ぎゅう》の缶詰、軍用パンに、あきはてた時、何よりも好物わ漬物、一切の沢庵わ蒲鉾、「ハム」の、それよりも貴《めずらし》く、一片の福神漬わカツレツ、「ビフテキ」のそれよりも珍重《もてはや》されます、とのこと。（原文のまま）」[16]とある。

福神漬缶詰は兵士などの米飯のお供として携帯食、軍事食として大きく需要

（図11）漬物仕込の図[26]

（図12）西村小市商店の福神漬の広告[26]

㈱酒悦
（写真1）酒悦「元祖福神漬」缶詰

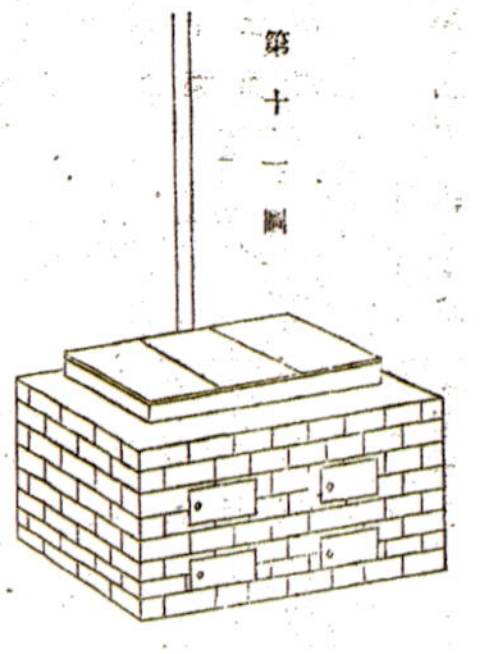

（図 13） 耐火煉瓦製の煮沸用の釜[27]

を伸ばした。同書には、「陸海軍御用 西村小市商店の福神漬」という広告が載っている[16]（図12）。福神漬缶詰の誕生は、福神漬ができた明治10（1877）年以降、日清戦争が始まる明治27年頃までの間と推測された。

大正時代になると、缶詰業界はますます活況を呈し、明治38（1905）年には612戸だった缶詰製造所が明治44年には785戸と増加した[17]。海外輸出向缶詰には外国人向けと在外日本人向けの2種類があった。外国人、主に欧米人向けには料理材料となるカニ、アワビ、サケ、カキなどの水煮缶詰が製造された。在外日本人や中国人向けには魚介類（鰻・カツオ・マグロ・イカ・ブリ・タイ・イワシ・エビ）や肉類の水煮・大和煮・照焼・佃煮と蒲鉾、蔬菜（タケノコ、マツタケ、フキ、栗など）、福神漬、パイナップルなどの果実の缶詰が作られていた。福神漬缶詰は、在留邦人向けとして北アメリカ、ハワイ、カナダ、中国、香港、南洋などに販路を拡大し、将来いっそうの輸出額増加が見込まれていた[17]。

缶詰ラベルは美しく

明治20年代になると、缶詰も少しずつ知名度が上がってくる。当時東京農林学校の教諭を勤めていた猪股徳吉郎（1866〜1907年）は、農学校の実習や小規模な製缶業者向けの「実験缶詰製造法」（明治23年刊）を出版した。獣肉（牛、鹿、めん羊、家鴨など）、水産物（鮭、マス、貝類など）、野菜類（マツタケ、シイタケ、タケノコ、フキ、ウド、トマト、キンカンなど）などさまざまな缶詰の製造法が紹介されている[18]。

耐火煉瓦製の煮沸用の釜で湯を沸かし（図13）、金属缶に食材をつめて蝋で封をした後、金属製の蒸籠に並べて加熱した。酢漬瓶詰めの製造法も紹介している。キュウリ、キャベツ、リーキ（西洋ネギ）などの野菜に塩を散布して7〜8時間圧漬け後、良く絞る。蕃椒《ばんしょう》（トウガラシ）、丁子《ちょうじ》（クローブ）、コショウなどを加えた酢酸を沸騰させ、その中で塩漬野菜を30分から1時間加熱し、取り出して瓶に詰め、煮汁を加えて木栓で密封する。上に銀紙などを張り、空気の侵入を防ぎ、冷室におく。今でいう瓶入りビネガーピクルスである[18]。

猪股は缶詰ラベル（化粧紙）の重要性も強調している。西洋諸国の缶詰には、化粧紙に意匠を凝らし、模様や花形（印刷面の周囲を囲む装飾活字など）などで彩色された美麗なラベルがあった。消費者の関心を引く美しいラベルは、産地や製造者を知らせる「広告」効果も抜群であるという。当時日本の石版摺り彩色印刷によるラベルは、1万枚で百円（1枚1銭）と高額だった（図8参照）。猪股は印刷代などケチケチしないよう、「広告は自己営業の盛大を来す大原因なることに思い及ばざるは実に嘆すべきの至り（原文のまま）」といっている[18]。ラベルの重要性、宣伝効果に着目した猪股は、先見性ある技術者だといえる。

『缶詰ラベル博物館』から見える漬物缶詰

缶詰は、戦前戦後の一時期まで輸出用の製品が販売の主力であった。そのため英語表記を取り入れ、日本産であることを印象づける色彩豊かなデザイン性に優れた紙ラベルが作られた。昭和14（1939）年の缶詰生産量は1700万箱で、そのうち850万箱が輸出用であった。水産物、蔬菜、果実などさまざまな缶詰が作られ輸出された[19]。

図録『缶詰ラベル博物館』には、原料の種目別にサケ65、カニ201、マグロ306、カツオ68、イワシ102、サバその他水産物247、貝類206、肉類155、おかず57、野菜217、パイナップル78、ミカン337、その他フルーツ164、デザート・ジャム128という分類で2331点の缶詰ラベルが収録されている[20]。漬物缶詰には、福神漬、ザワークラウト、みりん漬、奈良漬、切干漬などがある。

戦前に漬物缶詰の製造を始められ、現在も缶詰業、あるいは漬物業に携わっておられる2人の生産者にお話を伺うことができた。

京都藤田政治郎の漬物缶詰

京都や滋賀は豊かな自然に恵まれ、昔から良質の野菜産地であった。厳選した材料と良い水に恵まれた京都では、明治10年代に蔬菜缶詰の製造が始まった。明治16（1883）年、初代藤田政治郎氏（?〜1932）は、三条通大橋東3丁目で漬物業を創業した。原料産地を指定して、タケノコは伏見区深草、山科など、フキは大阪府茨木に近い泉原産のものを使い、品質の良い京野菜の長期保存のために惣菜缶詰の製造を始めた[21]。その後、マツタケ、タケノコ、ゴボウ、エンドウマメなどの缶詰や漬物缶詰を製造し輸出していた。現在ではこれらの京野菜の産地は、住宅地に変わったところも少なくないという。ラベルにある「〇ト印《マルト》」は、明治43年商標登録したものだ。明治45年業績拡大により良質の水が豊富な現在地（下京区丹波口

藤田罐詰㈱にて
（写真2）筍水煮缶

駅南入）に移転し、藤田罐詰㈱として各種缶詰類の製造を続け、製品の2割ほどは輸出用とのことだ（写真2）。

4代目社長藤田茂夫氏のお話では、現在は輸出用の漬物缶詰の生産は行っていないという。漬物缶詰の輸出を始めた時期は、ラベルに「○ト印の商標」が使われていることから、早くても明治43（1910）年頃と思われるとのことだった。

奈良県大和高田市にある大正9（1920）年創業の漬物屋・㈱加藤商店でも創業当時からアメリカ向けクリスマスギフトの奈良漬および缶詰を製造・輸出していたという。戦争で一時輸出は途絶えていたが、昭和25（1950）年にはアメリカ向け奈良漬の製造が再開され、昭和50年代まで藤田罐詰㈱が製缶業務に協力していた。しかし、㈱加藤商店でも現在は輸出用の缶詰は製造していないとの藤田社長のお話だった。

藤田政治郎氏は頑固一徹、積極果敢な明治人で、輸出用缶詰でみられた膨張缶では大変苦労されたようだ(21)。日本画のように美しいラベルのデザインにこだわりを持たれた理由はなにか、ラベルのデザイナーはどのような方だったのか知りたいと思った（図1、14、15）。

なお藤田政次郎商店の福神漬（図1）と奈良漬（図15）が3等賞を受領した第5回内国勧業博覧会は明治36（1903）年に大阪天王寺で開催された。敷地は前回の2倍あまり、会期も153日間と最長で、最後にして最大の内国勧業博覧会といわれた。海外からの出展や夜間展示、ウォータースライダーなどのアトラクションもあり、来場者数400万人以上と、たいそう人気を呼んだという(22)。

出典：諸漬物罐詰製造藤田政治郎（藤田罐詰㈱所蔵）

（図14）京都名産千枚漬缶詰ラベル

第5回内国勧業博覧会3等賞受領
出典：図14と同

（図15）奈良漬缶詰ラベル

山形本長商店の漬物缶詰

山形県鶴岡市にある漬物処㈱本長で輸出用みりん漬缶詰（写真3）に出会ったのは、平成22（2010）年の初冬のことだ。『缶詰ラベル博物館』(2)に掲載されている「みりん漬」ラベルによく似ていたことを思い出し、会長の本間光廣様に「みりん漬」について問い合わせたところ、以下のような興味深いお話を伺った。

「㈱本長」の創業者、初代本間長右衛門氏（1878〜1952）は、ご自身が杜氏をされていたこともあり、酒粕を使った野菜・山菜の粕漬作りを始められた。海外への輸出は当初「粕漬の缶詰」から始まったが、輸送中に「膨張缶」が続出し、大変困ったそうだ。その後工夫を重ね、酒粕を除去してみりんを入れた調味液を加えることで解決したという。

大正5（1916）年頃のことで、変質しない遠隔地向けの缶詰・瓶詰の「みりん漬」は東京、千葉、北海道に出荷、さらに昭和に入ると海外（ハワイ・アメリカ本土）にも輸出するようになった(23)。輸出用みりん漬はブランド名「Shirakiku」として平成27（2015）年頃まで製造し、神戸の商社を通して輸出していた。昭和49（1974）年には米国ＦＤＡ登録工場となり、平成24年にはＦＤＡ職員による工場の現地査察が実施され、無事パスされたそうだ。

現在は国内向け「みりん缶詰」（写真４）を製造し、平成23（2011）年の東日本大震災では救援物資として被災地に送られ、大変感謝されたとのお話だった。関東大震災のときにも、たくあん漬や梅干しなどの漬物が災害食として役立った歴史がある。長期保存食、携帯食としても役立ち、何より美味しいみりん漬缶詰の大切さを実感された本間会長は、これからもみりん漬缶詰を続けていきたいとお話しされていた。頂いたみりん漬はみりんの香りがきいてパンチのあるしっかりした味付けで、白飯にピッタリだった。

ブランド名「Shirakiku」㈱本長（山形県鶴岡市）
（写真３）輸出用みりん漬缶詰

㈱本長
（写真４）現在のみりん漬缶詰

むすび

缶詰あるいは瓶詰という「容器包装」と漬物との出会いは、それまでの漬物の販路、流通形態を大きく変えた。従来、地産地消であった漬物が、日本国内はもとより海外へと販路を拡大した。海外への旅立ちのとき、身にまとった缶詰ラベルは、内容物への興味をそそられ、日本的情緒が醸し出された美しいデザイン（装い）であった。

漬物缶詰のラベルからは当時、日本から海外に「漬物」を送り出した先人たち、生産者の心意気、「MADE IN JAPAN」の誇りが感じられた。漬物缶詰の誕生は、漬物の歴史を彩る画期的な出来事のように思われた。

謝辞

漬物缶詰の歴史について、興味深いお話をお聞かせ頂き、ご教授下さいました藤田罐詰㈱社長・藤田茂夫様、㈱本長会長・本間光廣様には心より感謝申し上げます。貴重な所蔵品の画像提供および掲載許可を賜りました北海道立文書館、横浜美術館、藤田缶詰㈱、㈱本長各位に御礼申し上げます。

訪れた所

・展覧会「モースの見た庶民のくらし　明治のこころ」 東京都江戸東京博物館で開催（2013年）
・藤田罐詰㈱　京都市下京区朱雀正会町 15
・本長　山形県鶴岡市大山 1-7-7

いつか訪れたい所

・清水港湾博物館（愛称「フェルケール博物館」）、缶詰博物館　静岡市清水区港町 2-8-11
・北海道立文書館　北海道江別市文京台東町 41-1
・ピーボディ・エセックス博物館（Peabody Essex Museum）East India Square, 161 Essex Street, Salem, MA 01970

参考資料

⑴（社）日本缶詰協会（現・（公社）日本缶詰びん詰レトルト食品協会）監修『缶詰ラベルコレクション MADE IN JAPAN』青幻舎（2012）
⑵（社）日本缶詰協会 監修『缶詰ラベル博物館』東方出版（2002）
⑶ スー・シェパード 著、赤根洋子 訳『保存食品開発物語』文春文庫（2001）
⑷ 藤原　忠「缶詰小史―アペールから松田雅典まで―」*New Food Industry* 38（2）（1996）
⑸ 川喜田愛郎『パストゥール』岩波新書（1967）
⑹ 開拓使石狩缶詰所『石狩ファイル No.0125-01』（2011年10月10日）石狩市教育委員会いしかり砂丘の風資料館（2011）
⑺ 西尾敏彦「北海道農業の礎を築いた七重官園と湯地定基」農業共済新聞 2009年１月２週号（2009）
⑻ 小西四郎 他 構成『モース・コレクション／民具編 モースの見た日本』小学館（1998）
⑼ 喜田川守貞 著、宇佐美英機 校訂『近世風俗志』（守貞謾稿）岩波文庫（1996）
⑽ 中川五郎左衛門 編『江戸買物独案内２巻』山城屋佐兵衛刊（1824）
⑾ 日本銀行金融研究所貨幣博物館ホームページ「お金の歴史に関する FAQ：江戸時代の１両は今のいくら？―昔のお金の現在価値―」
⑿ 真杉高之「明治缶詰人列伝６ 蔬菜缶詰元祖を名乗る中川屋（嘉兵衛と幸之）」缶詰時報65（5）（公社）日本缶詰びん詰レトルト食品協会（1986）
⒀ 中川幸七「実験百果貯蔵法」東京府勧業課雑誌（18）　日就社（1878）
⒁ 真杉高之「缶詰広告が描く缶詰史〈明治初期・朝野新聞から〉」缶詰時報79（11）（公社）日本缶詰びん詰レトルト食品協会（2000）
⒂ 酒悦 HP および冊子「創業一六七五年（延宝三年）上野池之端酒悦」
⒃ 井上秋江『漬物のおけいこ』寶永舘（1906）
⒄ 太田貞太郎『輸出缶詰論及製法』博文館（1913）
⒅ 猪股徳吉郎『実験缶詰製造法』有隣堂（1890）
⒆（社）日本缶詰協会 編「日本缶詰協会創立80周記念缶詰業界の歩みと団体の活動」（2007.10.22 公開）
⒇ 真杉高之「ラベル 2,331 点収録の新刊も」缶詰時報81（7）（公社）日本缶詰びん詰レトルト食品協会（2002）
(21) 真杉高之「“京都の大御所” 浜口と藤田」缶詰時報66（4）（公社）日本缶詰びん詰レトルト食品協会（1987）
(22) 国立国会図書館 HP「博物館近代技術の展示場　第５回内国勧業博覧会　最後にして最大の内国博」
(23) 庄内人名辞典刊行会 編『庄内人名辞典』庄内人名辞典刊行会（1986）
(24) 電子展示『捃拾帖』（拡張版）http://kunshujo-i.dl.itc.u-tokyo.ac.jp/ 東京大学総合図書館所蔵
(25) 喜田川季荘 編『守貞謾稿』巻６　国立国会図書館デジタルコレクション（インターネット公開）
(26) 井上秋江著『漬物のおけいこ』寶永舘（1905）国立国会図書館デジタルコレクション（インターネット公開）
(27)『猪股徳吉郎著実験缶詰製造法』（明治23年刊）国立国会図書館デジタルコレクション（インターネット公開）

乳酸菌と発酵ピクルス

花から乳酸菌

「花から分離した乳酸菌を使って発酵食品を作る。」これは、私が平成20（２００８）年に東京家政大学で仕事を始めた頃から食品加工学研究室に在籍した学生に与えてきた卒業論文のテーマの一つである。家政大の専任教授を退職する際に学生たちがまとめてきた卒論を改めて整理したところ、採取した検体数は１０００を超え、分離した乳酸菌株は３００株以上になっていた。

食に関する専門知識や技能を身につけ、医療・教育・産業の領域で専門家として社会に貢献できる人材を育てるのが、本大学栄養学科の目標である。最終学年の４年生は、就職活動や学外実習、管理栄養士の国家試験準備などで時間的にはかなり制約があったが、研究の楽しさを感じてもらいたいと思っていた。そこで、忙しい中でもできる卒論テーマとして、花から乳酸菌を分離して優良な乳酸菌を選抜し発酵食品を開発するというストーリー性のあるテーマを毎年、繰り返して行った。学生たちはラベンダーのような花からも乳酸菌が分離できることに胸を躍らせ、生き生きとテーマに取り組んでいた（写真１）。

今回は、研究室を巣立った学生たちの卒論をもとに、花や野菜から分離した乳酸菌とそれを使った食品開発の試みについてお話ししようと思う。

卒論テーマを考える

私が大学に着任した平成20（２００８）年頃は、「発酵食品には『乳酸菌』がたくさん含まれている。乳酸菌は身体に良いことをしてくれる（らしい）。だから発酵食品は身体に良い」という図式ができあがっていた。乳酸菌がどのような細菌なのか、どこにいるのか、どうやったら分離できるのかといった知識は学生には乏しかった。実験室のルールや無菌操作などの基本的な手技を習得することは、食品微生物学や衛生に関わる仕事に携われば即戦力となるツールである。

私の今までの経験では、微生物学の実験には、手塩にかけた我が子（分離菌株）

北海道
（写真１）採取を行ったラベンダー畑

を慈しむ心が大切である。微生物は生き物である。毎朝「みんな元気かな?」と話しかけるような気持ちで研究室のドアを開けて、真っ先に恒温器の扉を開くときのドキドキ感は格別である。特に分離、選抜した菌株を取り扱う際はなおさら深い愛情が必要である。

学生たちは野外のラベンダーやツツジの花や野菜から見つけ出した植物由来の乳酸菌を分離し、食品開発に利用することで、乳酸菌に対する親しみや理解も深まったに違いない。

花から乳酸菌を採取

毎年、3月半ばから7月までのおよそ5カ月間、学生たちは忙しい授業や就活の合間を利用して東京都板橋区にある大学のキャンパスのほか、旅行先や実家などで、生花を中心に野菜、果実や加工食品から乳酸菌の採取を行った。

花や野菜、果実などの野外材料を集めるフィールドワークなので、採取時期・場所、状態などの記録は大切である。学生たちには検体を写真に撮り、記録しておくように指導した。これがのちに花の種類を調べるのに役立った。

学生たちは野外で咲いている花をその場で滅菌済みサンプリングバッグや滅菌済みプラスチック試験管へ無菌的に採取し、大学に持ち帰った。私も北海道に出張したときなどに少し手伝った（写真2、

（表1）花や野菜などからの乳酸菌の分離

年度	対象	サンプル数	推定乳酸菌	食品開発実施株数
H22	花	55	12	1
H23	花、果物、加工品	59	23	1
H24	花	46	18	4
H25	花	29	13	2
H26	花	53	43	2
H27	花	96	27	2
H28	花	101	32	6
	野菜・加工品	59	29	1
H29	花	63	7	2
	花、実、葉	82	24	2
H30	花	107	19	3
	花	85	16	3
R元年	花、野菜、果物	102	33	1
	花、野菜、果物	79	21	1
	花、野菜、果物	95	19	1
合計		1,111	336	

（表2）乳酸菌の分離状況一覧

対象（由来）	検体数	分離数	陽性率（%）	分離例
花※	850	233	27.4	マリーゴールド、ラベンダー、ツバキなど
野菜	153	62	40.5	ニンジン、バジル、ホウレンソウなど
野菜の花	19	8	42.1	ジャガイモ、豆類の花など
果実（葉・花を含む）	51	15	29.4	ミカン、ブドウ、モモ、バナナなど
樹木	2	0	0.0	
その他	6	2	33.3	ムラサキシキブ実、アロエ（葉）
加工品	30	16	53.3	キムチ、糠漬けキュウリ、浅漬けなど
合計	1,111	336	30.2	

※花の種類287種、種類不明26。

3）。野菜、果実、加工食品は市販品を購入し、大学で採材作業を行った。

乳酸菌の分離

平成22～令和元（2010～19）年までの10年間で卒論生が乳酸菌の分離を試みた検体数は、合計1111に達した。このうち336検体から乳酸菌（推定）が分離された（**表1**）。花では850検体中233検体から乳酸菌を分離し、野菜は153検体中62、野菜の花は19検体中8、果実は51検体中15検体であった（**表2**）。花の名前がわかった287種類のうち、乳酸菌を分離したものは95種類で、名前が判明しない花26検体中2検体からも乳酸菌を分離した。卒論期間の関係から、採取時期が早春から盛夏に限定されるため、花の種類に偏りがあるのは止むを得ない。バラ、アジサイ、ツツジ、サクラなどが毎年の定番で、検体数も多かった。一方、シロツメクサ、タンポポ、オオイヌノフグリ、ハナニラ、ドクダミなど野の花にも目を向けてサンプリングを行った。サンプル数の多い花の乳酸菌分離状況をまとめた**表3**の限りでは、シャガ、ハナニラ、マリーゴールド、ラベンダー、ジャガイモの花からの分離率が高く、ビオラ、パンジーやサルビアは低かった。

これらの検体は滅菌済みプラスチック試験管に入れて、そこへ乳酸菌の培養液を注ぎ、30℃の恒温器で3日間培養して発育を観察した（**写真4**）。学生たちは、登校して真っ先に恒温器の扉を開けるのが楽しみな様子で（**写真5**）、乳酸菌が増殖して培養液が濁っていると笑みがこ

ジャガイモの花を採取（北海道）
（写真2）ジャガイモ畑

北海道
（写真3）ジャガイモの花

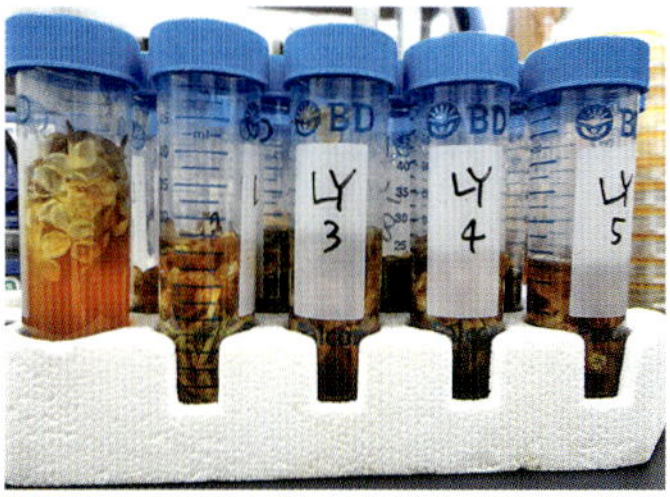

検体と選択的増菌培地が入っている
（写真4）コーニングチューブ

扉を開けて、培養結果を確認するのは楽しみ
（写真5）恒温器

ぼれていた。逆に、透明なままの試験管が並んでいるときには、がっかりした様子だった。

増殖が認められた培養液をよく混ぜ、白金耳を用いて乳酸菌の分離培地（炭酸カルシウムと抗菌剤を添加した寒天培地）に塗沫後、30℃の恒温器で3日間培養した。寒天培地に生育した細菌（**写真6、7**）を釣菌して4分割した寒天培地の1画分に塗沫し（**写真8、9**）、さらに30℃で純粋培養を繰り返した。その後、保存培地に接種し、冷蔵または冷凍保存して

乳酸菌分離に使用
（写真6）各種培地の準備

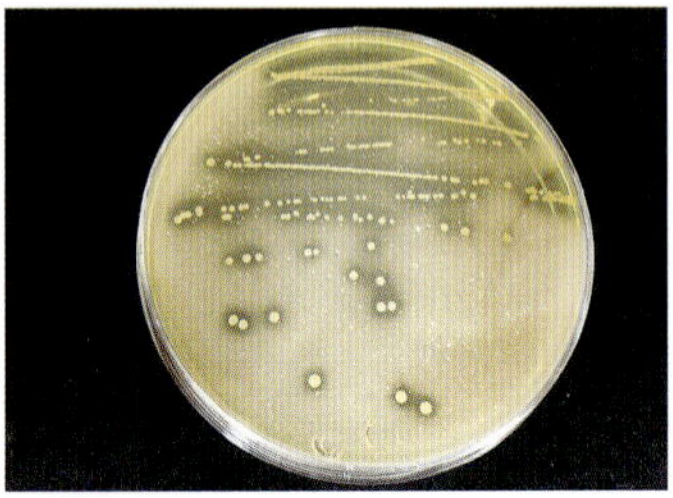

MRS寒天培地に生育
（写真7）乳酸菌のコロニー

（表3）検体数の多い花からの乳酸菌分離状況

花の種類※	検体数	乳酸菌分離検体数	陽性率（%）
バラ	31	12	38.7
アジサイ	30	9	30.0
ツツジ	28	10	35.7
ビオラ・パンジー	16	3	18.8
マリーゴールド	13	7	53.8
ラベンダー	12	6	50.0
シロツメグサ	12	4	33.3
サルビア	12	2	16.7
サクラ	11	3	27.3
ハナミズキ	10	3	30.0
ゼラニウム	10	2	20.0
ヤブラン	10	2	20.0
ツバキ	9	4	44.4
タンポポ	8	3	37.8
ジャガイモの花	8	4	50.0
シャガ	7	5	71.4
ハナニラ	6	4	66.7

※花の品種は問わず、一般的名称で分類、野菜の花を含む。

（表4）乳酸菌推定試験

項　　目	性　　状
グラム染色	陽性
形態観察	球菌または桿菌
芽胞形成	なし
運動性	なし
カタラーゼ試験	陰性
培養後のpH	pH4.5以下

学生たちが行ったもの

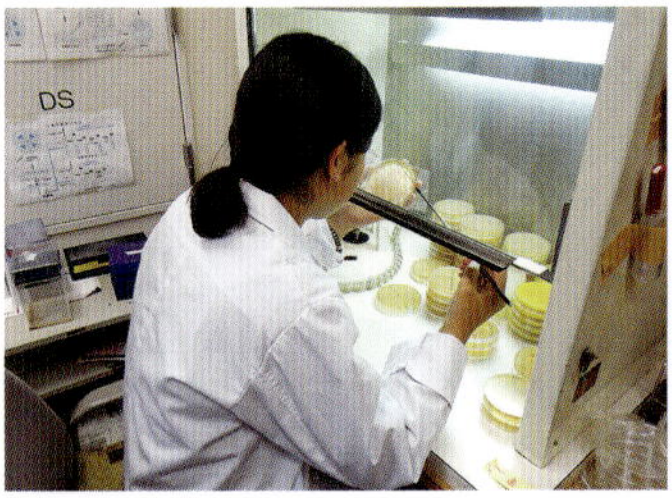

釣菌や純培養を操作
（写真8）クリーンベンチ

MRS寒天培地上の乳酸菌
（写真9）４分割した乳酸菌

おいた。菌株がまとまったところで保存菌株を寒天培地で培養し、表4の項目について乳酸菌の推定試験を行った。特に、カタラーゼ試験（過酸化水素が分解され酸素の発生の有無を調べる試験）は、乳酸菌と推定されるかどうかの分かれ目なので重要な作業である。少量の菌塊をスライドグラスに載せて過酸化水素水をそっと注ぐ。発泡（酸素）がないと「カタラーゼ陰性」の乳酸菌と推定されるので、学生たちは発泡がみられないと大喜びだが、発泡がみられたときは、がっかりしていた。同時に、液体培養したもののpHを測定し、十分な酸の産生が行われているかを確認した。分離した乳酸菌は、簡易同定（乳酸菌同定キットを使用）や遺伝子解析による種の同定を実施した。

一連の操作を通して、学生は身近にある花や野菜からも乳酸菌が採取できることや、自然環境の中に乳酸菌が多く存在していることを実際に体験できて楽しそうだった。また、普段は食べない花や果物の皮にも乳酸菌がいることにも興味を持ったようであった。花の色が黄色く鮮やかなマリーゴールドは乳酸菌の分離率が高いが、人の目には同じように華やかに見えるビオラ、パンジーなどは低い分離率であった。シャガは日陰を好み、3月から4月に地味な花をつける。ハナニラも同じ時期に咲き、ネギの仲間だけあって葉や球根にはややネギ臭がある（写真10）。いずれも乳酸菌の分離率は高い傾向にあった。サクラのように咲いてもあっという間に散ってしまう花より、バラやツツジ、ツバキのように一つの花が長く咲いている方が乳酸菌の分離が良いのではないかという学生の推察もあった。どの花から高率に乳酸菌が分離されるのか、興味のあるところだが、地域、気候等、さまざまな要因があるのでなかなか難しいところである。

（写真10）ハナニラ

モンシロチョウが集まる
（写真11）キュウリの花

野菜ではアスパラガス、カリフラワー、キャベツ、レタス、ショウガ、ダイコン、ホウレンソウなど幅広く購入し、サンプリングを行った。乳酸菌の分離率は花よりも高かったが、種類ごとの検体数が少なく、傾向はわからなかった。ニンジンなどは7検体中4検体から乳酸菌が分離されたが、流通から販売、購入、採材時などの人の関与も無視できない。野菜の花もかなり高率で、豆類やジャガイモの花などから多く分離された。加工食品は漬物類を中心にサンプリングし、キムチ、糠漬けなどの発酵漬物からは当然ながら高率に分離された（表2）。

乳酸菌やビフィズス菌に代表され、人に有益な作用を有する細菌をプロバイオティクスと呼び、整腸作用に加え、さまざまな効果が報告され、注目されている。しかし、これはあくまで人を中心においた視点である。そもそも花にとって乳酸菌はどのような役割を果たすのだろう。花から乳酸菌が自然発生することはないので、満開の花を訪れるミツバチ、マルハナバチ、チョウやアブなど多くの昆虫（写真11）やメジロ、ヒヨドリなどの鳥たちが乳酸菌を媒介するのだろうか。ミツバチの腸内にも乳酸菌がいることが報告されており[(1)]、それらの影響も考えられ興味は尽きない。

優良菌株の選抜

栄養学科の学生たちは、腸まで生きて到達する乳酸菌に高い関心がある。細菌は一般的に、酸性の強い胃液により死滅したり胆汁により増殖ができなくなったりする。そこで、胃液や胆汁に耐えて腸に届く植物由来乳酸菌を選抜するために、胃液と胆汁に対する耐性試験を実施した。

胃酸耐性試験では、人工胃液を入れた小試験管に乳酸菌の培養液を少量添加し、37℃の恒温槽に入れ、一定時間ごとに採取して胃酸に対する抵抗性を調べた。人工胆汁酸耐性試験では、人工胆汁酸液を調製し、これに乳酸菌の培養液を接種し、37℃で20時間処理後、増殖が認められたものを胆汁酸耐性有りとした。

胃酸耐性試験では、テストした342株中1時間処理後の生存株数は100、2時間処理後では64、3時間処理では48と減少した。胆汁酸耐性試験では、テストした279株中胆汁酸濃度0・1％では229、0・2％では174、0・4％では97とおよそ3分の1の株が生存し、高い耐性を示した。

学生たちは、これらの試験の結果をもとに複数の候補となる菌株を選抜し、試作を経て、それぞれ目的とする乳酸発酵食品の開発を行った。優良乳酸菌の選抜は夏休みが始まる7月までに済ませた。ルーチン作業の多い乳酸菌の選抜は、授業、実習、就活の合間を利用して行う方が都合良かった。時間に余裕が出てくる夏休み以降は、連続的な経過観察が必要な食品の試作や保存試験に向いていた。もともと栄養学科の学生たちの多くは食品開発に興味を持っているので、開発の段階に入ると生き生きとしてきた。

乳酸菌を利用した食品開発の試み

食品開発の企画、食品の種類や用途、

使用する菌株は卒論チームの話し合いで決めた。菌株の由来、採取地、胃酸耐性試験・胆汁酸耐性試験、塩耐性試験、菌数測定、培養液のpHなどの結果を考慮して候補となる植物由来乳酸菌を数株選択し、それらを用いた模擬食品の試作を繰り返し、優良乳酸菌を最終的に1〜2株に絞り込んだ。卒論のゴールは、優良菌株を用いた食品開発である。製造過程では、経時的な生菌数測定、乳酸菌数測定、安全性確保のための大腸菌群の検出やpHの変化、形状、色調などの変化を測定し

最終チェックはみんな真剣
（写真12）開発した食品の官能検査

（表5）植物由来乳酸菌を利用した食品開発（試行）

年度	食品試作	乳酸菌の由来	同定結果
H22	乳酸菌、野菜ペースト入りアイスクリーム	No.12-TH3（ツツジ）	*L.plantarum*
H23	乳酸菌、野菜ペースト入りアイスクリーム 乳酸菌、タマネギペースト入り生ドレッシング	AFL p 03（桃の皮）	*L.brevis*
H24	乳酸菌入り豆乳ヨーグルト	No.32（ローズマリー葉）	*Weissella confusa*
H25	乳酸菌入り野菜ペースト入りアイスクリーム	B4（ミニバラ） J4（ジャスミン）	*L.brevis* *L.brevis*
H26	乳酸菌入り豆乳シャーベット	No.43（ラベンダー）	*L.plantarum*
	ジェラード	No.61（ジャガイモ）	*L.plantarum*
H27	ソイ＋ミルクヨーグルト	No.29-01（モッコウバラ） No.45-03（バラ、アンジェラ）	*Leuconostoc mesenteroides* *L.pentosus*
H28	純植物性ヨーグルト	No.80（ホタルブクロ）	*Lactococcus lactis*
	乳酸発酵野菜ペーストの試験	No.29（ながいも（B））	*Leuconostoc citreum*
H29	乳酸発酵野菜ペーストを用いたディップ	No.0520-01（サツキ） No.052-020（アジサイ）	*L.plantarum* *L.plantarum*
	ニュータイプピクルス	No.52（シソの実） No.61（サクラソウ）	*L.rhamnosus* *Leuconostoc mesenteroides*
	塩蔵大根を用いた乳酸発酵タクアン	No.43（ラベンダー）※	*L.plantarum*
H30	植物性乳酸菌入り甘酒(スマイルケア食)	No.0325-1（ハナニラ） No.0409-7（サトザクラ） No.0420-2（ツツジ）	*L.plantarum* *L.lactis* *L.plantarum*
	ニュータイプピクルス	No.P0514-3（ドクダミ） No.P0323-1（パンジー） No.P0316-1（アカツメグサ）	*Lactococcus lactis* *L.plantarum* *Lactococcus lactis*
R元年	無塩乳酸発酵ピクルス	No.99（ホウレンソウ）	*L.plantarum*
	ニュータイプピクルス	KNY-12（ニンジン）	*L.plantarum*
	薬膳ピクルス	Q1019-2（アスパラガス）	*L.brevis*

※2016年に分離したNo.43株を使用。

た。製造後の保存試験では、微生物関連の検査と目視による性状の観察、匂い、食味、食感などの官能検査を実施した。官能検査には卒論チーム以外の学生たちが多数協力してくれたようで、評価結果を統計処理して適性を判定した（写真12）。

学生たちが考案、試作した食品は、アイスクリーム、ジェラート、シャーベット等のスイーツ、乳や豆乳などの植物性ミルクを使用したヨーグルト、ディップや生ドレッシングなどの調味料、甘酒、ピクルスなど多岐にわたっており、学生たちの発想に感心することもしばしばで楽しい経験をした。植物由来乳酸菌を利用して開発した食品と使用乳酸菌の種類は**表5**の通りで、乳酸菌で発酵させた野菜ペースト入りアイスクリーム・シャーベット・ジェラート、乳酸発酵タクアン、無塩乳酸発酵ピクルスの試作開発例を**表6～8**にまとめた。

（表6）乳酸菌で発酵させた野菜ペースト入り食品

方法	評価
① 栄養源としてグルコース、ペプトン、酵母エキスを加えた野菜ペースト※1で乳酸菌を培養 ② ①をベースとして自家製アイスクリーム、シャーベット、ジェラートに添加 ③ 保存試験実施	・冷凍状態（氷菓）で乳酸菌を保存できる ・花から分離した乳酸菌をアイスクリームなどに利用できる ・野菜ペーストの味や風味が感じられるものの方が好まれた ・ジャガイモ由来乳酸菌をジャガイモシャーベットに混ぜたものが、保存試験※2の結果は良かった ・野菜と菌の由来には相性があるのかもしれない ・豆乳ベースの氷菓は自身の味を主張しつつ野菜ペーストの持ち味を生かし、豆乳の利用も嗜好性を高めた ・サツマイモ以外は乳酸菌で発酵させた野菜ペーストを用いたものの方が評価は高かった

※1　パンプキン・ジャガイモ・スーパーコーン、エダマメ、サツマイモ。
※2　2カ月後までの菌の生存率。

（表7）塩蔵大根を用いた「乳酸発酵タクアン」

方法	評価
① 2014年にラベンダーから分離した乳酸菌（冷凍保存）を解凍 ② 大根を漬け込む際、①を漬け液に添加 ③ 経時的に観察し出汁を検討	・塩蔵保存していた大量に収穫された大根の利用法の一つとして考案 ・多くの人に好まれる和風出汁の調製には鰹節など調味料のバランスの良い配合が必要 ・糠漬けたくあんを作るためには大根を乾燥させ、通常1カ月以上の漬け込みが必要だが、乳酸菌添加で通常よりも短時間で漬けあがる ・凍結保存した乳酸菌の有用性には、さらなる検討が必要

（表8）無塩乳酸発酵ピクルス

方法	評価
① ブランチングした野菜（キュウリ、ニンジン、黄パプリカ）と香辛料を野菜と同量の殺菌水に漬ける ② 培養した乳酸菌を接種※	・乳酸菌接種により4日程で無塩ピクルスの製造が可能（酸味が強く食味が劣るので、各種条件の検討が必要） ・漬物の減塩化への応用も可能か？ ・ブランチング後にスターターとして乳酸菌を添加するのは、木曽地方の伝統漬物「すんき」で使用されるすんき種の考え方に類似

※　食塩は無添加（通常は5％食塩水を使用）。

ニュータイプピクルス

ピクルスは塩漬け、調味液漬け、酢漬けなどの保存処理を表す言葉で[2]、日本語の漬物に該当する。製造方法により発酵ピクルスとビネガーピクルス（酢漬け）の2種類がある。発酵ピクルスは、すぐき漬、しば漬、キムチなどと同様に乳酸発酵漬物であるが、ビネガーピクルスはラッキョウやショウガの甘酢漬などと同じ酢漬である。発酵ピクルスは原料野菜の種類や食塩濃度、季節にもよるが、1～3週間ほど漬け込む必要がある[3]。外気温が高すぎると発酵が進みすぎて酸っぱくなることもあり、この加減がむずかしい。ニューヨークのOrchard Streetで毎年10月に開催されるPickle Day（ピクルスデー）に行く機会があった（写真13、14、15）。そこでは発酵ピクルスの漬かり加減を「ライト」「ミディアム」「ヘビー」と分けていて、たいへんわかりやすい表現だと感心した。

発酵ピクルスは、生きた乳酸菌をそのまま体に取り入れることができるので、整腸作用などの健康機能が期待される。一方、乳酸菌の増殖により、酸味が強くなるとともに、漬け汁が白く濁ってくるので見た目にも難点がある（写真16）。学生たちも発酵ピクルスは健康的だが、商品性を考えるとイマイチだと思っていた。そこで、ビネガーピクルスのような透明感と発酵ピクルスによる乳酸菌摂取の両方を兼ね備えた、いわば相反する要素を併せ持つピクルスを「ニュータイプピクルス」と銘打ち、平成30（2018）年度から試作に挑戦した。ブランチング

多くの人でにぎわう
（New York、Orchard Street、2019年10月）
（写真13）Pickle Day（ピクルスデー）

（写真13と同）
（写真14）各種ピクルス

陽気なピクルス屋のスタッフと（写真13と同）
（写真15）定番のキュウリのピクルス

漬け液が白濁してくる（製造後5日、自家製）
（写真16）キュウリの乳酸発酵ピクルス

したピクルス用の漬け込み材料に花や野菜から分離した乳酸菌をスターターとして添加して発酵を促進し、比較的短時間で失敗なく発酵ピクルスを作る。できた発酵ピクルスをビネガーピクルス液に入れ、保存中の乳酸菌の減少を調べる。乳酸菌が増えれば濁りを生じるので、乳酸菌の増加を抑えつつ菌数の減少を可能なかぎり小さくする条件を探った。保存試験の結果、添加した乳酸菌数の減少は思ったよりゆっくりで、風味も良好であった。卒論の試験段階であり、実用化にはさらに検討が必要である。

「大学は美味しい!!」フェア

学生たちが試作した乳酸菌を使用した発酵食品の種類も増えてきた。それらを多くの方に知ってもらう機会があればと思っていたところ、大学で行われている食品関連の研究を広め食育活動の支援を目的に始まった「大学は美味しい!!」フェアが毎年5月に高島屋新宿店で開催されていることを知った。この企画は平成20（2008）年に始まったもので、当時はまだ大学が開発する商品が社会に知られていなかったという。年々盛況となり、一部でしか認知されていなかった大学発の商品開発も全国に知られるようになった。この催しに卒論生が基礎研究を行った「乳酸菌入りジェラート」（写真17）と「塩蔵大根を用いた乳酸発酵タクアン」（写真18）を『東京家政大学発の食品』として出品し、好評を博した。「乳酸発酵タクアン」を商品化するときは、事前に協力工場に見学に行き、作業工程などの説明を受けた（写真19）。

乳酸菌の健康機能には、腸を刺激して、スムーズで速やかな排便を促す整腸、有害菌の増殖を抑え、肝臓障害、動脈硬化、高血圧などの生活習慣病の改善、抵抗力を高める免疫賦活作用などの働きが知られている。関与する成分が「乳酸菌、ビ

2016年５月、第９回「大学は美味しい!!」フェア会場

（写真17）乳酸菌入りジェラートの販売

2017年５月、第10回「大学は美味しい!!」フェア会場

（写真18）「塩蔵大根を用いた乳酸発酵タクアン」を前に勢ぞろい

「塩蔵大根を用いた乳酸発酵タクアン」の製造

（写真19）製造工程を見学

フィズス菌」である食品類には発酵乳と乳酸菌飲料がある[4]。今回、卒論で分離した乳酸菌は抗菌性や免疫賦活活性などを調べていないので、健康機能性と直接は結びつかないが、将来有用性が認められるかもしれないと期待している。

栄養学科の学生の多くは「食」を通して人の健康と向き合う分野に就職する。食品加工学の実習では、さまざまな加工食品が「どのように作られているのか」「どんな工夫がなされているのか」を学んでいく。しかし、それだけでは足りないように思う。食品利用のコンセプトをはっきりさせ、新しい食品を企画する力も必要である。食物アレルギー対応のもの、お年寄りや嚥下障害のある方が利用できるスマイルケア食、病人食、野菜が苦手な子供向けのもの、医療の現場や学校給食など、栄養士・管理栄養士の対象は多様である。卒論研究は、大学4年間の締めくくりであり、「乳酸菌による健康効果」が期待される美味しい加工食品の開発を目指して取り組んだ。宝物の「乳酸菌」は、身近な花などから分離し、食品開発に利用した。今回の話は、卒論段階のものであり、まだまだ検討が必要である。しかし、学生たちがこの経験を活かし、卒業後も人の命を守る食を通して、社会に貢献してくれるものと大いに期待している。

大学の構内には正門脇をはじめ、多くのサクラが植えられている（写真20）。しかし、コロナ禍（2020年4月）の際は、学生たちは満開のサクラを目にすることもなく、自宅待機を続けていた。これまで当たり前に行っていた卒論の指導や研究活動を続けられたことは、幸せなことであり、改めて何気ない日々を大切にしたいと思った。

この桜も貴重なサンプルを提供してくれた（板橋区、2010年4月）
（写真20）東京家政大学正門と桜

謝辞

乳酸菌の分離や食品の試作を行い試験結果をまとめた卒論生たち、また、学生たちの卒論指導にご協力いただいた田中裕美助手、廣野りえ助手に心から感謝申し上げる。

訪れた所

・東京家政大学およびその近辺、東京都板橋区加賀 1-18-1

参考資料

(1) 大野博司 編『共生微生物―生物と密接に関わるミクロな生命体―』化学同人（2016）
(2) 大塚高信 他 編集『SANSEIDO'S COLLEGE CROWN ENGLISH-JAPANESE DICTIONARY』三省堂（1964）
(3) 常原久彌『一皿の料理』暮らしの手帖社（1974）
(4) 横山　勉「植物性乳酸菌を考える」JAS情報（2017）

今回引用した卒業論文

・小倉美奈子、島　さおり、松山諒子「植物由来乳酸菌を用いたアイスクリームの試作に関する研究」(平成22年度)
・阿部容子、福島麻衣「植物由来乳酸菌を用いた食品開発に関する研究―アイスクリーム・ドレッシング―」(平成23年度)
・岡田七海、中村友香「植物由来乳酸菌を用いた豆乳ヨーグルトの試作」(平成24年度)
・荻原早紀、高野真梨子、矢島理早「植物性乳酸菌を用いた食品開発に関する研究―アイスクリーム―」(平成25年度)
・大濱瑞希、田村早絵、藤森美帆「植物由来乳酸菌を用いたシャーベットの試作に関する研究」(平成26年度)
・塚原沙織、東福寺綾香「北海道産植物由来乳酸菌を用いた食品開発に関する研究―ジェラート―」(平成26年度)
・山野由美子、吉田真奈美「花由来植物性乳酸菌を用いた食品開発（ソイ・ミルクヨーグルト）」(平成27年度)
・伊深美咲、森影　泉「植物由来乳酸菌を用いた食品開発（純植物性ヨーグルト）」(平成28年度)
・坂本智佳、田口実季、矢島さおり「乳酸発酵野菜の発酵環境と品質に関する研究」(平成28年度)
・伊藤華子、池田有里、北田　萌、西村香純「乳酸発酵野菜を用いたニュータイプピクルスの開発」(平成29年度)
・奥山留以、年永仁美、屋木美和子「乳酸発酵野菜ペーストを用いたディップの開発」(平成29年度)
・板垣紫乃、片野邑香「塩蔵大根を用いた乳酸発酵タクアンの開発」(平成29年度)
・霜山芽生、照沼桃佳「植物性乳酸菌で発酵させた甘酒の開発」(平成30年度)
・伊藤麻依、安西佑香、松丸とも子「乳酸発酵野菜を用いたニュータイプピクルスの開発」(平成30年度)
・越川奈々海、宮寺里奈、矢島麻衣「無塩乳酸発酵ピクルスの開発」(令和元年度)
・木原里菜・涌井那奈美「乳酸発酵野菜を用いた薬膳ピクルスの開発」(令和元年度)
・山口舞彩、吉田絵英里奈、金谷愛美、武藤朋子「乳酸発酵野菜を用いたニュータイプピクルスの開発」(令和元年度)
・木原里菜、涌井那奈美「乳酸発酵野菜を用いた薬膳ピクルスの開発」(令和元年度)

著者　宮尾茂雄（みやお しげお）

東京家政大学大学院客員教授　農学博士

東京農工大学農学部卒業、東京都農業試験場食品研究室、東京都立食品技術センター副参事研究員、東京家政大学家政学部教授を経て、現在、東京家政大学大学院客員教授、四川大学客員教授（中国）、（一社）全国漬物検査協会会長。
教鞭をとる他、マスコミでも活躍。漬物の科学・機能性について分かりやすく解説。

主な著書として、「漬物入門」（日本食糧新聞社）、「漬物の機能と科学」（朝倉書店）、「食品微生物学ハンドブック」（技報堂出版）、「中国漬物大事典」（幸書房）、「「漬物の力」はなぜスゴイ」（キクロス出版）など。

漬物風物誌

定価 2,200 円（本体 2,000 円+税 10%）

2025 年 3 月 31 日　初版発行

発行人　杉田　尚
発行所　株式会社日本食糧新聞社
編　集　〒101-0051　東京都千代田区神田神保町 2-5 北沢ビル
電話 03-3288-2177　FAX03-5210-7718
販　売　〒104-0042　東京都中央区入船 3-2-10 アーバンネット入船ビル 5F
電話 03-3537-1311　FAX03-3537-1071
印刷所　株式会社日本出版制作センター
〒101-0051　東京都千代田区神田神保町 2-5 北沢ビル
電話 03-3234-6901　FAX03-5210-7718

ISBN978-4-88927-297-0 C0077

野菜で明日を新しく。
野菜の潜在能力はすごい。
私たちは野菜が持つ力を
最大限に引き出し、
今日より素敵な明日を
創造してまいります。
すべて国産野菜
しば漬
カレー福神漬
つぼ漬
株式会社 新進

味の逸品
秋本
秋本食品株式会社
味の逸品
秋本

"しょうが"を食卓に…
No.1
漬物グランプリ2024
準グランプリ受賞
国産しょうがフレーク100gが
機能性表示食品になりました!
国内産生姜使用
しょうがフレーク
ごはん、お豆腐、お肉料理など、フレーク状の生姜だから、
のせるだけ、まぜるだけのお手軽・簡単トッピング!!
機能性表示食品 I25
二段熟成しょうゆ使用
GOLD AWARD
2022年度モンドセレクション金賞受賞
炊き込みご飯